Le P. Paul CARRIÈRE

Missionnaire du Sacré-Cœur

Le P. Jean VANDEL

Missionnaire du Sacré-Cœur

Fondateur de l'Œuvre des Campagnes

et de

la Petite Œuvre du Sacré-Cœur

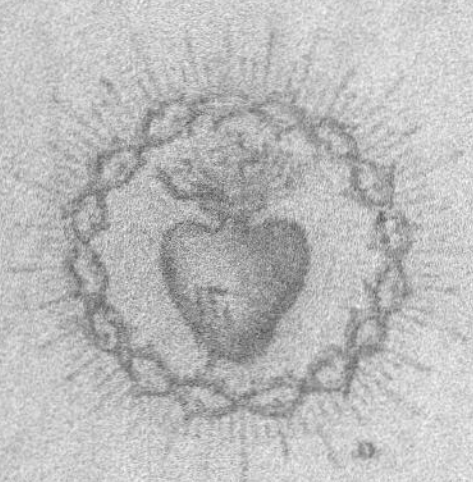

EN VENTE :

chez M. le Directeur de l'Archiconfrérie

de Notre-Dame du Sacré-Cœur, à Issoudun (Indre)

1938

Le P. Jean VANDEL

Le R. Père Jean-Marie Vandel,
Missionnaire du Sacré-Cœur.
1808-1877.

Le P. Paul CARRIÈRE

Missionnaire du Sacré-Cœur

LE P. JEAN VANDEL

Missionnaire du Sacré-Cœur

Fondateur de l'Œuvre des Campagnes

et de

la Petite Œuvre du Sacré-Cœur

EN VENTE :

chez M. le Directeur de l'Archiconfrérie

de Notre-Dame du Sacré-Cœur, à Issoudun (Indre)

1908

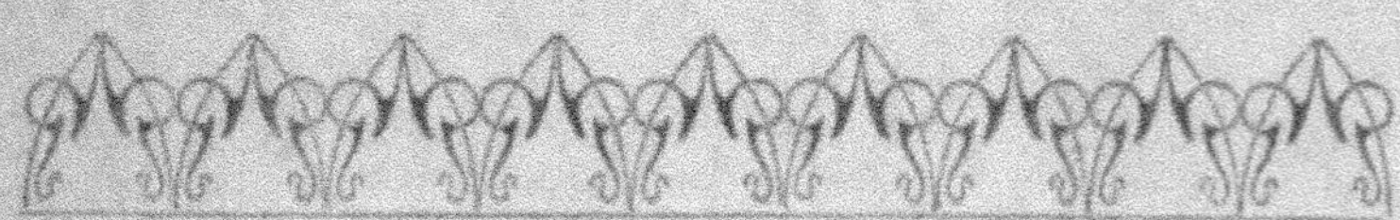

INTRODUCTION

Ceux qui connurent de près le Père *Jean-Marie Vandel* — et ils sont encore nombreux — trouveront que cette modeste biographie est un hommage bien tardif rendu à sa pieuse mémoire. Volontiers nous leur donnons raison.

Voilà trente ans que ce saint religieux, cet apôtre ardent, a reçu la récompense de ses travaux et de ses vertus, et cette année nous amène déjà le centenaire de sa naissance ! Ce serait bien tard, en vérité, pour rendre justice à ses mérites et essayer de retracer les traits de sa vie, si le récit des vertus chrétiennes devait limiter à quelques années ses bienfaisants effets. Grâces à Dieu, il n'en va pas ainsi;

le parfum de la vertu, même après des années, embaume toujours l'âme et toujours réconforte le cœur ; le faire aspirer aux lecteurs chrétiens demeure, en tout temps, un acte opportun. C'est pourquoi beaucoup ont pensé et nous ont dit que, même encore, la vie du Père Vandel pouvait faire et ferait du bien.

L'existence que nous essayons de retracer nous présente, à travers la diversité des œuvres et des événements dont elle se compose, une parfaite et admirable unité.

Le Père Vandel fut avant tout un *apôtre*, et son unique ambition fut de donner à Dieu des âmes...

Apôtre, il le fut même avant de recevoir l'onction sacerdotale. Son ministère auprès des jeunes gens confiés à sa vigilance eut principalement pour but de les former à l'amour du travail, à l'amour du devoir, à l'amour de Dieu.

Il le fut dans l'exercice des fonctions paroissiales. Durant les neuf années qu'il passa à la cure de Nyon, il n'eut qu'un seul souci : nourrir son troupeau de la pure doctrine de

l'Évangile, donner à tous l'exemple de la fidélité à Dieu au milieu même des menaces et des
persécutions, s'oublier pour sa famille spirituelle et mépriser les dangers, les souffrances
et les humiliations personnelles pour aller
porter la consolation et le courage chez ceux
qui ne voulaient ou ne pouvaient venir jusqu'à
lui, et préparer à la mort les malheureux dont
l'entourage impie cherchait parfois à écarter
le ministre de la religion.

Il le fut dans l'institution de l'*Œuvre des
Campagnes* qui est bien son œuvre à lui, le
fruit de ses prières, de ses démarches, de ses
peines et de son amour des âmes. En la fon-
dant, il envisageait cette portion du troupeau
du Christ qui, dans les paroisses rurales,
semble plus délaissée. Et il ne bornait pas ses
vues au temps où il vivait ; la perspicacité de
son zèle lui faisait entrevoir l'état des campagnes telles qu'elles devaient malheureusement se montrer dans un avenir, hélas ! trop
rapproché. Son œuvre revêt aujourd'hui le
caractère d'une actualité plus saisissante que
jamais. Les pratiques chrétiennes ont de plus

en plus déserté nos campagnes. L'acharnement diabolique que les ennemis de l'Église ont déployé pour déraciner la foi dans les âmes simples, n'a porté que des fruits trop abondants. Dans nombre de paroisses, le prêtre n'est presque plus rien pour le peuple et il ne peut rien sur lui. Un vent de haine a passé partout, flétrissant les âmes, soufflant le blasphème et inspirant le mépris de tout ce qu'on devrait respecter et aimer. L'ignorance la plus honteuse des vérités élémentaires de la religion enveloppe les esprits, et avec l'ignorance d'une part et de l'autre la corruption, le vice a pris la place de ces vertus viriles qui faisaient autrefois l'honneur de nos foyers. Souvent même, à l'heure suprême de la mort, les consolations du prêtre sont repoussées, refusés les secours surnaturels.

« Ah ! s'écriait un jour le Père Félix en faisant l'éloge de l'œuvre du Père Vandel, ah ! le pasteur du village, privé de ressources, environné d'ennemis et assailli par les préjugés si ce n'est par les haines, comment fera-t-il pour conjurer contre le danger et défendre contre la mort ces âmes dont il doit assurer la vie ? Que peut ce soldat de la vérité, seul à son poste, sans autre secours que lui-même, contre ces légions de l'erreur qui viennent attaquer l'humble village avec la littérature et la science des grandes villes ? Soldat découragé quelquefois devant les défaites du bien et le triomphe du mal, ou bien soldat plein de courage mais désarmé, réduit à gémir sur ses travaux anéantis et ses dévouements perdus : que dis-je ? Apôtre condamné à pleurer sur les ruines de la foi au milieu même de ce peuple confié à son apostolat et sur une terre cent fois arrosée de ses sueurs (1) ! »

Comment en effet ramener la foi dans des âmes si profondément matérialisées ? Si encore on venait écouter la parole de vérité, mais cette parole on la fuit. D'un autre côté, par suite des conditions lamentables que la persécution a faites à l'Église, le nombre des prêtres diminuant chaque jour, beaucoup de paroisses ne seront-elles pas, dans un avenir prochain, privées de leur pasteur ?

(1) Disc. à Sainte-Clotilde sur l'Œuvre des Campagnes, par le R. P. Félix, 28 avril 1864.

Tout cela, le Père Vandel le prévoyait en instituant l'Œuvre des Campagnes. Il savait que, pour ranimer la foi, tous les moyens sont utiles, mais il plaçait surtout son espoir dans les missions au village. L'expérience lui avait déjà donné raison, et l'avenir ne pouvait que confirmer la justesse de ses vues et l'à propos de son œuvre. Il savait que peut-être le résultat immédiat ne serait pas considérable, mais il était de ces apôtres patients qui savent bénir Dieu des succès partiels et se consoler de ce qu'ils n'ont pu faire en pensant que ce qu'ils auront semé, d'autres, plus heureux, le recueilleront un jour.

Apôtre, le Père Vandel le fut encore dans la fondation de l'École qu'il appela la *Petite Œuvre du Sacré-Cœur*. Que prétendait-il, l'homme de Dieu, en cherchant des enfants, pauvres le plus souvent, pour les élever, les instruire, les former à la science et à la vertu ?

Il voulait donner à l'Église des prêtres et des apôtres. C'est à cette Œuvre qu'il consacra les dernières années de sa vie, parcourant les villes et les villages, se faisant humble quêteur pour l'extension du règne de Jésus-Christ.

Même quand la souffrance lui faisait des loisirs en mettant des limites à son inlassable activité, le Père Vandel était encore apôtre. C'est dans le cours de la maladie qu'il écrivit plusieurs de ses opuscules, et en particulier ce livre admirable de l'*Œuvre des Campagnes* qui trace aux curés, aux missionnaires, aux institutrices, des règles marquées au coin du plus pur esprit de Dieu.

Aucun instant, dans cette longue vie, ne fut dérobé à l'apostolat. Et lorsque ses autres œuvres lui en laissaient le moyen, le Père Vandel se hâtait de se porter lui-même dans les campagnes pauvres pour aider les curés, les encourager, les conseiller, et prêcher aux populations villageoises la parole vivifiante de l'Évangile.

Du reste, rien dans cette existence ne paraîtra extraordinaire au lecteur. La vie du Père Vandel fut une vie toute simple, ordinaire en apparence, mais une vie tellement pénétrée de l'esprit de foi, qu'à l'étudier de près elle excite l'admiration et porte à l'amour du dévouement et du sacrifice, au désir de la perfection sacerdotale et chrétienne.

Cette vie, nous la donnons dans toute sa simplicité, persuadé qu'avec la grâce du Cœur de Jésus, ceux qui la liront, prêtres, religieux ou simples fidèles, y puiseront un amour plus grand pour les âmes, un stimulant nouveau pour le bien, une générosité plus soutenue pour profiter des bienfaits sans nombre dont Dieu les comble chaque jour.

Paris, 31 mai 1908.

En la fête de Notre-Dame du Sacré-Cœur.

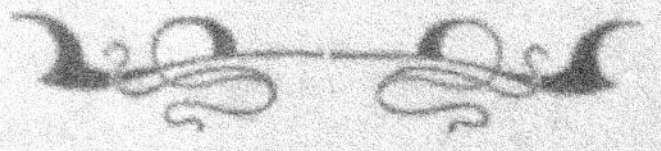

Pour nous conformer au Décret du Pape Urbain VIII, nous déclarons que si la qualification de saint a été parfois employée dans ce livre, c'est dans l'acception ordinaire et commune de ce mot, et avec une soumission entière au jugement de l'Église.

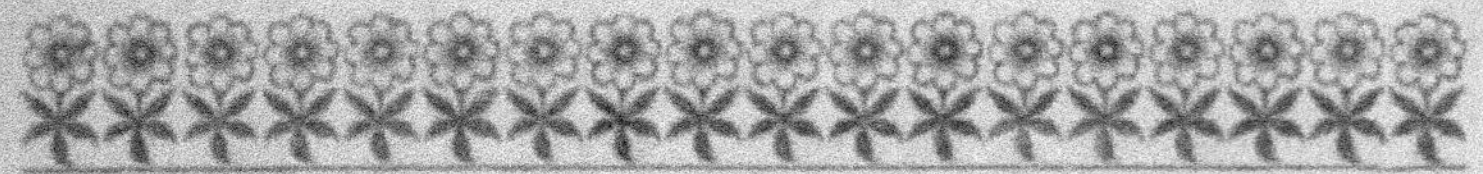

I

Premières années. — Les études.

La naissance de Jean-Marie. — Une famille exemplaire. — Leçons maternelles. — Un instituteur de bonne volonté. — Leçons de lecture. — Le latin. — Appréhensions et espérances. — Service rendu et mal récompensé. — Défi dangereux. — « Point de faute, donc point de mal. » — Jean-Marie au collège de Thonon. — La première communion. — Etudes interrompues. — Une leçon bien donnée et bien reçue. — L'*Académie* de Nernier. — Premières armes de l'abbé Vandel.

EAN-MARIE VANDEL (1) naquit le 22 novembre 1808, à Nernier, village de la Savoie, dont les premières maisons se mirent dans les eaux du Léman. C'est là qu'était venu s'établir son père, Pierre-Célestin, honnête cultivateur, originaire des Rousses dans le Jura,

---

(1) Ce nom est écrit de différentes manières même dans la famille : quelquefois Wandelle, le plus souvent Vandelle. Le Père adopta de bonne heure, et conserva toute sa vie, l'orthographe que nous lui donnons ici.

et là aussi qu'il s'était marié à une jeune fille de ce pays d'adoption, Hélène Duchesne, d'une foi robuste et généreuse comme l'était celle de son époux.

Le ménage Vandel-Duchesne passait à bon droit pour l'un des plus exemplaires de la localité. Au-dessus de son titre de maire que lui valut, avec son entente des affaires, la parfaite intégrité de son caractère et de sa conduite, M. Vandel plaçait celui de Prieur de la Confrérie du Saint-Sacrement, que, pour rendre un hommage public à sa piété, lui décernèrent à l'unanimité ses confrères. Dans les dernières années de sa vie, on le voyait avec édification s'approcher tous les mois de la sainte table, fait plutôt rare à une époque encore tout imprégnée de ce déplorable rigorisme qui tenait les fidèles éloignés de la Communion fréquente.

La piété de la mère ne le cédait pas à celle de son mari. Le Père Vandel se plaira plus tard à raconter comment, dès son enfance, elle s'appliqua à le nourrir d'une piété forte ; prenant plaisir à lui raconter des histoires édifiantes qui, parfois, disait-il, lui arrachaient des larmes ; lui inspirant le goût de la prière, souvent même lui chantant de saints cantiques qui restaient gravés dans sa mémoire et le touchaient profondément. Elle lui parlait fréquemment de la Sainte Vierge et éveillait en son cœur, avec son amour, la confiance la plus tendre envers cette Mère bénie. Il serait superflu d'ajouter que la prière du matin et du soir se faisait toujours en commun dans ce foyer vraiment chrétien.

Une épreuve cruelle vint bientôt visiter les époux. La jeune femme fit une chute malheureuse qui la rendit boiteuse pour le reste de sa vie et l'obligea, durant longtemps, à marcher à l'aide de béquilles. Cette épreuve la trouva toujours admirable de résignation : « Je la vois encore, dit son plus jeune fils François, assise au coin de son feu et faisant l'heure sainte dans la forme que Notre-Seigneur avait révélée à la Bienheureuse Marguerite-Marie. » Ne faut-il pas voir dans cette dévotion de la mère envers le Cœur de Jésus le principe de cette grâce qui vaudra un jour au fils de vivre et de mourir dans une Société qui se fera gloire de porter son nom et dont la mission spéciale sera de faire connaître et aimer cet adorable Cœur ?...

Ce fut le jour même de sa naissance que Jean-Marie reçut le saint baptême dans l'église de Nernier (1). Il eut pour parrain et marraine les époux Comte-Duchesne. Mme Comte était la sœur de la mère, et M. Comte, qui, par sa situation et sa probité, avait acquis une considération bien méritée, exerçait, au château de Beauregard, l'emploi de régisseur.

Une note laissée par le Père Vandel nous apprendra dans la suite que plusieurs prêtres, en relation avec sa

(1) L'union des époux Vandel-Duchesne fut bénie par la naissance de neuf enfants, dont trois garçons : Jean, Jean-Marie et François, et six filles dont cinq moururent en bas âge. Une seule, aînée du Père Vandel, parvint à un âge assez avancé. Elle fut dans la famille, non seulement un exemple de résignation et de courage au milieu des souffrances, mais encore un ange de paix et de consolation. Des liens particuliers l'unissaient à Jean-Marie à qui elle avait servi de mère et dont elle partageait la piété, la foi, la sainteté. Elle avait revêtu l'habit des tertiaires de saint François et passait, aux yeux de ceux qui l'entouraient, pour un modèle de vertu. Après avoir rendu de précieux services à son frère lorsqu'il était curé de Nyon, elle mourut dans des sentiments admirables, en 1862.

famille, avaient prié pour lui au jour de son baptême, et sa foi attribuait en partie à ce fait les grâces singulières dont Dieu daignait le favoriser.

La parenté spirituelle de Jean-Marie avec les époux Comte-Duchesne s'ajoutant à la parenté naturelle qui les unissait déjà, devint pour eux le lien d'une intimité mutuelle qu'aucun événement ne pourra jamais rompre. Le filleul aimait son parrain et sa marraine presque à l'égal d'un père et d'une mère : il s'intéressait au succès de leurs entreprises, prenait part à leurs joies comme à leurs deuils et correspondait fréquemment avec eux. Plus tard, lui-même tiendra sur les fonts baptismaux un de leurs enfants auquel il donnera son nom et prodiguera tous les soins compatibles avec sa position.

L'enfance de Jean-Marie ne se distingua pas de celle de ses petits compagnons d'âge autrement que par une piété singulièrement précoce.

Il y avait alors dans le pays un jeune séminariste avec lequel l'abbé Vandel a contracté plus tard une amitié inaltérable et a conservé toujours les rapports les plus intimes. C'était celui que le peuple devait un jour appeler *le saint abbé Favre*. Ce jeune homme venait régulièrement passer deux mois de vacances à Nernier, son pays natal. Pour délasser son esprit, et en même temps pour donner un but utile à ce temps de repos, le jeune abbé aimait à rassembler les enfants du village pour présider à leurs jeux. Comme on n'entendait parler alors que des guerres de l'Empire, volontiers la jeune bande se portait sur la place, au bord du lac, pour jouer aux soldats. De ces bambins de

huit ans, l'abbé formait un petit bataillon ; en guise
de fusils il les armait de bâtons, et les exerçait à la
manœuvre. Jean-Marie prenait part à ces exercices,
quelquefois comme acteur, le plus souvent en qualité
de simple spectateur. Dans une courte notice, qu'il
consacra à son ami défunt, le Père Vandel nous apprendra qu'après les récréations, le séminariste donnait aux
plus âgés des répétitions de chant, et aux plus petits
qui voulaient s'y prêter, des leçons de lecture ; il rap-
pellera surtout qu'il fut son premier maître et qu'il lui
apprit à lire.

Il est clair qu'à une telle école les progrès ne pouvaient
être suffisants. Les vacances du séminariste ne duraient
que deux mois et les leçons n'étaient pas et ne pouvaient être régulières. D'autre part Nernier ne possédait point d'instituteur. Aussi sur l'avis d'un excellent
prêtre, l'abbé Picolet, qui avait remarqué dans l'enfant
une vraie inclination pour la piété et des germes assez
apparents de vocation cléricale, on décida que Jean-
Marie se rendrait à Hermance, pour fréquenter l'école
de M. le Curé Berthet. Ce fut là, en effet, que le jeune
élève reçut les premières leçons de grammaire, de
calcul, etc.

Comme une distance d'environ 6 ou 7 kilomètres
sépare Hermance de Nernier, et que l'étudiant ne
pouvait, à pied, fournir chaque jour un pareil trajet,
l'enfant reçut l'hospitalité chez un parent que la famille
appelait l'oncle Comte, fervent chrétien qui passait
des heures entières devant le Saint Sacrement, recueilli
et immobile comme une statue, donnant ainsi à son
hôte un exemple qu'il devait si bien imiter dans la

suite — preuve de l'impression salutaire et profonde qu'il en avait ressentie dans son enfance.

Loin de diminuer la ferveur de l'élève, ce séjour ne fit au contraire que l'aviver, et il faut croire que sa vocation trouva dans ce milieu une atmosphère favorable à son éclosion, car lorsque le Père Vandel, une fois prêtre, aura l'occasion de revenir dans la paroisse pour y exercer son saint ministère, il aimera à rappeler à ses bons paroissiens « le cher souvenir des années heureuses qu'il avait passées parmi eux ».

Quoique enfant, Jean-Marie faisait entrevoir déjà quelque chose de ce qu'il devait être plus tard. Un attrait particulier le portait vers ses compagnons, de préférence vers les pauvres et les malades ; à tous il cherchait à inspirer ces sentiments de piété, en particulier cet amour ardent pour le Saint Sacrement et pour la Sainte Vierge qui furent un des traits les plus caractéristiques de sa vie.

Sa vocation se dessinait tous les jours davantage. Loin de s'en plaindre, ses parents s'en réjouissaient dans toute la sincérité de leur âme, et puisaient, dans la perspective si consolante de donner un prêtre à l'Eglise, le courage nécessaire pour consentir à tous les sacrifices.

Jean-Marie fut confié à M. le Curé de Nernier qui acceptait le soin de lui donner les premiers rudiments de la langue latine.

Faut-il le dire ? les débuts de notre latiniste ne furent pas des plus heureux. Distrait de sa charge par les travaux de son ministère et par les soins qu'il donnait déjà à deux autres élèves plus avancés, le professeur ne pouvait consacrer à son nouveau venu qu'une faible partie de son temps. D'autre part, Jean-Marie éprouva les ennuis qu'apportent généralement aux jeunes intelligences les difficultés et l'aridité des premiers éléments de la langue de Cicéron. Malgré tout son désir de bien faire, il connut les heures de découragement et de lassitude que ne venaient point abréger ou relever les soins trop peu constants de son maître ; et il est probable que dans ces moments-là l'élève s'absorbait moins dans l'étude des déclinaisons et des verbes que dans l'art de façonner des petits bateaux de papier rappelant plus ou moins ceux qu'il avait sous les yeux et qui sillonnaient avec une majestueuse indolence les eaux bleues du Léman.

Le mécontentement et les reproches du professeur ne donnèrent à l'enfant ni une compréhension plus ample des règles austères de la grammaire, ni un courage plus grand pour en affronter l'aridité. Alors le maître eut vite fait de déclarer que Jean-Marie était un incapable et qu'il convenait de l'appliquer à d'autres travaux qu'à l'étude du latin ! On reconnaissait d'ailleurs la bonté et la douceur de son caractère : en effet, toujours serviable et dévoué, il rendait volontiers les services qu'on réclamait de sa bonne volonté.

Un jour même son obligeance faillit lui coûter cher. La domestique de M. le Curé ayant besoin de menu bois, elle s'adressa au petit Jean-Marie qui courut aussitôt au bûcher. Etourdi comme tous les enfants de son âge, le serviteur d'occasion ne pensa même pas à se munir d'une échelle pour atteindre un fagot placé juste au-dessus d'une porte. Il lui parut plus simple de grimper, à force d'agilité, sur le battant lui-même qui, n'étant pas fixé, tourna naturellement sur ses gonds suivant le mouvement que les pieds de l'enfant lui imprimaient. Celui-ci perdant son équilibre tomba lourdement, et la chute fut tellement violente qu'il fallut de longues minutes et des soins énergiques pour lui faire reprendre ses sens.

Vers le même temps, autre aventure que plus tard le Père Vandel racontera volontiers. Un jour, il longeait un jardin dans lequel travaillait un jeune homme de sa connaissance. Celui-ci avait son chien à côté de lui. Jean-Marie s'arrêta ; on échangea quelques bonnes paroles, puis comme il se disposait à continuer son chemin : « Sais-tu bien, mon petit, lui dit par manière de plaisanterie son interlocuteur, que, si je le voulais, je pourrais te faire mordre par mon chien ! » L'enfant se croyant en sûreté, grâce à une palissade qui fermait le jardin et le séparait de l'animal, répondit avec assurance : « Je ne le crains pas ! » Le jeune homme excita alors imprudemment sa bête qui trouva moyen de franchir la clôture, et qui, se précipitant avec fureur sur le pauvre enfant, lui sauta au visage ; et tandis que celui-ci, terrifié par cette attaque furieuse et inattendue, ouvrait la bouche pour faire entendre des cris de détresse, l'animal saisit entre ses dents l'extrémité de la langue et la transperça de part en part. Le pauvre blessé fut transporté chez lui, la bouche pleine de sang et à demi-mort d'épouvante plus encore que de douleur.

Ces deux accidents n'eurent heureusement pas de suites directes trop fâcheuses, mais ils ne pouvaient cependant qu'exercer une influence regrettable sur un tempérament déjà débile et sur une nature aussi délicate que l'était celle du brave enfant.

Tout porte à croire même que cette faiblesse physique n'était pas étrangère à la lenteur des progrès de Jean-Marie dans ses études. Les pieux parents déjà déçus, commençaient à se désoler. Leur enfant, si pieux, si obéissant, si désireux d'être prêtre, devait-il donc renoncer à son projet, et eux-mêmes n'auraient-ils pas la douce joie de le voir, un jour, monter au saint autel ?

Non, le découragement n'entre pas si vite dans les âmes énergiques et foncièrement chrétiennes... Ils eurent la bonne pensée de confier d'abord leur peine à l'abbé Favre de retour dans son foyer pour passer ses vacances. Le jeune séminariste qui avait voué à la famille Vandel une affection égale à l'estime qu'il professait pour elle, n'eut pas de peine à leur rendre l'espérance. Il fit venir l'étudiant et lui posa quelques questions auxquelles il fut répondu avec beaucoup de précision et de bon sens. « Ne craignez pas, dit alors l'abbé, votre enfant réussira, je m'en porte garant ; qu'il vienne et, durant les vacances, je lui donnerai des leçons. »

Effectivement, le second professeur eut plus de succès que le premier. Les progrès que fit son élève, en peu de temps, levèrent toute inquiétude ; sa capacité ne pouvait plus être mise en doute : « J'avais alors, racontera plus tard l'abbé Vandel avec une petite pointe de malice, j'avais la satisfaction de comprendre ces mots écrits sur ma grammaire : « *Omnia tempus habent*. Chaque chose a son temps ! » Il voulait signifier par là que jusqu'alors le moment n'était pas encore venu pour lui, de se livrer à l'étude de la langue latine.

L'abbé Favre qui, par son zèle ardent des âmes, devait, dans la suite, s'attirer l'affection et le respect de tous ceux qui le connurent, ne bornait pas sa charge à des leçons de grammaire ; il donnait aussi des leçons de choses, des enseignements de morale que son élève gravait silencieusement dans son cœur et qu'à l'occasion il savait mettre en pratique.

Un jour, en l'absence de son maître, l'enfant avait, par mégarde, cassé un encrier qui avait été offert au professeur et auquel celui-ci semblait attacher quelque prix. On devine le chagrin violent de Jean-Marie. A son retour, l'abbé le trouva des larmes plein les yeux et la poitrine étouffée par les sanglots. Il l'interrogea avec anxiété : « Malheureux, qu'as-tu donc fait ? » Pour toute réponse, l'enfant, sans pouvoir prononcer un mot, se contenta de montrer l'objet brisé !

M. Favre aussitôt l'embrassant avec tendresse le consola et lui dit : « Mais, mon pauvre enfant, tu ne l'as pas fait exprès... ce n'est pas un péché cela... rassure-toi donc ; il n'y a point de mal, puisqu'il n'y a point de faute ! »

Comme les vacances de l'abbé allaient prendre fin, il fallait penser à assurer au jeune étudiant la continuation du latin pour lequel il se sentait maintenant plein de goût et d'ardeur. Les démarches nécessaires furent faites et Jean-Marie fut admis au collège de Thonon.

Thonon était alors une petite ville des Etats Sardes d'environ 3.000 habitants, délicieusement située sur les bords du lac. C'était la capitale du Chablais, pays qui, au XVIᵉ siècle, s'était avec ardeur livré au protestantisme, mais que le grand apôtre de cette contrée, saint François de Sales, avait eu le bonheur de ramener à la vraie foi.

Le Collège de la ville, qui en même temps tenait lieu de Séminaire, était alors dirigé par des prêtres séculiers du diocèse d'Annecy. Trop jeune encore pour être ordonné prêtre, l'abbé Favre, une fois ses études théologiques terminées, y fut envoyé comme professeur de huitième et de septième. C'était en 1821, c'est-à-dire à la fin de ces mêmes vacances qui devaient se terminer aussi pour le jeune Vandel par son entrée au Collège. L'abbé vint donc prendre possession de son poste, amenant avec lui son élève qui allait ainsi continuer ses études sous son intelligente et paternelle direction.

Nous avons peu de détails sur les huit années que Jean-Marie passa dans cette maison, mais ce peu, nous le devons à un témoin oculaire, à un condisciple de classe, M. Joseph Rollier, qui est toujours resté un de ses plus fidèles amis et lui a même survécu.

Le nouveau venu allait entrer dans sa quatorzième année et il n'avait pas encore eu le bonheur de faire sa première communion ; il ne la fit que l'année suivante avec son ami Rollier. Il y aurait là de quoi nous surprendre, puisqu'il s'agissait d'un enfant qui passait pour un modèle de piété, si nous ne savions que ce retard, à peu près général, était un fruit de ce rigorisme janséniste qui paralysait alors les âmes les plus ferventes. Ce fut donc le 16 juin 1822, qu'après une préparation sérieuse à laquelle présida l'abbé Neyre, confesseur de la foi pendant la Révolution française, le jeune Vandel s'approcha, pour la première fois, de la Table Eucharistique, dans l'église paroissiale de Thonon.

Si nous ne connaissons aucune particularité au sujet de cet acte solennel de sa vie, nous ne pouvons douter cependant que le cher enfant l'ait accompli avec toute la ferveur qu'on pouvait attendre de sa foi. Le zèle qu'il déployait pour aider ses condisciples à le bien accomplir, et surtout l'amour ardent qu'il témoignera durant toute sa vie à l'adorable Sacrement de nos autels, nous sont garants du sérieux et de la ferveur qu'il dut y apporter. Aussi conserva-t-il de ce mémorable événement le souvenir le plus vivant et le plus doux. Quand plus tard, il accompagnait à l'église des personnes qui venaient la visiter, il ne manquait jamais de les conduire à une certaine place qu'il leur désignait avec des larmes de bonheur dans les yeux : « C'est ici, leur disait-il, la place que j'occupais au jour de ma première Communion. »

Au collège, Jean-Marie apportait à l'étude toute l'ardeur compatible avec sa santé. Malheureusement cette santé délicate le retenait dans un état presque habituel de prostration. Il ne dut qu'à son énergie et à sa force de volonté, à son intelligence et à son caractère posé, de terminer sans encombre et avec succès ses études secondaires. Dans l'espace de huit ans il avait fait ses classes jusqu'à la rhétorique inclusivement ; il avait même achevé son cours de philosophie sous la direction d'un excellent professeur, l'abbé Boccard.

Restait l'étude de la théologie que le jeune homme désirait entreprendre de suite. Il la commença en effet, mais son état de santé s'aggravant, il dut l'interrompre après les deux premiers mois. Ainsi obligé, à son vif regret, de quitter momentanément le grand séminaire d'Annecy, il revint à Nernier auprès de sa famille ; la consolation lui restait toutefois de pouvoir porter l'habit ecclésiastique, ce à quoi il attachait un grand prix.

L'affection, l'estime de ses condisciples et de ses maîtres le suivirent dans sa retraite momentanée ; il leur avait laissé à tous le souvenir d'une conduite irréprochable et d'une piété de tous points exemplaire. Déjà, il portait en lui et trahissait facilement au dehors les germes de ces vertus aimables qui plus tard devaient exhaler autour de lui un parfum si bienfaisant, et en particulier, de cette charité qui faisait entrevoir un fervent disciple de saint François de Sales. Qu'il nous suffise de citer un fait, bien caractéristique dans un jeune homme de son âge.

Au cours de ses études, pendant ses vacances passées dans la maison paternelle, ses parents recevaient, plus souvent peut-être qu'ils ne l'eussent désiré, la visite d'une voisine dont les conversations avaient ordinairement pour thème les fautes ou les défauts du prochain. Fatigué pour lui et pour ses parents de conversations si peu chrétiennes, Jean-Marie se promit d'y mettre un terme. Ne trouvant pas séant, à son âge, de donner une leçon directe à une personne que ses années rendaient respectable, il imagina le petit expédient que voici :

Dans la chambre où l'on avait coutume de recevoir la visiteuse et à l'endroit le plus apparent, se trouvait un tableau représentant la Vierge Immaculée. Un jour,

Jean-Marie retira cette image de son cadre et, au bas, il écrivit en grosses lettres : « *Je déteste les médisants,* » puis il remit image et cadre à leur place ordinaire. A la visite suivante, la personne, dont les yeux étaient aussi bons que la langue mauvaise, ne tarda pas à comprendre que la petite leçon était à son adresse. Dans la suite, dit-on, on ne l'entendit plus médire du prochain. Le jeune séminariste jouit secrètement de sa victoire et celle qui lui en avait fourni l'objet eut le bon esprit de ne pas lui en tenir rancune.

Lorsque l'abbé Vandel, obligé de suspendre ses études théologiques presque à leur début, se retira dans sa famille, l'abbé Favre venait aussi de rentrer à la maison paternelle.

Ordonné prêtre en 1823, ce premier maître, ce protecteur et ami de Jean-Marie, avait été envoyé comme professeur au collège de Mélan, mais assailli de scrupules et tourmenté de toute sorte d'épreuves intérieures, il avait dû résigner sa charge. Retiré d'abord à l'hôpital de Thonon, puis chez des confrères amis, il y attendait le moment où il plairait à Dieu de faire cesser l'orage et de lui rendre la paix. Il revint bientôt au pays natal, mais comme l'autorité diocésaine jugeait imprudent d'exposer cette conscience si délicate aux graves responsabilités du ministère, elle lui laissait la liberté de se livrer aux bonnes œuvres que lui inspireraient sa charité et sa piété (1829).

L'abbé Favre n'étant pas homme à vivre d'oisiveté, une bonne idée se présenta aussitôt à son esprit. Comme Nernier n'avait pas d'instituteur, il comprit que, pour le bien du pays et la commodité de la jeu-

nesse, il importait de combler au plus tôt cette regrettable lacune. En attendant qu'il fît construire une maison
d'école, il se décida donc à faire lui-même la classe
aux petits garçons du pays. Il se mit à l'œuvre sans
retard, Dieu sait au prix de quels sacrifices, car le local
qu'il avait pu se procurer était non seulement incom-
mode mais encore insuffisant.

« J'ai quarante petits garçons dans mon école, écrivait-il. Heureusement, à chaque classe, il en manque
cinq ou six. J'aurais besoin de bien entendre le
système napoléonien, qui consistait à faire manœuvrer
le plus grand nombre d'hommes possible sur une
étendue donnée. Mes enfants sont les uns sur les autres.
Une chambre passablement obscure, des volets qu'on
ne peut fixer, des carreaux cassés, des enfants d'une
dissipation, je dirais inouïe ;... l'abbé qui n'y voit presque plus sans ses lunettes, l'habitude des petits de
vouloir sortir tous à la fois, de vouloir qu'on s'occupe
de chacun d'eux en particulier... et avec cela, un canif
qui ne coupe pas... tu auras alors une idée de la ruche
où Dieu m'a établi pour cet hiver. Voilà une de mes
croix. Elle durera autant que les roses que je cueille
parmi tant d'épines (1)... »

Le Conseil communal, porté de bonne volonté, lui
avait consenti la cession d'un emplacement favorable,
pris sur un fonds qui lui appartenait, mais l'abbé n'avait
alors que *trois francs* pour tirer parti de cette offre
gracieuse, et comment, avec trois francs, rêver la construction d'une école (2) !

(1) Lettre à l'abbé Vandel.

(2) « J'avais cinq baltz (monnaie suisse valant douze sous)
lorsque j'ai commencé mon école. » (L'abbé Favre.)

Tout autre eût renoncé à un projet qui, dans ces conditions, paraissait chimérique, mais l'abbé Favre avait confiance en Dieu et, riche de cette confiance, il n'hésita pas à mettre la main à l'œuvre. Avec le concours de l'abbé Vandel, il dressa donc un plan. Une fois ce plan arrêté, il se fit lui-même le constructeur.

Écoutons l'abbé Vandel : « L'abbé Favre se levait à quatre heures du matin. Après ses prières faites, on le voyait traverser le village, portant sur son épaule une pelle et ayant, devant lui, suspendu à son cou, le grand tablier de cuir de son père qui était tonnelier. Jusqu'à huit heures il ramassait avec sa pelle le sable amené par les vagues sur le bord du lac ; il en faisait de petits tas de distance en distance. Le *maître d'école* revenait au village et sonnait la classe qui durait deux heures et demie environ. A onze heures, il allait dire sa messe. A une heure, la classe recommençait. Vers les trois heures, M. Favre prenait les enfants, les plus forts et les plus âgés ; ramant avec eux sur un bateau, il allait vers les monceaux de sable espacés sur les bords du lac ; puis avec des brouettes, on déchargeait cette provision qui grossissait tous les jours en s'ajoutant au grand tas. Lorsque la quantité de sable parut suffisante, il fallut penser aux pierres. »

M. Favre, armé d'un gros levier en fer et revêtu du tablier de cuir, parcourait tous les chemins et déterrait les grosses pierres. Puis, avec son petit monde d'écoliers, attelés au nombre de dix ou quinze, avec des cordes, à un gros chariot, ils allaient chercher les pierres. M. Favre se tenait derrière l'équipage, veillant, avertissant, modérant l'élan des plus hardis, faisant des

signes de croix et récitant des *Pater* et des *Ave* pour
éloigner tout accident. Aussi pendant plus d'une année
de cet étrange manège, jamais il n'y eut le plus petit
malheur, ni sur le lac, ni en conduisant les pierres.

Une fois terminée, l'école fut baptisée et elle dut à
l'humeur joyeuse de son fondateur le nom pompeux
d'*Académie*, nom que, du reste, elle a toujours conservé
depuis (1). La construction s'était faite comme par
enchantement ; hélas, il n'en était pas de même du paiement des frais qu'elle avait nécessités. Bien des bonnes
volontés avaient sans doute répondu aux appels pressants de M. l'abbé Favre, mais toutes les dettes étaient
loin d'être couvertes et l'on devine les inquiétudes du
fondateur lorsqu'il voyait les ouvriers venir réclamer
le juste fruit de leur travail !

La Providence cependant, en qui le fondateur avait
mis tout son espoir, ne pouvait l'abandonner : elle
inspira au marquis de Costa l'excellente pensée de venir
visiter l'école, et celle plus excellente encore de solder
toutes les dettes arriérées qui atteignaient le total de
trois mille francs. On devine le soulagement qu'en
éprouva l'abbé Favre, pour qui trois mille francs
étaient une somme considérable !...

Une fois l'école inaugurée, l'abbé Vandel, encore
incomplètement remis des fatigues qui l'avaient forcé
d'interrompre le grand séminaire, s'offrit à partager
les labeurs de son vénérable ami. A eux deux, ils

(1) Cette *Académie*, qui avait coûté à son fondateur tant de
tracas et tant de sueurs, a suivi le triste sort des autres
donations faites par les catholiques. A la faveur d'une loi
odieuse et inique, elle a été détournée de sa pieuse destination.

entreprirent de faire les classes, gratuitement bien entendu ; en même temps ils donneraient des leçons de
latin à de jeunes pensionnaires qu'ils attireraient du
Bas-Chablais et parmi lesquels, peut-être, ils trouve-
raient quelques excellentes vocations pour le sacerdoce.

L'abbé Vandel, n'étant pas encore dans les saints
ordres et n'ayant par conséquent ni messe à dire ni
office à réciter, fut spécialement chargé de la surveillance et de la discipline. On sait ce que réclame de
patience cette fonction peu ambitionnée d'ordinaire
même lorsqu'elle est rétribuée. Ici elle était devenue
plus difficile encore; car le nombre des enfants s'était
multiplié au delà de toute attente; en plus des externes,
on comptait déjà dans la maison une trentaine de pensionnaires. Mais le surveillant prit sa charge à cœur et
se fit un devoir de conscience de la remplir avec la
plus parfaite fidélité. Au dire de son frère François
qui était du nombre des élèves, on le voyait partout
et toujours avec les enfants : à l'étude, au réfectoire,
en récréation, au dortoir. Le matin, c'était chose
curieuse et en même temps édifiante de voir tout ce
petit monde, un essuie-mains sur les bras, descendre
auprès du lac, à cinq heures du matin, pour se laver.
On peut dire que la cuvette à eau était belle : c'était
tout le lac de Genève. « La tâche était rude, écrivait
l'abbé Vandel dans sa notice sur M. Favre, et si les
consolations ne manquaient pas, il n'y avait pas,
d'autre part, une minute de repos. » Les cours d'instruction aux pensionnaires s'ajoutaient aux quatre
heures de classes qu'il fallait faire aux externes. Il y

avait de quoi épuiser le tempérament le plus robuste ;
à plus forte raison la santé du jeune professeur, déjà si
délicate, devait-elle plier bientôt sous le poids écra-
sant de la tâche quotidienne ; c'est ce qui arriva. Le
professeur resta, durant deux mois, gravement malade,
et son repos forcé rendant impossible la continuation
des classes, il fallut tout suspendre, et même finalement
congédier les enfants.

Cette situation faisait des loisirs à l'abbé Favre. Il
les employa saintement en allant préparer à la mort le
vénérable marquis de Costa qui, en prévision de sa
fin prochaine, l'avait fait appeler auprès de lui ; cette
mort arriva en juin 1836.

De son côté, l'abbé Vandel s'était peu à peu rétabli,
et déjà il était en mesure de reprendre son labeur. En
attendant qu'il plût à la Providence de réunir à nouveau les deux amis, il chercha, pour s'occuper, un travail qui fût en rapport avec ses aptitudes et lui fournît
l'occasion de mettre à profit l'expérience déjà acquise.
Cette occupation lui fut offerte par les Révérends
Pères Jésuites, au collège de Chambéry, où il entra
comme surveillant au début de l'année scolaire 1834-
1835.

II

Surveillance et Education.

———————

Le nouvel emploi de l'abbé Vandel n'avait, il est vrai, rien de bien brillant aux yeux du public, mais il suffisait à sa modestie. Son esprit de foi savait le relever à ses propres yeux, comme il sut le relever auprès de ses collègues et auprès des élèves confiés à ses soins. Dans la position délicate de simple *auxiliaire*, il arriva promptement, grâce à sa vertu et à sa fidélité parfaite au devoir, à se concilier l'estime et le respect de tous.

Le chanoine Arminjon, ancien missionnaire et Supérieur du grand séminaire de Chambéry, qui avait été élève au collège des Pères et avait fait partie de la division confiée à l'abbé Vandel, a conservé de lui le souvenir le plus touchant. Il raconte l'impression qu'il éprouva lorsqu'il vit pour la première fois la figure pâle et austère du nouveau surveillant des petits : « Il n'avait pas, dit-il, de rabat comme les autres auxiliaires et il portait une soutane plus pauvre que celle des Pères Jésuites ; tout en lui trahissait la plus grande modestie, la plus profonde humilité. » Si les élèves regardaient les *Messieurs* comme de vulgaires *pions,* les *Messieurs* à leur tour ménageaient parcimonieusement leurs égards aux Révérends Pères dont ils n'étaient cependant que les simples subalternes. L'abbé Vandel au contraire, leur donnait sa plus entière soumission et leur témoignait le plus grand respect, ne se considérant que comme leur simple mandataire. Les élèves s'en apercevaient et ils en recevaient une édification singulière. — « *Le R. Père le veut,* » leur disait-il, et il s'appliquait à leur faire voir dans cet ordre, la volonté même de Dieu.

« Aussi, continue le vénérable chanoine, le nouveau surveillant ne tarda-t-il pas à acquérir un ascendant extraordinaire sur les élèves qui le regardaient comme un saint. Tout en lui respirait en effet l'esprit de foi et un détachement surhumain. Jamais il ne paraissait ému par une considération d'amour-propre ou d'intérêt personnel ; il lui semblait indifférent d'être honoré ou méprisé ; jamais il ne parlait de lui-même. M. Vandel prenait très au sérieux, comme de raison, sa profession de surveillant, généralement peu estimée des élèves ; il était d'une exactitude exemplaire, ardent zélateur de la règle. Il entrait assidûment dans nos alcôves, le matin, pour s'assurer si nous étions levés au signal donné. Quelqu'un de nous négligeait-il un peu sa toilette, il était là pour stimuler ou même suppléer. Un jour d'hiver, on le vit nettoyer à grande eau froide le visage barbouillé d'un élève récalcitrant. »

M. le chanoine Arminjon complète ses souvenirs, en écrivant : « L'abbé Vandel ayant été nommé surveillant de l'infirmerie, il était la joie et la providence des malades. Il leur prodiguait ses soins avec une charité admirable et savait les réconforter dans leurs souffrances. Aimable, spirituel, il avait le talent de les intéresser par des conversations assaisonnées d'histoires. Les esprits chagrins lui reprochaient une tendance exagérée au mysticisme, et cependant il était gai, parfois même jovial. Au besoin il savait trouver quelque plaisanterie de bon goût pour égayer ses enfants. Il marchait d'ordinaire modeste, les yeux baissés, lorsqu'il n'avait pas à surveiller ; jamais plaisanterie légère ou parole de mauvais aloi ne tomba de ses lèvres, de même qu'on ne le vit jamais ni croiser les jambes ni s'asseoir avec nonchalance. »

Un autre contemporain de l'abbé Vandel, M. Naz, lui aussi ancien élève de Chambéry et plus tard juge au tribunal de Bonneville, s'est plu à rendre de lui un témoignage analogue : « Il était juste et bon, sans excès de sévérité. Bien qu'il ne fût pas prêtre, il portait la soutane et communiait presque tous les jours. Sa grande piété se révélait en toute occasion, nous imposant à son égard, malgré la compréhensible légèreté de notre âge, un grand respect et une profonde vénération. « C'est un saint ! » disions-nous souvent entre nous. »

Tel était le jeune surveillant d'après le jugement impartial de ceux qui le connurent.

L'abbé Favre avait, comme une pensée fixe, le désir ardent de s'employer au retour du canton de Vaud à l'Eglise catholique. Que de fois ce désir n'avait-il pas fait le sujet fréquent de ses entretiens avec son ami Vandel ! Celui-ci partageait pleinement cette pensée. Au dire des anciens élèves de Chambéry, lui d'ordinaire si calme en avait souvent parlé avec un extraordinaire enthousiasme. L'abbé Vandel formait même, à ce sujet, des projets gigantesques auxquels son cœur enflammé ne semblait voir aucun obstacle.

Mais, avant de donner libre cours à son zèle, l'abbé Favre, redevenu libre à la mort de M. de Costa, voulut d'abord réaliser une pensée qu'il avait depuis longtemps conçue, en vue de son futur ministère. Pour travailler plus efficacement à la conversion des Vaudois, il aurait, prévoyait-il, des luttes à engager, des discussions religieuses à soutenir avec des ministres protestants. Il pensa qu'il ne pourrait mieux s'y préparer qu'en allant dans la Ville Eternelle, suivre pendant quelque temps, au Collège Romain, les cours de théologie.

Le voyage de Rome fut donc résolu.

Il partit au printemps de 1837, mais à la façon des pèlerins, le bâton à la main et le sac au dos, demandant l'hospitalité sur sa route et mendiant quelquefois son pain. Au départ, l'abbé Vandel voulut accompagner son ami pour s'entretenir encore de ses projets et il ne s'en sépara qu'après deux heures de marche sur la route de Chambéry à Turin.

Le voyageur se dirigea par petites journées vers la

capitale du Piémont, puis successivement vers Alexandrie, Parme, Ancône. Il tenait à aller s'agenouiller à Lorette dans la sainte maison où dans le recueillement et l'humilité Notre-Seigneur avait passé trente ans de sa vie mortelle. Ce fut là pour l'abbé Favre, une heure solennelle de son existence. Dans le célèbre sanctuaire il fit à la Vierge bénie une consécration totale de sa personne, s'offrant à servir jusqu'à sa mort, si Dieu l'agréait, la cause du catholicisme dans le canton de Vaud. Cette consécration fut signée de son sang.

Arrivé à Rome, il se fit inscrire comme étudiant et, deux années durant, il suivit les cours avec une parfaite assiduité et un succès méritoire.

Au milieu de ses travaux, l'abbé Favre n'oubliait pas son ami ; non seulement il entretenait avec lui une correspondance fidèle, mais de plus, à l'heure des détresses pécuniaires, il ne craignait pas de recourir, et jamais en vain, à son bon cœur. Dans sa charité, l'étudiant s'était oublié lui-même. L'argent qu'il avait pu gagner chez M. de Costa avait déjà disparu, une partie dans le long voyage de Chambéry à Rome, le reste dans l'établissement d'une école de filles qui, en attendant, avait remplacé celle des garçons à l'*Académie* de Nernier. Aussi l'abbé Favre se trouva-t-il souvent dans l'embarras. A tel point qu'à la fin de ses études, un certain M. Bosse, notaire à Avignon, qui désirait avoir l'abbé comme précepteur de ses deux enfants, dut lui faire parvenir la somme nécessaire à son retour.

Ce fut à cette époque que l'abbé Vandel toujours préoccupé de la grande affaire de son avancement au sacerdoce, écrivait à l'abbé Favre, pour lui demander s'il devait prochainement se présenter aux saints Ordres ou si, pour lui, l'ajournement ne serait pas plus opportun. « Je continue l'étude de la morale, lui disait-il, je crois comprendre et goûter : je prends force notes pratiques. Priez, donnez-moi une messe à saint Joseph et communiquez-moi ce que l'Esprit vous aura soufflé.

« Vous savez quels sont nos projets ? étendre la religion catholique dans le canton de Vaud, surtout par l'éducation de la jeunesse, voilà le but que je fixe à ma vie. C'est pour cela que j'avance dans mes études ecclésiastiques et que je fais une petite provision de connaissances. Mais ma santé toujours faible et mes occupations de surveillant me font marcher à pas de tortue. Cependant si Dieu continue à bénir mes efforts, je puis, dans deux ans, fournir des études suffisantes pour recevoir les Saints Ordres, puis une fois prêtre, je continuerai à suivre, pendant deux ou trois ans, les cours de mathématiques, de physique, etc. — Tel est le premier plan.

« Le second consisterait à faire dès maintenant toutes mes études ecclésiastiques, à suivre tous les cours projetés, différant les saints Ordres jusqu'au jour où je pourrais me livrer immédiatement au ministère. Des personnes clairvoyantes me conseillent ce dernier parti, et de mon côté, j'incline à m'y résoudre pour plusieurs raisons :

« 1° Avec ma chétive santé, il me serait pénible et difficile de dire la messe, de réciter l'office, et de me livrer à des occupations sérieuses tout en remplissant ma charge de préfet.

« 2° Etant prêtre on me donnerait naturellement des travaux de surérogation, à la maison et hors de la maison.

« 3° L'évêque pourrait bien m'envoyer régenter et surveiller ailleurs qu'à Chambéry ; et cependant, tout considéré, j'ai besoin de passer bon nombre d'années dans l'humble, pénible, mais très favorable position où la Providence m'a placé.

« D'ailleurs ne vaut-il pas mieux être prêtre quelques années plus tard et acquérir, d'avance, tout ce qui est nécessaire pour faire le bien, plutôt que d'être prêtre de suite, mais prêtre presque insignifiant pour le bien de l'Eglise, peut-être même inutile ? »

Nous n'avons pas la réponse de M. Favre, mais il est fort probable qu'il abonda dans le sens de son ami puisque, de fait, celui-ci attendit, sept ans encore, les honneurs redoutables du sacerdoce.

Cependant M. Bosse, dont nous avons parlé plus haut, attendait avec impatience, à Avignon, le nouveau précepteur. Comme son absence se prolongeait, il pria instamment l'abbé Vandel qui connaissait déjà la famille pour avoir eu un de ses deux enfants au collège de Chambéry, de venir le suppléer jusqu'à son retour. L'abbé Vandel accéda à ce désir, et pendant un certain temps donna à ces élèves les soins les plus assidus. Avant l'arrivée de l'abbé Favre, il crut bon d'avoir une entrevue avec lui, afin de lui faciliter sa tâche en lui communiquant le fruit de son expérience ; il le pressa donc de venir au plus tôt.

Le 19 septembre 1837, il lui écrivait : « J'aurais cinquante mille observations à vous faire, essentielles, rigoureuses, pour le bien de tous dans votre nouvelle position, mais je ne me sens ni le courage, ni la facilité de les aborder. Je crois donc — et c'est l'avis et le grand désir de M. et Mme Bosse — que nous avons besoin de nous voir ici. En une heure de conférence cordiale, je lèverai un grand nombre de petites entraves qui vous offusqueraient pendant des mois. Mon genre d'éducation, d'instruction, de correction et de rémunération, que j'ai d'ailleurs accommodé aux lieux, aux personnes et surtout au caractère des enfants, ce genre, dis-je, auquel applaudissent Monsieur et Madame, ne peut être deviné et saisi d'emblée ; et comme je vous connais, si je ne vous donne la clef, votre noviciat sera peut-être quelque peu pénible à tous. En deux mots : je suis persuadé qu'il est nécessaire que je vous voie ici, pour que votre première année soit plus heureuse. Or je partirai d'Avignon pour Chambéry le 16 ou le 17 octobre. Vous n'avez donc pas de temps à perdre. »

L'abbé Favre arriva pour l'époque fixée. S'il accepta le préceptorat, ce fut moins par attrait que par nécessité. Il avait besoin de fonds pour son école de filles de Nernier. « Si ce n'était notre école de filles, je ne courrais pas après les appointements. » Il n'était pas du reste enchanté de ses nouvelles fonctions. Son excessive indulgence se trahit peu à peu et l'empêcha de prendre sur ses élèves cet ascendant nécessaire que l'abbé Vandel avait su conquérir du premier coup. Aussi, écrivant à son ami, sur la fin de l'année, se plaignait-il de l'extrême légèreté de ses deux enfants, de leur inapplication et de leur peu de dispositions pour la piété. L'abbé Vandel semblait avoir prévu cet échec relatif.

A cette même époque, M. le marquis de Rochegude ne pouvant placer son fils au collège, proposa à l'abbé Favre de se charger aussi de lui. Se trouvant suffisamment occupé avec les enfants de M. Bosse, mais d'autre part ne voulant pas laisser le marquis dans l'embarras, le précepteur sonda l'abbé Vandel pour savoir s'il ne pourrait pas se délier de l'engagement contracté avec les Révérends Pères Jésuites pour s'occuper du petit de Rochegude, à moins qu'il ne préférât reprendre l'éducation des jeunes Bosse tandis que lui-même se chargerait du premier. Aucune de ces combinaisons ne pouvait agréer à l'abbé Vandel ; malgré les instances les plus pressantes, il voulut terminer son année au collège de Chambéry.

Le précepteur poursuivit donc sa besogne, sinon avec un grand succès, du moins avec tout le dévouement que lui inspirait l'amour des âmes et la délicatesse de sa conscience. Ce ne fut qu'au mois de septembre qu'il put enfin se dégager de son fardeau. Appelé dans son pays pour le mariage de deux de ses sœurs et pour le règlement de plusieurs affaires temporelles qui nécessitaient sa présence, il s'y rendit avec l'espoir de ne plus retourner à un poste qui lui pesait si lourdement.

En ce moment l'abbé Vandel était libre du côté des Pères chez lesquels il avait passé cinq ans. Sur les prières instantes de son ami, il alla, provisoirement croyait-il, le remplacer auprès de ses deux élèves. Bientôt ce provisoire devint définitif et l'abbé Vandel reprit ses anciennes fonctions chez M. Bosse, tandis que son ami acceptait, de son côté, le soin de donner l'éducation aux trois fils de la jeune marquise de C... qui l'avait appelé, à cette intention, au château de la Motte.

L'abbé Vandel avait la main plus ferme que son devancier et par là même il obtenait davantage de ses deux disciples, quoiqu'il n'eût pas toujours à se louer de leur docilité ni de leur progrès. Aussi, après deux ans de ce travail, il sentit le besoin de se trouver une occupation plus fructueuse pour les âmes : et malgré les regrets et les instances réitérées du père des enfants ; malgré même les offres pécuniairement avantageuses qui lui furent faites, il prit congé de la famille, emportant toujours la consolation d'avoir préparé le plus jeune de ses deux élèves à la première Communion. Il avait mis tous ses soins, il est vrai, pour obtenir que cet acte, le plus solennel de la vie, fût accompli dans les meilleures conditions. Il fit mettre l'enfant dans une communauté religieuse pour l'y préparer lui-même par une retraite de quatre jours : « J'ai la consolation, écrivait-il, de pouvoir dire que cette première Communion a été bonne, et cependant ces deux pauvres enfants ont mis ma patience à de rudes épreuves. Tout cela se comprend lorsque, dans la petite enfance, le cœur a été complètement négligé. Oui, le reste de la vie, le bonheur, le salut dépendent des impressions de l'enfance ; c'est pour moi comme un article de foi. » L'abbé Vandel quitta Avignon aux vacances de 1842.

Tout absorbé qu'il fût, à Chambéry, par ses fonctions de surveillant, à Avignon par sa charge de précepteur, l'abbé Vandel, brûlant de cette ardeur apostolique qu'il devait, dans la suite, porter à un si haut degré, trouvait encore le moyen de travailler directement au bien des âmes. Il raconte, dans une trop courte note, que, pour exercer son zèle, il se plaisait à réunir les petits ramoneurs qu'il pouvait rencontrer, pour leur faire le catéchisme et leur parler du bon Dieu et de la Sainte Vierge. L'apôtre des pauvres et des humbles commence ici à se trahir.

Dans l'année scolaire 1842-1843, l'abbé Vandel se trouvait de nouveau chez les Pères Jésuites, non plus à Chambéry, mais à Fribourg, en Suisse, au collège Saint-Michel (1). Il y exerçait toujours l'office de surveillant et toujours avec le même dévouement et le même succès. Ce fut alors qu'il songea à faire sa préparation pour recevoir dignement la consécration sacerdotale : préparation immédiate sans doute, car depuis longtemps il pensait au jour où il aurait le bonheur de monter au saint Autel, et depuis longtemps aussi il travaillait à se rendre moins indigne de cette immense faveur qui devait combler enfin ses longs et ardents désirs !...

Les heures de liberté que ses fonctions lui avaient laissées jusqu'alors, il les avait scrupuleusement employées à l'étude de la théologie. Cependant on

(1) Le collège de Fribourg était très avantageusement connu en France. Les familles de la meilleure aristocratie y envoyaient volontiers leurs enfants afin de les soustraire aux doctrines dangereuses de l'enseignement officiel alors le seul reconnu dans notre pays. L'abbé Vandel fit là des connaissances précieuses qui, plus tard, lui facilitèrent les relations grâce auxquelles il put fonder et développer ses œuvres.

comprend que cette étude n'avait pu se faire avec la même suite et le même sérieux que si l'abbé eût été libre de tout emploi extérieur. C'est pourquoi il voulut, à partir de cette année-là, s'appliquer particulièrement à combler les lacunes, sous la direction d'un Père qui consentit volontiers à lui donner une bonne partie de son temps. Nous avons trouvé, dans ses papiers, le résumé très clair et très soigné des leçons que ses professeurs lui avaient données et des enseignements que lui-même, de 1844 à 1846, avait puisés dans différents auteurs choisis avec un soin judicieux. Dans ce résumé il avait su condenser, avec un grand esprit de synthèse, les principaux traités du dogme et de la morale catholique.

Notre aspirant avait déjà atteint sa 37ᵉ année et il pouvait croire, en toute conscience, avoir acquis le savoir indispensable au prêtre ; d'autre part sa conduite irréprochable et sa grande piété faisaient l'édification de tous. Rien ne semblait donc s'opposer à son avancement aux saints ordres. Il reçut la tonsure et les Ordres Mineurs le lundi de Pâques, 24 mars 1845. Il espérait pouvoir être promu à la prêtrise aux fêtes de Noël de la même année, mais ses espérances furent déçues par la mort imprévue de son évêque, Mgr Tobie Yenni. L'abbé Vandel crut, dans son humilité, qu'il y avait, dans ce fait, une indication de la Providence et comme une invitation d'en-haut d'avoir à se préparer mieux encore à la grâce du sacerdoce. Du moins espérait-il pour l'ordination de Pâques l'année suivante, mais ici non plus ses désirs ne purent se réaliser : « Je pensais être fait prêtre à Pâques, écrivait-il le 4 janvier 1846, au jeune Jean-Marie

Comte, son filleul, mais la mort de l'évêque de Lausanne pourrait bien encore contrarier mes désirs. Tu vois que cette année sera grande et mémorable pour moi. Je te demande l'aumône d'un *Ave Maria* tous les jours jusqu'à ce que j'aie le bonheur de dire une messe pour toi. »

L'abbé Vandel ne reçut le Sous-Diaconat que le 22 mars, des mains du nouvel évêque de Lausanne, Mgr Marilley. L'engagement définitif et irrévocable dans la sainte milice impressionne toujours fortement l'âme des jeunes ordinands : celle du nouveau sous-diacre, qui comprenait si bien la gravité du pas qu'il venait de franchir, ne pouvait échapper à cette sainte et bien légitime appréhension ! Mais il s'encourage par des pensées de foi : « J'avais de grandes frayeurs, écrivait-il ; elles ont été dissipées : 1° par la pensée que la Providence en me conduisant comme par la main, à travers mille vicissitudes, jusqu'à la porte du sanctuaire, me disait assez sa volonté ; 2° par les assurances de mes confesseurs depuis au moins quinze ans ; 3° par le désir d'être plus agréable au Sacré-Cœur de Jésus ; enfin par l'espérance, étant prêtre, de procurer le salut des âmes...

« Avant le sous-diaconat, mon confesseur m'a invité à me considérer comme inaugurant une nouvelle vie, mais une vie toute de confiance dans le Cœur Sacré de Jésus, source de toute grâce. Il m'a commandé même, avec des injonctions absolues excluant toute réplique, de ne jamais revenir en confession sur les fautes de ma vie passée, sous ce prétexte que peut-être j'ai oublié d'en accuser quelqu'une. »

On devine ici une délicatesse de conscience qui confine au scrupule. Cette délicatesse, l'abbé Vandel la conservera jusqu'à la mort ; mais grâce à son obéissance aveugle à ses directeurs, il se préservera de tout excès. En face des obligations que lui impose le sous-diaconat et dont il pèse, avec son esprit de foi, toute la gravité, le nouvel ordinand ne perdra pas un moment confiance, mais il comptera pour les remplir sur la grâce de Dieu et les prières de ses amis. Lui-même, avant de prendre ces engagements, « a prié de tout son cœur et, depuis trois mois, il n'a pas manqué de faire régulièrement, et chaque jour, cinq ou six visites au Saint Sacrement, afin de recommander sa nouvelle vie au Cœur adorable de Jésus, à Marie et à Joseph. »

Nous ignorons la date précise de l'ordination, comme diacre, de l'abbé Vandel, mais nous avons tout lieu de croire qu'elle suivit de près celle du Sous-Diaconat et qu'elle fortifia plus que jamais les saintes résolutions qu'il avait déjà prises, et, jusqu'alors, si bien tenues.

III

Le Sacerdoce ; ses prémices.

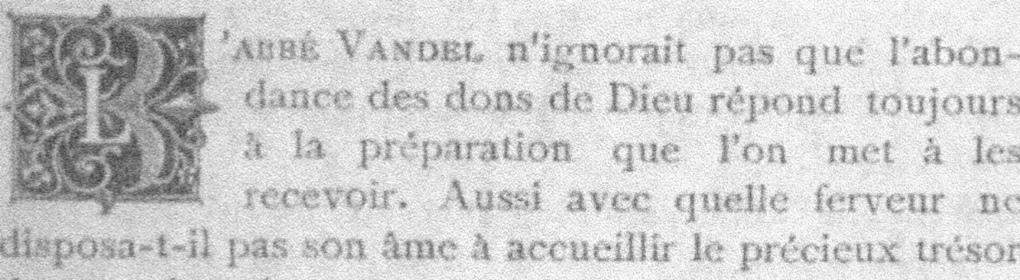

'abbé Vandel n'ignorait pas que l'abondance des dons de Dieu répond toujours à la préparation que l'on met à les recevoir. Aussi avec quelle ferveur ne disposa-t-il pas son âme à accueillir le précieux trésor du sacerdoce !...

Nous avons retrouvé dans ses papiers les pensées qui firent le sujet de ses réflexions durant la retraite qui précéda son ordination. Ces pensées n'ont rien de recherché, c'est la foi seule qui parle à son intelligence et qui se trahit par des sentiments tout pénétrés de suave piété et de conviction profonde. Chaque phrase répond à des émotions éminemment surnaturelles dont semble vivre toute l'âme de l'ordinand. Il repasse dans sa mémoire les grâces reçues ; il se remplit des sentiments de reconnaissance qu'il doit à chacune des trois personnes divines et particulièrement au Verbe fait homme, pour l'œuvre incompréhensible de sa rédemption, pour l'institution de son Eglise, pour le don de l'Eucharistie et de sa divine Mère !... Après avoir contemplé le passé avec tous les bienfaits de Dieu, il regarde l'avenir, pense à ses fins dernières : à la mort, au jugement ; « pensées terribles pour un pauvre pécheur comme moi, écrivait-il, mais qui ne m'empêcheront pas de me présenter avec sécurité, parce que je me confie en Marie, ma Mère et la Mère de Celui qui sera mon juge. »

Il envisage la redoutable dignité du Sacerdoce : « Un prêtre est plus qu'un homme ordinaire, plus qu'un ange, à certains égards plus que Marie elle-même, car il exerce un pouvoir que n'a point reçu la Mère de Dieu. Cette dignité exige une grande sainteté, mais j'aurai recours à Marie et à Joseph pour suppléer à ma détresse. »

Marie !... l'abbé Vandel ne pouvait, durant sa retraite, détacher son regard de cette figure divinement aimable ! Il voyait en elle une sorte de caractère sacerdotal qui la lui faisait considérer comme son modèle et sa patronne. « Elle a immolé son divin Fils et adopté, à sa place, son disciple Jean, fait prêtre de la veille et, en sa personne, tous les prêtres de Jésus-Christ ! Malgré son immense douleur, elle est debout sans se laisser abattre : grande leçon pour le prêtre qui doit se montrer fort, généreux, homme de sacrifice afin de sauver les âmes !... »

Il saisit, dans toute leur gravité, les saintes obligations qu'apporte avec elle la grandeur de la prêtrise : « obligation de posséder une science suffisante pour instruire les fidèles, et par là même de travailler sans relâche à la conserver et à la développer ; obligation du zèle pour le salut des âmes en faveur desquelles le Christ a établi le sacerdoce ; obligation de la chasteté qui permet de vaquer librement aux choses de Dieu, et de traiter dignement la chair et le sang du Christ formés de la chair et du sang d'une Vierge immaculée ; obligation de l'union constante à Dieu, à Jésus-Christ ; obligation de la fidélité à la prière si on veut se conserver sans tache jusqu'au dernier soupir. »

L'abbé Vandel était prêt ; il pouvait avec confiance approcher des saints Autels. Il reçut l'Onction Sacrée le samedi des Quatre-temps, 6 juin 1846, des mains de Mgr l'évêque de Lausanne, dans la chapelle domestique du palais épiscopal de Fribourg (1).

Afin de ne pas laisser perdre le parfum divin dont le Christ venait de l'embaumer, le nouveau prêtre, après sa promotion, se retira de nouveau dans le recueillement et la solitude pour repasser en son esprit les grandes leçons de l'ordination et méditer les paroles

---

(1) Certificat de M. Pellerin, vicaire général.

qu'avait prononcées sur lui le Pontife ; et afin de pouvoir rafraîchir en son cœur les douces impressions qu'elles provoquèrent, et les revivre de nouveau à mesure que passeraient les années, il voulut les confier au papier. Qu'on nous permette de transcrire ici ces quelques notes que volontiers nous appellerions le chant de reconnaissance, le *Magnificat* du nouveau prêtre.

« C'est de la part de l'Eglise qui m'a baptisé, confirmé, reçu à la Table Sainte, instruit, formé, examiné, approuvé, appelé par ses ministres, que j'ai été présenté à l'évêque : *postulat sancta mater Ecclesia...* Elle m'a choisi *ad onus...* la prêtrise est une charge ; son chef n'a-t-il pas dit : « *Je vous envoie comme des brebis parmi les loups ?* »

« On a demandé le témoignage de tous, pour constater que j'étais digne. Je me suis réfugié dans les bras de Marie afin qu'elle couvrît ma honte et répondît pour moi. »

« J'ai été élu *ad adjutorium Episcopi...* pour être l'auxiliaire de l'Evêque ; je dois toujours m'en souvenir. »

« On m'a demandé et recommandé une vie chaste, des œuvres de charité, une doctrine saine ; ma réponse reposait uniquement sur le Cœur de Marie... »

« L'Evêque a appelé sur moi la forme et l'éclat de toute justice, puis il m'a imposé le joug du Seigneur qu'il m'a dit être suave ; il m'a revêtu de l'habit sacerdotal comme d'un manteau de charité et de perfection. A la consécration des mains, il m'a dit : que tout ce qu'elles béniront soit béni ; que tout ce qu'elles consacreront soit consacré et sanctifié. Quel respect ne dois-je pas avoir pour elles !... »

« En touchant le calice et la patène avec l'hostie, j'ai reçu le pouvoir d'offrir le saint Sacrifice à Dieu, pour les vivants et pour les morts : par conséquent le pouvoir de rendre à Dieu, tous les jours, une gloire infinie, de procurer aux vivants et aux défunts un secours d'une valeur inestimable, d'où obligation pour moi de célébrer tous les jours à moins d'empêchement légitime. »

« Après la communion, le Pontife m'a dit : Recevez le Paraclet, l'Esprit Consolateur. Je suis donc le tabernacle de cet Esprit divin envoyé pour consoler, pour entretenir la joie en moi et autour de moi. »

« J'ai promis à l'Évêque révérence et soumission, bien entendu d'*esprit* et de *cœur*, intérieures et formelles... J'ai fait profession de foi : Malheur à moi si jamais je venais à douter, à hésiter dans ma croyance. »

« On m'a averti que la célébration de la messe était assez périlleuse... Je devrai donc, en célébrant, éprouver quelque chose de ce tremblement avec lequel, dans l'ancienne loi, on s'approchait du saint des saints. »

« Enfin, j'ai le pouvoir de remettre les péchés : c'est pour en user et sauver les âmes et non pour le garder inutile comme un trésor enfoui dans la terre. »

Le plus souvent les nouveaux prêtres se font un bonheur de célébrer leur première messe dès le lendemain de leur ordination, ne croyant pouvoir mieux honorer Dieu et lui donner une plus grande marque de gratitude qu'en faisant usage au plus tôt du pouvoir ineffable qu'ils ont reçu de l'immoler sur l'autel. Il n'est pas rare cependant de voir de saints personnages séparer, par un intervalle de quelques jours, la grâce de l'ordination de celle de leur première messe, afin de mieux se préparer au grand acte du Sacrifice. L'abbé Vandel voulut être de ce nombre, et il ajourna sa première messe à la fête du Sacré-Cœur qui, cette année-là, tombait le 19 juin. Son ardente piété envers le Cœur adorable de Jésus le priva, pendant douze longs jours, de la consolation incomparable, attendue depuis tant d'années, de monter au saint Autel. Il inaugura ainsi son sacerdoce par un sacrifice généreux, prélude de tant d'autres qui rempliront son existence et qui seront couronnés par le plus cruel peut-être : celui de se voir, à la dernière heure, privé des consolations suprêmes qu'apporte à celui qui va mourir la présence Eucharistique de Jésus-Christ !

Cet intervalle, on le devine aisément, fut, pour l'abbé Vandel, un prolongement de la retraite préparatoire qui avait précédé son ordination. Il nous a laissé dans ses notes un résumé des réflexions qui occupèrent son esprit dans l'attente du grand jour : elles tendent toujours pour lui à se pénétrer plus profondément de la grandeur de sa nouvelle dignité.

Il réfléchit à la nature du saint Sacrifice, à son identité avec celui de la Croix : « même victime, même sacrificateur, le Prêtre éternel s'immolant par les mains et par les lèvres d'un homme mortel. — La messe, c'est l'Incarnation renouvelée chaque jour, non pour l'humanité en général mais pour chaque âme en particulier : c'est le mystère de la Rédemption se perpétuant à travers les siècles pour le salut de tous... »

Il en étudie l'efficacité : « Il procure à Dieu toute gloire ; à Marie, aux anges, aux saints, tout honneur ; aux vivants et aux morts toute grâce et soulagement : vrai sacrement, il opère *ex opere operato*, par la vertu divine renfermée dans le signe sensible... »

Il en admire la perpétuité : « Jésus-Christ s'est immolé avant le temps en formant le dessein de sauver les hommes : il s'est immolé dans le temps : en *figure*, avec le juste Abel ; dans le fils de la promesse, Isaac ; dans le sacrifice non sanglant du grand prêtre Melchisédech ; dans les sacrifices offerts au Temple, puis, *en réalité*, sur le Calvaire ; jusqu'à la fin des temps, il s'immolera sur nos autels... »

Comment sa foi pourrait-elle jamais être ébranlée ou subir une éclipse ? « Les paroles du Christ sont si claires, si formel le langage des siècles et si avéré le témoignage des miracles ! Rien de plus facile à croire, bien que tout soit mystère dans ce grand sacrement où il n'y a que néant pour les sens et folie pour l'orgueil de l'esprit humain... »

En méditant sur les prières et sur les cérémonies de la sainte Messe, le nouveau prêtre voit, dans le signe de la croix si souvent répété : « l'affirmation du grand mystère de la Trinité ; d'un Dieu fait homme et mort sur la croix pour opérer notre rachat ». Dans le prêtre, il voit « le Pontife éternel lui-même agissant, priant par l'organe d'un ministre mortel ». Le temple est « un point culminant, une image du Calvaire ». L'autel est « comme une table servie où sont préparés une nourriture et un breuvage du Ciel ; breuvage et nourriture qui n'ont rien de commun avec ceux de la terre, car ils ont pour but, non plus d'alimenter la vie du corps, mais de fortifier l'âme et de la préparer pour l'éternelle vie... »

L'abbé Vandel célébra donc sa première messe le jour même de la fête du Sacré-Cœur, 19 juin 1846, à la chapelle de saint Sérapion, dans l'église du collège Saint-Michel, à Fribourg. Une note nous fait connaître son intention principale : « Me consacrer au Sacré-Cœur de Jésus par Marie en union avec saint Jean, ainsi qu'au Cœur Immaculé de la Mère de Dieu. » Nous savons du reste qu'à partir de ce premier sacrifice jusqu'à son dernier (25 avril 1877), ce prêtre fervent fut fidèle à noter toutes ses intentions, souvent même ses memento particuliers.

La ferveur de cette première messe nous est révélée dans une lettre écrite le jour même, au jeune Jean-Marie Comte, filleul de l'abbé Vandel.

« Cette année est bien grande, bien mémorable pour moi, mon cher enfant. J'en suis à me demander s'il est bien vrai que je suis prêtre ; s'il est bien vrai que, depuis quelques jours, ma pauvreté est dépositaire d'un pouvoir divin qui n'est pas donné aux anges ; et ma foi me dit qu'il en est ainsi, et mon cœur me dit que c'est bien le Dieu de toute miséricorde, de toute bonté, de toute puissance qui s'abaisse dans mes mains, qui repose sur l'autel, que mes yeux contemplent sous le voile du Sacrement. Ce grand Dieu qui a mis son plaisir à m'élever si haut, à se rapprocher si près de moi, sait bien que sa grâce seule a tout fait et que, seule, elle doit tout faire encore. Je sens le besoin de remercier, de m'humilier, de craindre ; mais je sens aussi que je puis avoir toute confiance à la vue des trésors qui sont renfermés dans *le don de Dieu*, c'est-à-dire dans le sacrifice du corps et du sang de Jésus-Christ qui vient tous les jours, du Ciel, reposer dans mes mains, puis se renfermer dans ma poitrine, comme dans un tabernacle vivant. Oui, c'est admirable ; oui, c'est tout divin !... et cependant c'est aussi vrai, c'est en quelque sorte plus vrai que ton existence et la mienne. »

Devenu prêtre, l'abbé Vandel continua sa surveillance au collége de Fribourg jusqu'aux vacances de 1847. A la date du 9 septembre il écrivait encore de cette ville, mais déjà il faisait entrevoir son départ prochain et forcé.

Les cantons protestants commençaient à s'agiter et à se liguer contre les cantons catholiques, et les Pères Jésuites ne pouvaient se faire illusion sur l'issue finale de la lutte qui s'engageait. Ils savaient que les forces ennemies étaient supérieures et que, du reste, la trahison ne manquerait pas de favoriser l'œuvre impie de ceux qui avaient juré leur perte. C'est ce qui arriva en effet ; au mois de novembre, ils étaient expulsés de leur collége.

Afin de donner à leur fidèle surveillant un témoignage de leur gratitude pour le dévouement inaltérable et intelligent qu'il avait déployé chez eux durant plusieurs années, les Pères se proposèrent de lui assurer une position en lui offrant le préceptorat de trois enfants dans une famille très honorable. Après avoir prié, fait prier et consulté son ami, M. Favre, l'abbé était résolu à accepter cette proposition, à la condition que son évêque lui donnât son assentiment. Celui-ci crut plus opportun, dans la circonstance, de le lui refuser. Cependant l'abbé Vandel avait déjà, depuis l'année précédente, formé le projet d'un voyage à Rome.

Encore tout embaumé de l'onction sacerdotale, il brûlait du pieux désir d'aller puiser, auprès du tombeau des saints Apôtres, une foi toujours plus vive, un courage toujours plus fort. Que lui réservait l'avenir ? Il l'ignorait encore, mais peut-être la Providence voudrait-elle se servir de lui dans la lutte si âpre qui s'ouvrait pour les catholiques, surtout dans le canton de Vaud, que depuis si longtemps, avec l'abbé Favre, il rêvait d'évangéliser. Il lui semblait qu'après avoir vu Pierre, plus rien ne serait capable de le détourner de son devoir. A Rome, il visiterait les sanctuaires remplis de tant de souvenirs, il s'agenouillerait dans les catacombes devant les tombes des martyrs ; il demanderait à ces vainqueurs le secret de cette énergie indomptable qui étonnait les empereurs et parfois convertissait jusqu'aux bourreaux ; dans ces ruines majestueuses qu'il foulerait à ses pieds, il verrait le triomphe incontestable de la Croix, la victoire éclatante du Christ, l'immortalité et la divinité de cette Église catholique dont il était devenu le prêtre et dont il voulait être le témoin et l'apôtre. De ce contact avec les saints son esprit rapporterait des lumières qui éclaireraient toute sa vie sacerdotale, et son cœur, des ardeurs qu'il travaillerait à communiquer à l'âme de ses frères pour leur faire aimer Jésus-Christ.

Ce rêve, qui est le rêve de tout nouveau prêtre,

l'abbé Vandel comprit que le moment était venu de le réaliser. Mais à l'exemple de son ami, il se proposait de l'accomplir à pied, en vrai pèlerin, et il eût réalisé son pieux dessein si les nouvelles venues d'Italie ne lui eussent fait comprendre combien il serait imprudent de s'engager ainsi, et pour un si long trajet, à travers des routes sillonnées par les hordes sauvages de la révolution déchaînée. Aussi se décida-t-il pour un voyage par mer. Il se dirigea donc vers Lyon où il s'arrêta quelques semaines, et prit ensuite le chemin de Marseille pour s'embarquer le 16 décembre. Le 19, il était à Gênes où son vaisseau faisait escale. Débarqué à Civita-Vecchia le 22, il arrivait à Rome pour les fêtes de Noël. Il fut heureux de recevoir l'hospitalité chez les Pères du Gesù auxquels les Jésuites de France l'avaient chaudement recommandé. Nous pouvons deviner s'il usa largement de la facilité qui lui était donnée de célébrer la sainte Messe dans la chambre de saint Ignace, transformée en chapelle, et au riche autel de la grande église qui touche le couvent des Pères et qui renferme les reliques du célèbre fondateur.

Mais en arrivant dans la Ville Eternelle, l'abbé Vandel comprit qu'il était tombé dans un foyer d'effervescence et d'agitation révolutionnaire. De graves événement, en effet, dont l'influence allait se faire sentir sur l'Europe tout entière, se préparaient en Italie, principalement dans les Etats pontificaux et à Rome en particulier. Les ennemis du Saint-Siège conspiraient continuellement contre le pouvoir temporel des Papes, non plus dans l'ombre comme ils l'avaient fait jusqu'alors, mais au grand jour.

Entraîné par l'exemple de ses voisins, le roi de Naples et le Grand-Duc de Toscane ; contraint aussi par les circonstances, et en particulier par les agissements hypocrites du Piémont d'où partait ce mouvement subversif, Pie IX avait, en février 1848, accordé à son peuple une constitution libérale et introduit, en proportion considérable, l'élément laïque dans le gouvernement de ses Etats. Cette concession, arrachée au bon cœur du pontife, ne devait pas satisfaire une populace agitée par des meneurs insatiables et ameutée par des démagogues accourus de tous les pays. On exigeait du Pape qu'il confiât toute son administration à des civils et qu'il se joignît au Roi du Piémont, Charles-Albert, pour faire la guerre à l'Autriche ; ce à quoi Pie IX se refusa avec une admirable énergie.

Au sein de ces agitations, fomentées par les passions des ennemis de l'Eglise, Rome offrait naturellement peu d'attraits et même peu de sécurité aux étrangers qui venaient, d'ailleurs, en petit nombre et avaient hâte de rentrer dans leur pays.

Notre pèlerin ne parut pas cependant trop alarmé : « Je resterais volontiers dans la ville des Papes, écrivait-il à son ami, l'abbé Favre, si telle était la volonté de Dieu, mais aucun indice ne me montre cette volonté. Mon avenir de prêtre me préoccupe un peu et je prie Dieu de me montrer, comme à Abraham, une terre promise. Cette terre promise, pour moi, pour ma santé, mes forces, mon caractère, serait un petit ministère de catéchiste et de confesseur auprès des gens simples et j'ai quelque désir de m'offrir en cette qualité. »

Les événements politiques n'étaient pas étrangers

aux soucis de l'abbé Vandel. Il annonçait en effet qu'à cette heure même, les Jésuites venaient de quitter leur maison, le Saint-Père leur ayant fait savoir qu'il ne se croyait plus en force pour les protéger et les défendre.

L'abbé Vandel ne perdit pas son temps dans la ville sainte. Malgré l'effervescence populaire et les cris de « *Vive Garibaldi* » qu'il entendait hurler à chaque instant par les bandes des séditieux, il allait visiter les monuments, prier dans les principaux sanctuaires, s'édifier au contact des foules recueillies qui se pressaient dans les églises. Il aimait aussi à étudier de près les mœurs et les coutumes de ces Romains dont il avait si souvent entendu parler, mais qu'il ne connaissait qu'imparfaitement, par des lectures ou des récits plus ou moins véridiques ou tendancieux.

Cependant on était déjà au mois d'avril et notre pèlerin n'avait pas encore eu le bonheur de voir le Saint-Père. Cette consolation si désirée lui fut enfin accordée. Le 12 du même mois, à sept heures du soir, il était reçu en audience, au palais du Quirinal, avec une Polonaise, Mme la baronne de Kiniski, et quelques autres personnes parmi lesquelles une jeune orpheline qui entra la première et à la vue de laquelle Pie IX s'écria tout souriant : « Ah ! voilà la petite orpheline !... *Ecco l'orfanella !* »

« Après la triple génuflexion d'usage et le baisement des pieds, raconte l'abbé Vandel, Sa Sainteté fit lever les visiteurs, et debout, il causa familièrement avec eux des événements du jour et des maux plus grands encore qui menaçaient l'Eglise. Il concluait en disant : « Il faut prier, mes enfants, il faut prier pour le Pape ;

Il faut se soutenir par la foi ! » Et après avoir béni l'assistance, il la congédiait.

« Toute l'attitude du Pape, ajoutait notre pieux visiteur, son air, ses gestes, ses paroles respiraient quelque chose de libre, d'assuré, de confiant, de facile et de grand. Il s'attend à de grands malheurs, mais son caractère et sa foi semblent les dominer et les attendre avec une résignation mêlée d'audace chrétienne et d'inébranlable espérance. »

Quelques jours plus tard, étant allé visiter l'établissement de l'Archiconfrérie de la Trinité fondé par saint Philippe de Néri pour les pèlerins et les convalescents, l'abbé Vandel eut la dévotion de s'y agréger. Il fut admis, en effet, le jour même, avec le cérémonial accoutumé.

Notre pèlerin avait vu, à Rome, tout ce qui pouvait satisfaire sa piété, et il était comblé des bénédictions du Saint Père. Il lui tardait, d'autre part, de rentrer dans ce cher pays de Suisse qu'il avait adopté pour seconde patrie, afin d'y travailler au salut des âmes. Le 10 mai, il s'embarquait de nouveau à Civita-Vecchia ; vers le 20, il se retrouvait à Lyon. De là il n'allait pas tarder à retourner dans sa famille, à Nernier, pour y attendre, dans la paix et dans la prière, les indications de la Providence.

En rentrant à Nernier après son retour de Rome, l'abbé Vandel n'y trouva plus l'abbé Favre. Celui-ci, en effet, était parti pour Nyon, dans le canton de Vaud, où l'avait poussé son zèle pour la conversion de ce pays. Lui-même raconte qu'il n'y avait pas été appelé, mais qu'il s'était imposé à M. le Curé et à la paroisse, quoique du reste on lui eût réservé l'accueil le plus aimable. L'abbé Vandel raconte ce fait dans une courte notice qu'il consacra plus tard à son saint ami : « L'abbé Favre, écrit-il, avait demandé comme une grâce à M. le Curé de Nyon, l'abbé Rossiaud, de vouloir bien l'accepter au presbytère, à titre de pensionnaire, lui promettant, d'autre part, de se mettre à son service pour les prédications, les confessions, le catéchisme et le reste. Une proposition si généreuse et si désintéressée ne pouvait être rejetée, elle fut acceptée avec reconnaissance. »

L'abbé Favre fut amplement fidèle à sa promesse ; il inspira bientôt à tous une profonde édification. Enfants, jeunes gens, grandes personnes, jusqu'aux protestants eux-mêmes, gagnés par sa bonté inépuisable et son aimable simplicité, l'avaient, en peu de temps, pris en vénération et lui avaient voué l'affection la plus profonde.

De son côté, l'abbé Vandel enviait secrètement son saint ami et avait, au fond du cœur, un désir ardent de le rejoindre. Celui-ci, devinant son intention, lui proposa l'éducation d'un jeune enfant appartenant à une famille du pays, protestante il est vrai, mais animée de la plus grande bienveillance envers les catholiques. Comment et sous quel aspect M. Favre avait-il présenté l'abbé Vandel ? Nous l'ignorons, mais celui-ci lui répondit par d'aimables reproches, l'accusant de ne l'avoir regardé qu'avec les yeux de l'amitié et de la charité et d'avoir par là même surfait son mérite. Il ajoutait qu'à son avis la situation qui lui était offerte entraînait bien des inconvénients et il entrait, à ce sujet, dans plusieurs détails qui, en effet, n'échappaient pas à la perspicacité de l'abbé Favre. Décidément les deux amis ne devaient pas vivre ensemble sur le sol Vaudois.

Témoin attendri et reconnaissant de la bienveillance des Nyonnais à son égard, l'abbé Favre était loin de soupçonner que son dévouement et l'influence dont il jouissait au profit du catholicisme allaient exciter bientôt l'envie des sectaires parvenus au pouvoir. Ce fut cependant ce qui arriva ; le mauvais vouloir de l'autorité civile ne tarda pas à se traduire par de mesquines mais significatives tracasseries. Un jeune homme qui se faisait un honneur et un plaisir de venir chanter aux offices de l'église, reçut du préfet la défense de continuer ses services. Le préfet n'alléguait aucun motif, mais en fallait-il, à ces messieurs, pour justifier leurs tyranniques ukases ?

Ce n'était là qu'un indice ; d'autres persécutions plus graves devaient suivre bientôt, et, en fin de compte, M. le Curé fut sommé, un beau jour, de renvoyer son pensionnaire, sous peine de se compromettre lui-même et d'encourir les foudres des autorités gouvernementales. Le fervent apôtre fut ainsi contraint de renoncer à ses légitimes espérances, et de quitter le champ déjà fécondé de ses peines et arrosé de ses sueurs. Il revint donc à Nernier où, sur l'avis et les encouragements de l'abbé Vandel, il entreprit la construction d'une école de filles qui devait faire le pendant de l'*Académie*, construite pour les garçons.

Bien que dans cet événement, l'abbé Vandel vit pour lui-même une leçon de prudence, il ne renonça point pour cela au désir qui le hantait d'aller travailler sur la paroisse de Nyon, et une occasion providentielle s'étant bientôt offerte, il n'eut garde de la laisser échapper.

Une famille catholique française, — la famille Lamérie, — cherchait un précepteur pour son jeune fils Théodore, alors âgé de 10 ans. Ce poste fut proposé à notre abbé, et comme le gouvernement laissait aux étrangers pleine liberté pour le choix des instituteurs à donner à leurs enfants, rien ne faisait obstacle à son acceptation. Il acquiesça donc et vint s'installer à Nyon. Il crut prudent toutefois, avant d'inaugurer ses fonctions, de remplir toutes les formalités requises par la loi.

Ce ne fut pas sans appréhension qu'il s'adressa au ministère de la police, à Lausanne : il craignait qu'on ne vît dans sa présence, à Nyon, une manœuvre destinée à remplacer dans la paroisse, sous une forme légale, le prêtre dont on venait de décider le renvoi.

A son grand étonnement, sa demande reçut bon accueil. Il se hâta d'en faire part à son ami : « J'arrive de Lausanne, muni d'un passe-port et d'un *diplôme de confesseur*. » Quelques jours plus tard, il annonçait son installation définitive : « Je suis à Nyon, installé légalement par les trois autorités compétentes : le Conseil d'Etat, la Préfecture et la Municipalité. Il y a près de quinze ans que vous m'avez inoculé la passion du canton de Vaud ; depuis lors j'ai toujours gravité vers la rive septentrionale du lac ; avec infiniment moins d'ardeur que vous, il est vrai, mais cependant d'une manière persévérante. J'ai eu plus d'une inquiétude, plus d'une défiance. Enfin la Providence a tout fait. Ma vocation est donc fixée, je suis à ma place, dans la condition la plus favorable et la plus conforme à mes goûts. L'influence de la famille qui m'a confié son enfant me sera très utile pour le bien. Je confesse déjà quelques personnes et il me semble que j'aurai quelque facilité et quelque zèle sans me laisser tuer par les scrupules. »

L'abbé Vandel parle toujours de lui avec une telle réserve et une telle modestie que les formules dont il se sert à son sujet ne disent presque rien de ce que savent ceux qui l'ont connu et vu à l'œuvre. La vérité est, qu'aux humbles occupations du préceptorat, devenues plus absorbantes encore lorsqu'à son premier élève vint s'en joindre un second, il ajoutait les soins assidus du ministère. Ce que lui laissaient de liberté les sept heures passées en classes, en répétitions, en surveillance, le temps employé à la célébration de la sainte messe, à la récitation de son bréviaire, aux exercices de piété, il le passait, en dépit d'une santé des plus délicates, à entendre les confessions ou à visiter les malades. Aussi se plaignait-il à son ami de n'avoir pas même le temps de lui écrire.

Tout allait pour le mieux, lorsque l'événement le plus imprévu vint changer du tout au tout la situation du précepteur. Il le faisait pressentir à l'abbé Favre :

« De grandes choses, lui écrivait-il le 11 novembre 1848, de grandes choses se passent dans les régions gouvernementales. Je crois qu'il faut joindre les mains, adorer, se résigner. Je vous préviens qu'il ne faudrait pas être surpris d'apprendre que plusieurs curés du canton de Vaud sont destitués et je puis être appelé à rendre plus d'un service provisoire. »

Il venait à peine d'achever sa lettre qu'il apprenait en effet la destitution de M. Rossiaud, curé de la paroisse de Nyon, destitution basée sur un prétendu « abus de pouvoir ». Cet abus de pouvoir consistait dans le fait d'avoir livré des actes de baptême que le gouvernement, dans sa mauvaise foi, voulait regarder comme des actes civils sous prétexte qu'ils portaient les dates de naissance. Au fond, le vrai crime du vénérable curé était le zèle et le dévouement qu'il apportait à l'accomplissement de sa charge, zèle et dévouement dont, plus encore que la belle église construite par ses soins, témoignaient avec éloquence les nombreuses conversions opérées dans la région.

Tristement affecté par ce coup imprévu, l'abbé Vandel sentit, plus vif que jamais, le désir de faire du bien à ces pauvres fidèles abandonnés. Au début de la neuvaine préparatoire à la fête de l'Immaculée-Conception, il demanda avec instance à l'abbé Favre de prier tout spécialement pour les deux paroisses de Nyon et de Rolle demeurées l'une et l'autre sans pasteur : « Je suis porté à croire que vous avez la vocation de faire du bien au canton de Vaud par vos prières plus que par vos paroles, de loin plus que de près. Moïse remportait des victoires en levant les mains vers le ciel pendant que Josué combattait ; pourquoi ne serions-nous pas, vous un petit Moïse, et moi un petit Josué ? »

Dans son humilité, l'abbé Vandel ne songeait pas qu'on pût penser à lui pour la direction d'une paroisse, il déclara même que ses engagements avec la famille Lamérie et son état de santé lui permettraient de rendre, malheureusement, peu de services, mais cependant il se mit à la disposition du doyen de Lausanne pour dire la messe soit dans l'église de Rolle, soit dans celle de Nyon, jusqu'à la nomination du nouveau titulaire. On s'empressa naturellement d'accepter sa proposition et même de lui demander plus qu'il ne croyait pouvoir faire.

« Samedi dernier, écrit-il à son ami, a été un des beaux jours de ma vie ; j'ai porté le bon Dieu à une femme qui approche de sa fin ; je lui ai aussi donné l'extrême-onction. A l'église, un ministre placé sous mes yeux a entendu tout mon sermon ; il a assisté à la messe durant laquelle était exposé solennellement le Très Saint Sacrement. » Tel était le zèle de l'homme de Dieu pour les âmes, qu'il éprouvait une indicible consolation chaque fois qu'un mouvement de foi catholique se manifestait autour de lui.

Depuis quelques jours l'abbé Vandel travaillait donc de son mieux à suppléer au veuvage de la paroisse de Nyon, lorsqu'une nouvelle tout fait inattendue lui fut apportée de Berne. « Aujourd'hui, écrit-il à M. Favre, l'huissier vient de m'apporter un papier par lequel le Conseil d'Etat nomme M. Jean-Marie Vandel desservant de la chapelle *catholique de Dieu* à Nyon !!! Je baise la main de la Providence, me recommande à mes amis pour qu'ils aient pitié de moi et m'aident *verbo et opere,* devant Dieu et devant les hommes. Que mes gens se gardent bien de se réjouir de ce qui fera ma croix pour aller en Paradis. Qu'on ne m'appelle pas curé, car je ne suis qu'un pauvre *desservant,* un humble *administrateur.* »

Par suite de quelles circonstances l'abbé Vandel fut-il placé à la tête de l'église de Nyon ? C'était un secret pour lui, mais non pour les fidèles de la paroisse. Le Conseil de Fabrique avait adressé au Conseil d'Etat, dans la forme consentie par l'autorité ecclésiastique, une liste de trois prêtres afin que l'un d'eux fût désigné pour prendre la direction de la paroisse. Parmi ces trois noms se trouvait celui de l'abbé Vandel. Entre temps, les Nyonnais faisaient circuler une pétition en faveur de ce dernier que la ville connaissait déjà très avantageusement. Les protestants eux-mêmes, au nombre de 5oo, avaient joint leurs noms à ceux des catholiques pour que le choix se portât sur lui. Tenant compte de cette unanimité, le Conseil d'Etat avait consenti à cette nomination qui fut, avec empressement, ratifiée par l'évêque de Lausanne. Quelques jours plus tard, — le 28 décembre 1848, — le nouveau desservant prêtait, devant le Conseil du Canton de Vaud, le serment prescrit par la loi du 12 juin 1810, serment autorisé par le pouvoir ecclésiastique.

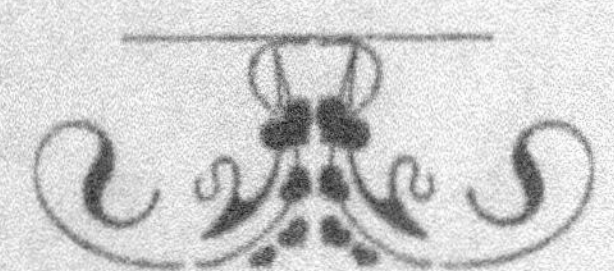

IV

Ministère paroissial.

NYON EN 1848. — LES DANGERS DU MINISTÈRE. — SAINTES PRÉCAUTIONS. — LE ZÈLE DE LA MAISON DE DIEU. — A LA POURSUITE DES BREBIS ÉGARÉES. — PRÉDICATIONS SIMPLES ET NOURRIES DE L'ÉVANGILE. — INVITATIONS PRESSANTES AU BANQUET EUCHARISTIQUE. — UN SOT PRÉJUGÉ COMBATTU. — COURSES APOSTOLIQUES. — LES LARGESSES DU PAUVRE. — L'ÉCOLE CHRÉTIENNE. — LES ŒUVRES RELIGIEUSES A NYON.

L'ABBÉ VANDEL nous fait connaître lui-même l'état dans lequel se trouvait la paroisse de Nyon lorsqu'elle fut confiée à son zèle. Qu'on nous permette de citer ce passage de ses Annales (1) :

« Nyon est le chef-lieu d'un district dans le canton de Vaud. Sa population est d'environ 2.000 âmes. Sa situation au bord du lac, presque à égale distance de Genève et de Lausanne ; sa proximité du territoire

(1) Notes intimes.

français, dont l'extrême limite n'est qu'à une lieue de Nyon ; le magnifique tableau de l'immense plaine, la couronne majestueuse des cimes des Alpes dont on embrasse la chaîne d'un coup d'œil, derrière les coteaux qui se dessinent de l'autre côté du lac, la masse colossale du Mont-Blanc qui se pose à trente lieues de distance et semble vous inviter à la contempler en se baignant à vos pieds dans le bassin du Léman, tout cela fait de la ville de Nyon et de ses environs un séjour délicieux, recherché par les étrangers ; la température y est douce et l'air très pur. — Le christianisme avait planté la croix dans ce pays dès le premier ou le deuxième siècle de l'ère chrétienne.

« Nyon possédait plusieurs couvents jusqu'au jour où les Bernois abolirent, il y a trois cents ans, le culte catholique dans le canton de Vaud.

« A l'époque de l'émigration française, en 1793, la petite ville de Nyon donna une bienveillante et généreuse hospitalité à un grand nombre de prêtres, surtout de la Savoie, qui célébraient la sainte Messe dans des maisons particulières. Depuis lors, l'exercice du culte catholique y avait été interrompu, puis repris par intervalles, selon que le permettaient les événements, comme aussi, il faut le dire, le zèle et la générosité des familles du pays.

« Enfin, en 1834, le nombre toujours croissant des catholiques détermina Mgr l'Evêque de Lausanne à envoyer un prêtre résident. Ce prêtre était l'abbé Rossiaud. Pendant les premières années de son ministère, le service religieux avait lieu dans un appartement transformé en chapelle, mais beaucoup de fidèles qui venaient assister aux offices du dimanche, étaient obligés, à cause de l'exiguïté du lieu, de rester sur l'escalier ou même dans la rue.

« Le besoin d'un local plus vaste excita le zèle du jeune curé qui, muni de la recommandation de son Évêque, parcourut la plupart des grandes villes de France et d'Italie, tendant la main à la charité catholique. Dieu bénit cet admirable dévouement : une église raisonnablement grande et belle fut construite au milieu de Nyon, entre la haute et la basse ville, à une distance convenable des habitations qui semblent former, autour d'elle, une couronne d'honneur.

« Durant plusieurs années il y eut une pieuse émulation de générosité et une certaine affluence d'aumônes, dues au calme dont jouissait le pays. Ce calme attirait les familles catholiques et leur présence était un bienfait pour les bonnes œuvres. Grâce à ces circonstances, grâce aussi aux offrandes que faisait annuellement l'Association de la Propagation de la Foi, on pouvait se mouvoir à l'aise. C'était presque trop beau : l'heure de l'épreuve arriva en 1848. »

Mais voyons le nouveau pasteur à l'œuvre.

Quiconque veut travailler efficacement à la sanctification du prochain a pour premier devoir de travailler à se sanctifier lui-même ; le prêtre, en effet, sera difficilement écouté de ses fidèles s'il ne donne l'exemple des vertus qu'il prêche et qu'il exige. C'est un fait trop évident pour que l'abbé Vandel ne prît, au début de son ministère paroissial, les saintes résolutions qui devaient le rendre agréable à Dieu et utile aux âmes. Ce fut sa première préoccupation en acceptant la charge qui venait de lui être imposée.

Il commença donc à réfléchir sur les obstacles qu'il devait rencontrer et qui paralyseraient infailliblement son action s'il ne se prémunissait dès le début contre les dangers qu'ils lui susciteront. Ce n'est pas sans édification qu'on lira ici les résolutions que lui inspirèrent ces pensées : elles pourront être utiles aux prêtres, à ceux surtout qui sont appelés à exercer le ministère ; aujourd'hui plus que jamais on gagne à les méditer.

« Dans ma position actuelle, j'ai à craindre beaucoup de dangers : Danger *d'affaiblissement de la foi,* car, à Nyon, le culte n'a rien qui impressionne et il n'y a presque point d'exemples de ferveur ; les paroles de foi, les pratiques chrétiennes sont rares et les lois de l'Eglise peu observées ; on vit dans une atmosphère toute naturelle, presque payenne.

« Danger de *dissipation continuelle.* A tout moment il faut recevoir toute sorte de gens, faire presque tous les jours une visite de convenance, voir des malades qui ont peu de foi, qui sont entourés d'incroyants, à qui on ne peut donner une parole de salut qu'avec mesure et comme par surprise. Or, toutes ces relations laissent des souvenirs, des distractions qui occupent l'esprit, éloignent de l'étude, du recueillement et de la prière.

« Danger *d'oisiveté.* On a mille et une choses du ministère, du ménage, de la santé, des rapports extérieurs qui donnent l'illusion du travail, amusent le temps et détournent du travail.

« Danger de *mollesse ;* on accepte des soins exagérés et on recherche le bien-être matériel.

« Dangers contre la *chasteté :* en circulant dans la

ville, en allant dans les maisons, en recevant des visites, en entendant certains aveux, au saint tribunal de la Pénitence.

« Danger d'*attachement aux choses matérielles :* à cause de la nécessité où l'on se trouve d'avoir toujours de l'argent en main, d'économiser pour tenir ses comptes réguliers et faire honneur à toutes ses charges sans laisser de dettes.

« Danger de *routine.* On est livré entièrement à soi-même, sans contrôle, sans exemples et sans secours de confrères voisins ; on ne peut, dans cet isolement et cette indépendance, établir des comparaisons, voir et corriger ses manières d'agir.

« Danger de *tiédeur* et d'*indifférence.* On s'accoutume à tout ; dans un air froid on devient froid, on s'engourdit ; sans exemple de ferveur et de sainteté, on se relâche dans la pratique de la vertu.

« Danger de *découragement.* Il faut être saint pour faire quelque bien et paralyser un peu le mal. Le sentiment et l'expérience d'une vie sans énergie, d'une conduite à peu près toute naturelle, conduisent à la défiance et à la crainte.

« Danger *d'aversion* à l'égard des personnes qui n'apprécient pas les services rendus ; des enfants qu'on prépare péniblement à la première Communion et qu'on ne revoit plus ensuite ; des parents qui, loin de seconder l'action du prêtre auprès d'eux, ne font au contraire que l'entraver.

« Danger du *respect humain* qui porte quelquefois à montrer trop de complaisance pour des personnes dont on n'ose reprendre les scandales sous prétexte que nous leur avons des obligations. Cette faiblesse peut facilement faire trahir les intérêts de Dieu, de l'Église et des âmes.

« Danger *d'une fausse conscience :* on est loin du confesseur ; on attend, on renvoie, on s'endort sur certaines fautes, on s'excuse facilement. »

Un autre obstacle, l'abbé Vandel le voit, pour lui, dans son attrait pour l'isolement, dans ce qu'il appelle sa *sauvagerie* : « Soit par caractère, dit-il, soit par timidité, soit aussi par manque de temps, je vois peu mes confrères, je fais peu de visites. » Comprenant que cet isolement pourrait à la longue compromettre le succès de son ministère, il fit de sérieux efforts pour modifier ses habitudes et lutter sur ce point contre son inclination naturelle. « Il faut se produire, écrit-il, rechercher, inspirer la confiance, faire tomber la timidité. Notre-Seigneur allait où il était invité, là même où il ne l'était pas : et partout il convertissait en se montrant bon et facile... Combien de personnes qui ne seraient jamais venues à moi si je ne les avais pas attirées par des intermédiaires (1). »

L'abbé Vandel embrasse d'un coup d'œil toutes les responsabilités du saint ministère et c'est pourquoi il veut devenir tous les jours plus apte à les porter sans remords. Il se trace la ligne de conduite que lui suggèrent sa foi sacerdotale et son ardente piété. Il s'engage à faire chaque année, avec tout le sérieux que la chose comporte, une retraite de huit jours ; tous les mois, dans deux méditations d'une heure, une revue exacte

(1) *Annales du ministère catholique de l'église de Nyon* (1849-1857). Notes intimes.

de l'état de son âme, et tous les jours, en temps ordinaire, une méditation d'une demi-heure, et l'examen particulier.

Cependant il se méfie de sa volonté et pour se mettre en garde contre sa faiblesse, il priera son confesseur et ami de lui demander compte, au moins quatre fois par an, soit au saint Tribunal, soit en dehors, de sa fidélité à ses résolutions. Il le priera aussi de le questionner sur sa façon de faire le catéchisme, sur les visites que lui imposent les convenances, sur les visites aux malades et aux infirmes, sur la confession des enfants, surtout de ceux qui se préparent à la première Communion. « A l'occasion, écrit-il dans son carnet de résolutions, mon confesseur voudra bien s'informer auprès de personnes sérieuses qui ne flattent pas, de ce que l'on dit de ma façon d'agir, de ma direction au saint Tribunal, de mes instructions, de mon caractère, etc. »

D'aucuns peut-être ne verront en tout cela que des minuties ; ils ignorent que, pour se sanctifier, il faut avoir constamment les yeux sur les divers mouvements de son âme et ordonner tous les détails de sa vie. L'abbé Vandel, qui aspirait à la perfection sacerdotale afin de remplir dignement sa mission, n'avait garde de l'oublier. Du reste le choix qu'il fit à dessein de son confesseur et confident prouve bien le désir réel et efficace qu'il avait de faire de la fidélité à ces résolutions, une règle absolue : le saint abbé Favre n'eût pas manqué, à l'occasion, de les lui rappeler.

S'il sent tout le poids des lourdes responsabilités qui vont peser sur lui, le nouveau curé de Nyon est cependant plein de confiance en Dieu, qui proportionnera ses lumières et ses forces aux difficultés de la situation. Cette confiance, il l'exprime dans ses notes intimes et il en trouve le fondement dans les faveurs insignes qu'il a reçues dans le passé et qui sont un gage de celles que Dieu lui tient en réserve pour le présent et pour l'avenir. D'autre part, autour de lui, il ne voit que des marques de sympathie et le désir de lui faciliter dans la mesure du possible une mission que redoutent sa santé délicate et ses goûts de solitude et d'éloignement du monde. « Les catholiques, écrit-il, m'ont vu avec plaisir ; les protestants, pour la masse, m'entourent de bienveillance, et les autorités m'ont donné, maintes fois, des preuves de leur bon vouloir. Dans ces conditions, c'est pour moi une grâce de n'avoir qu'une médiocre santé et que le gros suffisant de connaissances... Cette médiocrité étouffe l'orgueil et enseigne l'humilité (1). »

Une fois installé dans son église, l'abbé Vandel se donne tout entier à son saint ministère. Dans sa vie privée, c'était l'homme simple, amant de la pauvreté, profondément pieux et réglé. Il portait sur sa physionomie, dans son regard, dans ses gestes, un cachet de bonté qui charmait et attirait. On se souvient encore à Nyon de cette inaltérable douceur que respirait chacune de ses paroles ; même s'il avait à faire des reproches, il y mettait une telle suavité, une telle modération, qu'on ne pouvait s'offenser ni persévérer dans la faute.

Avec cela, il se montrait jaloux du respect que l'on

______

(1) Notes intimes.

doit au prêtre et à ce qui touche au service de
Dieu. Au début, les enfants se faisaient un jeu de lan-
cer fréquemment des pierres contre la porte de l'église ;
l'abbé Vandel n'hésita pas à réclamer du syndic la
répression d'un tel abus. Cette démarche obtint aussitôt le résultat désiré. De grandes personnes restaient
assez souvent sur le seuil de l'église, pendant les
offices, et dérangeaient, par leurs conversations, ceux
qui priaient à l'intérieur ; le syndic, avisé, n'eut, pour
supprimer ce scandale, qu'à apposer sur la porte
de l'église une affiche punissant d'une amende toute
contravention ; et ainsi, grâce au zèle du pasteur,
on prit bientôt l'habitude de rendre à la maison de
Dieu le respect qui lui était dû. Ce respect, il l'exigeait
à tout prix.

Un jour, l'abbé Vandel apprit qu'une dame protestante, bienfaitrice de l'église catholique, croyant ménager au Curé une agréable surprise, avait réuni secrètement, pendant plusieurs jours, des personnes des
deux sexes pour préparer une messe en musique qui
devait être exécutée pour la fête de Pâques. Tout en
louant l'intention qui avait présidé à ce pieux complot,
le vénérable pasteur comprit qu'il ne convenait pas de
la réaliser et, avec tous les ménagements que comportait la situation, il fit revenir les artistes sur leur résolution.

Mais ce qui préoccupa le prêtre par-dessus tout, ce
fut le souci de donner aux âmes de ses fidèles la nourriture spirituelle qu'elles réclamaient : à leur intelligence, les purs enseignements de la foi ; à leur cœur,
l'aliment surnaturel des sacrements, surtout de la Péni-

tence et de l'Eucharistie. Il se fit une obligation stricte de la fidélité aux catéchismes, et nous pouvons même dire que cette obligation lui fut extrêmement douce, car il avait un attrait marqué et une aptitude extraordinaire pour l'enseignement de l'enfance. Il veillait avec soin à ce qu'à l'école les enfants apprissent leur catéchisme à la lettre et, trois fois la semaine, à l'église, il leur en donnait l'explication en se mettant à la portée de leur jeune intelligence. Ceux qui l'ont connu savent quel intérêt il savait donner à ses développements en les assaisonnant de traits et de comparaisons qui captivaient ces esprits volages et gravaient profondément en eux les vérités souvent si ardues de la foi.

Informé que plusieurs jeunes gens de sa paroisse n'avaient pas fait leur première Communion, l'abbé Vandel les rechercha et s'occupa de leur donner, ou, quand il ne le pouvait lui-même, de leur faire donner les connaissances nécessaires pour les mettre à même de recevoir la sainte Eucharistie.

Pour ses instructions aux fidèles, il se contentait de suivre l'ordre même du catéchisme et d'en développer les enseignements. Il n'ignorait pas, en effet, que la diminution de la Foi vient généralement de l'ignorance des vérités chrétiennes et de la fausse direction que prend fréquemment la prédication qu'on appelle sans doute évangélique, mais qui, hélas, l'est plus souvent de nom que de fait. Cela ne l'empêchait pas de donner, quand il le fallait, ou de faire donner des instructions de circonstance.

L'abbé Vandel n'avait pas les dons qui font les grands orateurs, mais chez lui la force de la conviction

impressionnait toujours et toujours faisait du bien. Ses
prônes étaient préparés avec soin, le plus souvent
cependant, il se contentait de tracer un plan plus ou
moins détaillé et de jeter sur le papier quelques pensées principales qu'il développait sous l'inspiration du
moment. Le temps lui manquait pour mettre au net
ces discours, mais les nombreuses ratures dont ils
sont parsemés sont une preuve de l'application qu'il
mettait à les composer et à les mûrir.

Pour ne pas fatiguer ses fidèles en leur rompant
toujours lui-même le pain de la parole de Dieu, l'abbé
Vandel s'entendait de temps à autre avec quelques-uns
de ses confrères pour les attirer dans sa paroisse. Nous
avons trouvé dans ses cahiers le plan d'une retraite de
six jours à Nyon, de cinq jours à Rolle, donnée alternativement, durant le Carême de 1853, par le curé de
Nyon et le doyen de Lausanne, M. Deruaz, aujourd'hui
évêque du diocèse.

Le pieux Curé faisait tout, d'autre part, pour faciliter
aux fidèles la pratique des sacrements. Pour répondre
à ses chaleureuses exhortations, les enfants avaient pris,
après leur première communion, l'habitude de s'approcher tous les mois de la sainte Table. Afin de rendre
facile la pratique de la communion fréquente, il se
mettait à l'entière disposition de ses fidèles, malgré les
occupations multiples qui l'absorbaient déjà : « Il y en
a, leur disait-il, qui craignent de déranger le prêtre et
qui, pour ce motif, n'osent le demander pour se confesser et communier ; c'est une crainte tout à fait vaine :
il n'y a pas de consolations plus grande pour un prêtre
que d'exercer son ministère pour le salut des âmes. »

Il aurait pu ajouter que, pour lui, il n'y avait pas de consolation plus intime et plus profonde que de voir les fidèles se nourrir fréquemment du pain céleste. L'abbé Vandel fut, en effet, toute sa vie, l'homme de la sainte Eucharistie. Né et élevé dans un pays où le jansénisme avait laissé des racines vivaces, il avait vu de près avec quelle triste facilité les âmes qui se privent de cette nourriture divine se refroidissent facilement et s'éloignent de Dieu. « En Savoie, écrivait l'abbé Marie-Joseph Favre dans son *Pratum spirituale,* en Savoie, pas une âme en paix, il n'y a que de la piété noire ! » Le Curé de Nyon avait pu le constater lui-même et il s'était promis de tranquilliser les consciences, de les attirer à la charité de Dieu et surtout au sacrement d'amour où elles puiseraient, avec la paix et la joie, le bonheur secret que l'on éprouve à servir le Seigneur. C'est pourquoi il recommandait si instamment à ses fidèles la pratique de la communion fréquente qui devait attirer sur sa paroisse les abondantes bénédictions du Ciel.

Au milieu de ses sollicitudes quotidiennes, l'abbé Vandel réservait pour les malades et les mourants une partie de son temps. Il n'attendait pas d'avoir été demandé pour accourir auprès des infirmes, leur apporter les consolations que son cœur si compatissant et si bon lui suggérait. On devine la délicatesse que cet homme de Dieu savait mettre à préparer à la réception des derniers sacrements ceux qui étaient en danger. Si quelquefois il apprenait qu'un de ses paroissiens était mort sans voir le prêtre, c'était pour lui une désolation visible. Il eut à se plaindre parfois, dans les avis qu'il donnait au peuple, de la négligence de certains catholiques à le prévenir à temps du danger que couraient les malades ; et lui, d'ordinaire si doux et si patient, s'élevait avec force contre ce sot et impérieux préjugé que la présence du prêtre peut être nuisible à l'infirme.

Le zélé pasteur ne bornait pas son zèle aux catholiques ; s'il pouvait prévoir que sa visite dût leur être agréable, il allait volontiers chez les protestants, ne fût-ce que pour leur donner une marque de charité chrétienne et apporter à leurs malades quelque soulagement ou quelque pieuse consolation.

Sur son chemin, il ne manquait pas, s'il le pouvait, de visiter les familles catholiques, de s'intéresser à tout ce qui pouvait les toucher, de distribuer quelques caresses ou quelques friandises aux petits enfants, de munir de médailles ceux qui en désiraient, les laissant tous sous la douce impression de sa piété et de sa charité. Ces courses se renouvelaient assez fréquemment, et la joie de faire le bien le consolait de la rude épreuve à laquelle elles soumettaient sa santé si délicate et si précaire.

« Dans la dernière quinzaine de février, écrit-il à son ami M. Favre, une bonne domestique venant se confesser m'annonce qu'une pauvre enfant de 15 ans se meurt dans une cabane, au pied de la montagne. Vite, nous partons pour aller la voir. Le temps est sombre, humide, froid. En chemin, nous faisons une double trouvaille : à Trélex, celle d'une jeune femme lucernoise mariée au forgeron du village ; elle est heureuse de voir un prêtre, de recevoir une médaille, un chapelet... La

seconde trouvaille est celle d'une mère flamande, mariée
à un Vaudois. C'est la pauvreté même avec ses royales
compagnes : les infirmités de toute nature pour le père,
la mère et les enfants. Ma visite a fait plaisir et j'aurai,
je le vois, l'occasion de faire l'aumône... Nous arrivons
près de Givrin, dans un ravin que coupe un ruisseau.
Je trouve la cabane et je frappe ; une ombre de créature humaine vient m'ouvrir... Impossible de me faire
comprendre ; je ne sais pas assez d'allemand et la
pauvre enfant ne sait que dire : *Merci beaucoup !...*
Nous remonterons avec un interprète. Il est nuit, pas-
sons par Duillier. Au milieu de la route nous sommes
arrêtés par un petit rassemblement : trois enfants du
Duché de Parme, chacun portant sur son dos un instrument de musique, sont là, tremblants de froid, ne
sachant où passer la nuit. Je les conduis dans une maison et je supplie la maîtresse d'avoir pitié de ces pauvres
petits malheureux. En même temps j'ouvre ma boîte de
bonbons et, avec quelques caresses, je les distribue aux
enfants de la maison. En ouvrant cette boîte j'ouvre en
même temps le cœur de la mère et de ses enfants et
bientôt après la porte de la grange. Nos pauvres Par-
mesans s'étendent sur la paille, baisent leur croix, font
leur prière et s'endorment contents. »

« Il y a huit jours que nous avons laissé la petite
malade de la cabane : hâtons-nous de remonter, portons-
lui des *confitures* et une *bouteille* de *bon vin* ; chemin
faisant, nous réciterons le chapelet. Nous le réciterons
à deux, car je porte Jésus ; il est là sur ma poitrine dans
la petite pixide des malades... Nous arrivons ; la pauvre
enfant est beaucoup plus mal : elle se confesse autant

qu'il est possible par l'entremise de l'interprète. Je lui donne le saint Viatique et l'Extrême-Onction. La malade est contente ; elle récite de tout son cœur, croix en main, son *Pater* et son *Ave Maria...* »

Et avec quelle gravité et quelle piété l'abbé Vandel remplissait les touchantes fonctions de son saint ministère !... Ceux qui l'ont vu en ont conservé le plus édifiant souvenir.

Citons ici la lettre d'un ami, M. Rollier, de Thonon :

« Je me rappelle qu'un jour j'étais allé le voir et pendant que j'étais chez lui il eut à porter le saint Sacrement à deux kilomètres de la ville. Il m'engagea à l'accompagner, ce que j'acceptai avec plaisir. Il traversa les rues silencieusement avec la sainte hostie cachée sur sa poitrine, marchant d'un air grave, absorbé par la présence de Notre-Seigneur. Je remarquai que tout le monde, protestants comme catholiques, se découvraient sur son passage. Quand nous fûmes hors de la ville, nous récitâmes le chapelet à haute voix jusqu'à notre arrivée auprès du malade. Au retour, chacun l'arrêtait et le priait d'entrer à la maison ; on lui racontait les croix, les peines, les chagrins ; on lui demandait des conseils ; et c'étaient des protestants aussi bien que des catholiques. J'étais l'heureux témoin de ces scènes touchantes, et je voyais avec attendrissement les enfants venir lui prendre la main et lui demander médailles et images qu'il donnait avec un visible plaisir. »

L'abbé Vandel n'ignorait pas d'autre part que souvent on n'arrive à l'âme de ceux que l'on ambitionne de conduire à la religion et à Dieu, que par la voie des bienfaits matériels. Aussi exerçait-il la charité dans la mesure la plus large que pouvait lui permettre la modicité de ses ressources, et ses dons allaient indifféremment à tous, catholiques ou protestants, parce qu'il eût voulu les gagner tous : « Sa charité, écrivait M. Rollier, était inépuisable. La domestique chargée de la distribution des aumônes aux mendiants de passage, avait ordre de donner jusqu'à épuisement, sans s'informer de la religion à laquelle on appartenait. »

« Elle est incroyable, écrivait Sœur Léontine, nièce du Père Vandel, qui avait séjourné plusieurs fois au presbytère de Nyon ; elle est incroyable la quantité d'aumônes qu'il distribuait ; personne ne venait implorer son assistance sans être secouru. Il était vraiment le *dépensier de la Providence,* et la Providence lui fournissait toujours les fonds nécessaires. »

Sa bonté était cependant bien souvent surprise ; il le savait, mais son bon cœur lui faisait fermer les yeux : « Je suis trop facile, disait-il, à croire à toutes les histoires que l'on vient me raconter, mais ne vaut-il pas mieux être trop bon que trop méfiant ? » Il préférait voir quelques pauvres abuser de sa charité plutôt que de s'exposer à priver les vrais nécessiteux du secours dont ils avaient besoin.

Les œuvres catholiques ne constituent pas évidemment à elles seules la vie religieuse d'une paroisse, elles n'en sont point l'essence : cependant elles en sont un signe évident, comme les fleurs et les fruits sont un signe infaillible de la vitalité de l'arbre. L'abbé Vandel sentait que ses fidèles étaient suffisamment fondés dans la pratique de la religion pour leur faire produire les fruits extérieurs qu'il était en droit d'attendre de leur foi et de leur piété.

L'Œuvre qui sollicita tout d'abord, et avec raison, son attention, fut l'œuvre des Écoles. Toute la vie chrétienne d'une paroisse est là en germe ; et comme l'abbé Vandel, homme de jugement droit, cherchait le solide et le positif, plutôt que le brillant, il voulut commencer par ce qui devait produire des résultats sérieux et durables. Le germe pousserait lentement, mais du moins son fruit ne serait pas à la merci d'un caprice ou de quelque événement fortuit et passager.

Il n'y avait alors, à Nyon, qu'une seule école commune aux enfants des deux sexes, et dirigée par une institutrice ou *régente*. Le travail dépassait de beaucoup la bonne volonté et les forces de la maîtresse. Aussi la formation intellectuelle en général et l'enseignement religieux en particulier laissaient-ils à désirer. L'abbé Vandel s'ingénia à trouver des ressources et bientôt il fonda une école spéciale pour les garçons. Un homme de vertu, que la Providence envoya dans le pays, se présenta pour remplir tout à la fois les fonctions d'instituteur et la charge de sacristain. Le généreux curé aurait bien voulu être à même de pourvoir, à lui seul, aux frais nécessités par cette installation, mais se trouvant dans l'impossibilité de le faire, il demanda une légère rétribution aux parents des élèves, qui, stimulés par l'exemple de leur pasteur, se montrèrent heureux d'accepter ce sacrifice. Les pauvres, naturellement, furent exemptés de toute charge.

Une lettre retrouvée dans ses papiers nous fait supposer que l'abbé Vandel avait établi dans la petite ville de Nyon une Conférence de Saint-Vincent de Paul qu'il voulait faire associer à la Société mère de Paris. Le vénérable curé était trop charitable pour ne pas tenter en effet une œuvre lui permettant de secourir ses chers pauvres, qu'il regardait comme la portion choisie de son troupeau.

A ces œuvres purement locales, le Curé de Nyon en ajouta d'autres d'un intérêt plus général. Citons en particulier la *Propagation de la Foi*. Cette âme d'apôtre pouvait-elle oublier la grande œuvre de l'apostolat catholique ?... Nous trouvons dans ses notes l'instruction qu'il adressa à cette occasion à ses bien-aimés fidèles. Après avoir parlé de la perpétuité de l'Église et montré comment elle est inébranlablement fondée sur la primauté de Pierre, il montre comment elle se perpétue par le ministère des apôtres, de leurs successeurs le pape et les évêques, et des missionnaires qui, à la voix du Christ : « *Allez, enseignez toutes les nations,* » vont en effet porter la foi dans les pays les plus sauvages et faire connaître l'Évangile, souvent même au prix de leur sang. Il ajoute : « Mais, ces missionnaires, comment vont-ils jusqu'aux extrémités de la terre ? Qui pourvoit à leurs voyages et à leurs besoins ? Qui leur procure des églises, des écoles, les objets essentiels du culte ? Depuis 1820, la grande pourvoyeuse des missionnaires catholiques, c'est l'œuvre de la *Propagation de la Foi,* alimentée par les cotisations des riches, mais surtout par celles des ouvriers, des serviteurs, des gens du peuple qui gagnent leur vie à la sueur de leur front et qui donnent pour les missionnaires un sou par semaine. Ce sou multiplié par la bénédiction de Dieu, produit des millions. Oui, avec un sou par semaine, vous devenez membres de la Propagation de la Foi, c'est-à-dire, vous devenez vous-mêmes missionnaires, et vous partagez le mérite des sueurs, des fatigues, du martyre des ouvriers apostoliques. Mon désir serait de trouver, dans cette vaste paroisse, au moins dix catholiques qui consentent à s'unir à moi et à donner chacun un sou par semaine pour le soutien des missionnaires, la conversion des infidèles et la conservation de la foi en Europe.

« En échange de notre offrande nous recueillerons les bénédictions de vingt mille missionnaires et de plus de cent vingt millions de catholiques convertis et sauvés par l'aumône de la charité chrétienne... et nous aurons payé une infiniment petite partie de la dette de reconnaissance que nous devons à la Propagation de la Foi. En effet, le Conseil d'administration nous envoie chaque année un secours sans lequel il nous faudrait fermer les écoles, fermer l'église... Ce que d'autres font pour nous, faisons-le pour eux : loin d'appauvrir, ce commerce de charité fait du bien à tous. »

Le vœu du saint prêtre fut réalisé. Depuis 1850, sauf l'année de la suppression du culte, il trouva des personnes généreuses qui s'associèrent volontiers à l'œuvre admirable de la Propagation de la Foi.

L'œuvre de la Sainte Enfance fut établie également comme un corollaire de la précédente. Ses notes intimes nous donnent en effet la liste des associés et le compte rendu des offrandes qui furent recueillies à Nyon et dans les localités voisines, grâce au zèle du pasteur.

V

Epreuves et Persécution.

Un sacrilège a Nyon. — Solennelle réparation. — La lampe du sanctuaire ; Œuvre des
adorateurs. — Les mariages mixtes ; leur fré-
quence a Nyon. — Calomnie confondue. —
Interruption du culte catholique dans le canton de Vaud. — Comme au temps de la Révolution Française. — Protection du Ciel. —
Indigence de l'église de Nyon. — Privations ;
souffrances ; maladies. — Un rayon de joie.
L'Oratoire de Notre-Dame de Consolation. —
Une retraite a Laroche. — Départ de Nyon.

u milieu des travaux absorbants de son
saint ministère, le curé de Nyon trouvait
de grandes consolations dont il ne cessait
de remercier la divine Providence. Le
démon ne manqua pas toutefois de lui
susciter des difficultés pénibles qui vinrent jeter souvent l'amertume dans son âme. Habitué à l'épreuve,
et toujours discret sur sa propre personne en ce qui le

concernait, l'abbé Vandel souffrait en silence, s'offrant comme victime pour le bien des âmes confiées à ses soins ; mais il y eut, parmi ces épreuves, de celles qui ne peuvent se cacher, soit parce qu'elles sont déjà publiques, soit parce que le bien des âmes demande qu'elles soient connues.

Une des plus sensibles à son cœur de prêtre qui brûlait pour la sainte Eucharistie de la dévotion la plus tendre et de l'amour le plus ardent, fut sans contredit le sacrilège commis dans sa chère église de Nyon.

Au commencement d'octobre 1853, des mains criminelles osèrent se porter sur le tabernacle et profaner les saintes hosties. La consternation du fervent curé fut indicible : sur sa demande, l'autorité ecclésiastique ordonna, non seulement pour la paroisse éprouvée, mais encore pour tout le canton de Vaud, un jour de solennelle réparation. Le doyen, aujourd'hui Mgr Deruaz, évêque de Genève et Lausanne, fut, à cette occasion, tellement touché de la foi du digne curé qu'aujourd'hui encore, à plus de cinquante ans d'intervalle, il en conserve un souvenir ineffaçable. « On eût dit, raconte-t-il, qu'il voyait des yeux de son corps la personne de Notre-Seigneur indignement outragée ! Avec quel accent de désolation il se plaignait au divin Sauveur !... « Mon Dieu, comment vous êtes-vous donc laissé insulter ? Comment avez-vous permis à une main sacrilège de se poser sur votre Corps adorable ?... »

On se sent touché quand on lit les termes dans lesquels le saint prêtre exhalait devant ses fidèles sa profonde et inconsolable douleur. Nous citons quelques passages de cette allocution coupée par les sanglots,

persuadés que nos lecteurs en seront édifiés et touchés
à leur tour :

« Nous sommes, s'écriait-il d'une voix rendue tremblante par l'émotion, nous sommes sous le poids d'un
grand malheur et sous l'impression d'une indicible
tristesse !... Notre-Seigneur n'est plus dans ce tabernacle !... Le démon est entré dans une âme perverse,
une main sacrilège a emporté le saint Ciboire, et les
anges ont dit en se voilant la face : Sortons d'ici !...

« Ce crime nous épouvante et nous oppresse, et je
ne voudrais pas qu'il en fût autrement, car c'était bien
le plus grand malheur qui pût nous arriver... C'est la
Passion renouvelée !...

« Les causes de ce forfait, Dieu les sait dans sa justice ; et nous-mêmes ne pouvons-nous pas les deviner ?...
Nous avons la foi, nous croyons fermement que Jésus-
Christ notre divin Sauveur est dans le Très Saint
Sacrement, dans le Tabernacle, dans l'Hostie. Si nous
n'y croyons pas, nous n'avons pas la foi de l'Évangile,
la foi des apôtres, la foi des martyrs, la foi de tous les
saints et de tous les siècles, et par là même nous ne
sommes pas catholiques...

« S'il est là jour et nuit, il y est non pour les *murs*,
mais pour les catholiques de Nyon, pour vous ; sans
vous il ne resterait pas. Or, les catholiques profitent-
ils de sa présence ? Notre-Seigneur a-t-il lieu d'être
satisfait dans cette église ? Laissons-le nous répondre
lui-même :

« *Ici*, jour et nuit, je ne reçois presque pas de
visites !...

« Tous les jours, à la messe, presque personne, sauf

le dimanche ; et encore les deux tiers manquent-ils, ce jour-là, à la messe d'obligation !...

« *Ici*, sur sept cents personnes obligées à la communion, trois cents à peine remplissent ce devoir. On a peur de la sainte Table ; on prend en dégoût mon corps et mon sang, malgré mon désir et le commandement de l'Église !...

« Je voudrais bénir le mariage de mes enfants afin que cette bénédiction retombe sur leur famille : *ici*, des centaines d'unions sont contractées en dehors des lois de mon Église et les époux vivent et meurent sans se repentir de leur désobéissance !...

« J'ai dit : « *Laissez venir à moi les petits enfants* », et la plupart ne viennent pas au catéchisme, et ils n'apprennent pas à me connaître !...

« J'ai sollicité la charité pour bâtir cette église et pour entretenir le culte ; et la plupart refusent leur obole !...»

Et le pasteur, dans son humilité, s'accuse lui-même. Il fait retomber sur lui une part de responsabilité en mettant ces paroles sur les lèvres de Notre-Seigneur : « Peut-être, ces maux seraient-ils moindres si j'avais un ministre zélé qui osât parler, mais c'est un prêtre timide, qui garde le silence, qui se laisse absorber par des détails et néglige de me visiter — et l'abbé Vandel passait de longues heures devant le Saint Sacrement ! — et de visiter son troupeau !... Puisque j'ai tant de désolation dans cette paroisse, je donnerai au pasteur et au troupeau une grande leçon. Heureux s'ils la comprennent et s'ils en profitent !... Un jour viendra, un jour arrive dans cette paroisse, jour mauvais, jour de deuil et de tristesse !...

« Et Jésus-Christ laisse agir le démon... A la faveur des ténèbres de la nuit, un nouveau Judas essaie d'enfoncer les portes de l'église, brise une fenêtre en laissant des traces de son sang, pénètre dans le lieu saint, s'avance vers le sanctuaire aux clartés de la lampe, monte à l'autel et, avec les instruments du crime, violente le Tabernacle ! Le forfait est consommé... une main impie, souillant de sang le linge sacré, saisit le saint Ciboire et l'emporte avec les saintes hosties dont je n'ai pu retrouver aucun vestige !!! O malheur ! O profanation !!! Quel coup de foudre pour moi ! Quel usage aura-t-on fait des saintes espèces ? Peut-être les aura-t-on jetées dans la boue... peut-être auront-elles été un objet de dérision et de moqueries sacrilèges dans une orgie de cabaret ! Et on osera me dire : Consolez-vous ! Oh non, je ne veux pas être consolé (1)... J'ai plus pleuré cette semaine qu'à la mort de tous mes parents !... Marie-Madeleine ne fut-elle pas extravagante de douleur quand elle crut qu'on avait ravi le corps du Maître ?...

« Anges du Tabernacle, je vous l'ai dit bien des fois : veillez... préservez... demandez pardon pour nous... et aussi pour les auteurs du crime ! Que le sang de Jésus-Christ ne retombe pas sur eux en éternelle réprobation, mais qu'il les convertisse... qu'il nous convertisse tous...

« Oui, *tous* ; c'est la réparation que le Sauveur nous demande, la seule qui lui soit agréable. Si par ce terrible événement, il convertit une âme, la *vôtre*, il se

(1) *Noluit consolationem accipere* (Gen., xxxvii, 35.)

félicitera des outrages qu'il a reçus. Alors, je vous l'assure, le démon n'y aura rien gagné. Les outrages à Jésus-Christ causeront le salut de nos âmes comme le Calvaire a causé le salut du monde !... Dieu a permis cet événement douloureux pour réveiller la conscience d'un grand nombre et des grâces extraordinaires seront faites qui se seraient perdues sans lui... »

Grâce à ces exhortations, ou plutôt à ce cri d'une âme blessée et anéantie dans sa douleur, les exercices de réparation furent suivis avec un zèle extraordinaire. Un souffle bienfaisant passa sur la paroisse entière, un de ces souffles qui sont le signal d'une fidélité plus grande et d'une ferveur plus intense dans le service de Dieu.

Afin de rendre cette réparation durable, l'abbé Vandel eut, à cette occasion, la pieuse pensée de mettre à contribution la générosité des fidèles pour entretenir perpétuellement l'humble veilleuse qui brûle auprès de Notre-Seigneur : « Les fidèles, leur disait-il, ne pouvant passer toutes les heures du jour et de la nuit au pied du saint autel, y laisseront du moins un symbole de leur foi et de leur amour. La lampe priera pour eux et elle demeurera là, près du tabernacle, comme le signe visible de leur piété qui doit brûler comme la flamme et se consumer comme l'huile du sanctuaire ! »

L'abbé Vandel voulut faire encore mieux. Sa piété envers l'Eucharistie et l'horrible sacrilège dont nous venons de parler lui suggérèrent la pensée d'établir une association d'adorateurs et d'adoratrices pour offrir au Dieu du tabernacle un hommage quotidien de réparation et de prière. Il combina cette association avec celle du Rosaire vivant parce que la fête du saint Rosaire avait été choisie par les profanateurs, sinon intentionnellement, du moins de fait, pour accomplir leur forfait.

Une autre cause de souffrance morale pour l'abbé Vandel, ce furent les mariages mixtes. Ces mariages étaient relativement très nombreux à Nyon. Le zélé pasteur en avait compté jusqu'à cent quarante-cinq, dont vingt-cinq seulement avaient été contractés légitimement en vertu d'une dispense du Saint-Siège. Ce chiffre était énorme pour quelques centaines d'habitants que comprenait la paroisse (1).

Prévoyant avec tristesse, et non cependant sans de graves raisons, que ces unions illégitimes se multiplieraient davantage encore à l'avenir, l'abbé Vandel rédigea un mémoire pour montrer le danger non seulement des mariages mixtes contractés sans dispense, mais encore de ceux qui se faisaient avec une autorisation régulière. Sans doute, il reconnaissait que ces derniers pou-

______

(1) On appelle *mariage mixte* celui d'une personne catholique avec une personne appartenant à un autre culte. A cause des dangers que présentent ces unions, en particulier pour la partie catholique celui de lui faire perdre la foi et de l'empêcher de faire élever ses enfants dans sa croyance, l'Eglise les interdit, à moins d'une dispense que le Saint-Siège accorde à certaines conditions. Là où fait défaut la dispense du pape, le mariage mixte est, sinon invalide, du moins illicite ; par suite, la partie catholique qui a osé le contracter se trouve dans un état permanent de désobéissance envers l'Eglise. Elle vit dans un état de péché et de scandale, qui empêche la participation aux sacrements tant que la situation n'a pas été régularisée et le scandale réparé.

vaient avoir quelques avantages ; en particulier, assurer l'honorabilité des conjoints et amener même parfois la conversion du dissident ; mais il ne voyait, dans les unions illégitimes, que des conséquences lamentables : profanation du sacrement ; révolte contre l'autorité de l'Église ; sorte d'apostasie dont pouvait seule bénéficier l'hérésie ; désunion dans les familles, enfants protestants ; obstacle infranchissable à l'influence du prêtre, etc... Aussi voulait-il que l'on fît tout pour écarter ce malheur et convaincre les futurs époux de demander tout au moins la dispense requise. Ne se bornant pas même aux pressants conseils qu'il donnait avec tant de zèle, il s'employait toujours, avec la meilleure grâce et même avec joie, à faciliter les démarches aux intéressés, et à leur obtenir gratuitement et au plus tôt les dispenses nécessaires.

Malgré la prudence et la réserve du vénérable prêtre, Dieu permit pour sa sanctification et l'éclatante manifestation de sa charité, que la calomnie s'élevât contre lui, et ce fut précisément à l'occasion de l'un de ces mariages mixtes. Le lecteur nous permettra de raconter cette épreuve, qui pouvait, dans les circonstances, et vu les mauvaises dispositions des autorités civiles, lui attirer des désagréments aussi sérieux qu'ils eussent été immérités.

« Dans le courant d'avril 1850, une jeune fille lui déclara donc qu'elle allait épouser un jeune homme protestant. L'abbé Vandel lui recommanda — c'était son devoir — de se marier à l'église, devant le prêtre, en bonne catholique. Or, au bout de quelque temps, le mariage eut lieu en effet, mais au temple et devant le ministre. Quelques semaines plus tard, le mari amena sa femme à Nyon pour lui permettre de faire sa confession. Tandis que celui-ci attendait, dans une tenue provocatrice, à la porte de l'église, le prêtre adressa quelques mots à la femme au confessionnal, puis, aussitôt, se retira. Vers le même temps, cette personne fut conduite, encore pour se confesser, dans une paroisse voisine, Versoix ; après la confession, le curé du lieu ne l'ayant pas communiée, le mari se fâcha et s'emporta contre lui.

« Quelques mois après, cette femme ayant donné naissance à un enfant, le mari écrivit au curé de Nyon, l'accusant de désunir son ménage et de faire des tentatives pour baptiser le nouveau-né à l'église catholique ; il le menaçait en conséquence de le traduire devant le département de la justice. La réponse fut que le curé ne s'était occupé ni de lui, ni de sa femme, ni de son enfant ; que du reste il n'avait aucun ressentiment contre lui et que pour lui en donner une preuve, il ne manquerait pas de venir le saluer quand il passerait par son village de Craus : ce qu'il fit effectivement. En face de son curé, le pauvre homme se trouva tout honteux et confus, il s'excusa en alléguant la fausseté des rapports qui lui avaient été faits. La réconciliation paraissait donc complète.

« Mais voici que deux mois plus tard, notre protestant adressa au Conseil d'État une accusation en forme renfermant quatre griefs contre l'abbé Vandel, à savoir : 1° d'avoir demandé 600 francs, puis 200 francs pour obtenir une dispense ; 2° d'avoir fait des démarches pour baptiser son enfant ; 3° d'avoir mis

la désunion dans son ménage ; 4° d'avoir refusé la communion à sa belle-mère tant que celle-ci n'aurait pas amené sa fille à confesse.

« Le Conseil d'État renvoya au préfet la pièce accusatrice, lui enjoignant de recourir aux informations. Sur la demande de celui-ci, l'abbé Vandel produisit sa défense par écrit et il lui fut facile de démontrer que tout, dans ces accusations, n'était que pure calomnie. Convoqués chez le préfet, le beau-père et la belle-mère du protestant déclarèrent faux, en ce qui les concernait, les chefs d'accusation. Le mari fut appelé à son tour ainsi que sa femme pour confirmer le délit : celle-ci fit défaut en prétextant une maladie ; le mari, lui, allégua la nécessité de se rendre immédiatement de l'autre côté du lac, à Vevey. Le préfet se transporta donc lui-même, avec son huissier, au village de Craus, et quel ne fut pas son étonnement de trouver la femme en bonne santé ? D'ailleurs interrogée, elle déclara ignorer complètement l'accusation portée par son mari. Celui-ci fut, à son tour, à la descente du bateau, sommé de se rendre à la préfecture. Interrogé sur le temps précis et les circonstances dans lesquelles l'abbé Vandel se serait rendu coupable des griefs articulés contre lui, il ne put formuler que quelques phrases pleines d'incohérences et de flagrantes contradictions. La malice était confondue. »

L'abbé Vandel eut encore à soutenir d'autres assauts au sujet de ces mariages mixtes, mais telle était sa prudence consommée que la calomnie la plus habile ne put jamais le trouver en défaut.

Cependant, une épreuve plus cruelle encore que

toutes les autres était réservée au curé de Nyon et même à tout le clergé et à tous les fidèles du canton de Vaud.

La Constitution de ce Canton (1) garantissait *la liberté pleine et entière des Communions établies.* Cette liberté *pleine* et *entière* était singulièrement restreinte, sans doute, par le décret porté par le Grand Conseil le 2 juin 1810, et pourtant elle eût permis au catholicisme de vivre, si les autorités civiles n'eussent pris à tâche de la restreindre davantage encore et de l'étouffer par des mesures mesquines et tracassières.

Par arrêté du 23 août 1850, le gouvernement cantonal avait décrété des fêtes solennelles d'actions de grâces. Rien de mieux s'il n'eût joint, au texte du décret, une exhortation tout imbue de l'esprit protestant. Cette circulaire devait être lue, en chaire, dans toutes les églises et chapelles catholiques. Sur l'avis de leur évêque, les curés et desservants adressèrent, par une lettre commune, des représentations au Grand Conseil déclarant se refuser à la lecture de ce document, tel qu'il était conçu ; ils proposèrent d'en modifier les termes, mais le Grand Conseil ne voulut rien entendre et persista dans ses ridicules exigences.

Pour ne pas irriter des volontés déjà si mal disposées et pour donner une preuve de son esprit de conciliation, l'Évêque, poussant les concessions jusqu'aux extrêmes limites, se contenta d'apporter quelques modifications indispensables au texte proposé, puis il en per-

____

(1) Art. 25.

mit la lecture à la condition toutefois de réserver formellement les droits du Saint-Siège. Tout fut inutile et les autorités, persistant dans leur esprit d'intolérance, non seulement ne voulurent se prêter à aucune transaction, mais elles allèrent même jusqu'à interdire le culte catholique dans le canton de Vaud.

On devine combien fut profonde, à cette nouvelle, la tristesse du curé de Nyon ! Loin de se décourager cependant, il éleva son zèle jusqu'à la hauteur des difficultés. Ne pouvant, sans s'exposer à de graves dangers, exercer en public son ministère, il trouva moyen de l'exercer secrètement, tout au moins dans une certaine mesure. Ce fut une période bien triste pour le troupeau et pour le pasteur. Chaque premier dimanche du mois, celui-ci se rendait à Divonne, paroisse française du pays de Gex (Ain), située à quatre ou cinq kilomètres de Nyon. C'est là qu'il donnait rendez-vous à ses paroissiens pour les actes publics du culte : baptêmes, mariages, etc. Ceux qui pouvaient faire le voyage s'y rendaient et l'abbé Vandel était heureux d'entendre leur confession, de célébrer pour eux la sainte messe, et de les encourager par de paternelles allocutions.

Ce fut dans l'église de cette paroisse que le dimanche de la Passion, 6 avril 1851, treize de ses enfants eurent le bonheur de faire leur première Communion. L'évêque, qui assistait à la cérémonie, voulut leur adresser quelques mots, mais à la vue de ces pauvres enfants et de leur pasteur persécutés, son émotion fut telle que les larmes étouffèrent les paroles sur ses lèvres.

Une aurore d'espérance commençait cependant à se montrer à l'horizon. Dans plusieurs paroisses déjà la liberté avait été rendue au culte. On crut qu'il allait en être de même pour Nyon si l'on adressait une pétition au Grand Conseil. Hélas ! tout ce que l'on put obtenir, ce fut la célébration, par un *prêtre étranger*, des offices du saint jour de Pâques.

Voyant l'interdiction du culte se prolonger indéfiniment, l'abbé Vandel composa, pour l'adresser au Grand Conseil, un Mémoire conçu dans les termes de la plus parfaite modération. Il montrait, dans ce Mémoire, combien la situation faite à sa paroisse était contraire aux lois du pays, préjudiciable aux intérêts de l'union et de la paix. En même temps, des pétitions se multipliaient, toujours plus instantes ; la municipalité, les chefs de famille, les protestants eux-mêmes insistaient pour le rétablissement du culte ; le digne curé s'offrait généreusement à démissionner si sa personne était considérée comme un obstacle. Il se hasarda même, raconte M. Rollier, à se rendre auprès du préfet de Nyon pour appuyer toutes ces instances. Celui-ci s'emporta, dit-on, jusqu'à lui donner un soufflet. Personne n'aurait jamais connu cet acte de brutalité, si le héros lui-même n'avait tenu à honneur de s'en vanter comme d'un acte digne d'éloges !... Quand on demandait à l'abbé Vandel si ce bruit était fondé, il ne répondait pas, mais changeait adroitement de conversation, confirmant ainsi, sans le vouloir, le bien-fondé de la rumeur publique.

Dans ses annales, le saint Curé est presque muet sur les souffrances et les humiliations que lui valut ce temps d'épreuves, mais une religieuse qui le connut intimement puisqu'elle était sa nièce (1), et qui fit à cette époque même un long séjour au presbytère de Nyon, supplée à sa réserve. Elle écrit :

« La persécution dura plus d'une année — de novembre 1850 à février 1852. — M. le Curé, pour célébrer la messe, avait transformé en chapelle une chambre du presbytère. L'autel et le tabernacle étaient dressés dans une alcôve qu'on fermait pendant le jour pour cacher le Saint Sacrement.

« La sainte messe se célébrait à quatre heures du matin. La vieille domestique répondait aux prières, et pour que nul, du dehors, ne pût apercevoir la lumière, on fermait hermétiquement fenêtres et volets. J'eus la consolation d'être initiée au secret, et, pendant huit jours, je fus le témoin de ce spectacle aussi émouvant que douloureux. »

« Pour ne pas laisser ses paroissiens privés de sacrements, que de courses le digne pasteur, portant la sainte hostie sur sa poitrine, n'a-t-il pas dû entreprendre pendant les nuits les plus obscures !... Et à quels dangers ne s'est-il pas exposé, poursuivi parfois par des hommes méchants et hostiles ! Lui-même n'attribuait son salut qu'à un miracle. »

L'abbé Vandel se reconnaissait redevable à son bon ange de la protection visible qui l'accompagnait dans tous ses pas et au milieu des plus menaçants dangers. Un jour qu'il visitait une usine, il marchait sur le bord d'un puits profond dissimulé par une écume très épaisse

(1) Sœur Léontine, plus tard Supérieure générale des *Sœurs de la Charité,* à Rome.

qu'on pouvait prendre pour de la sciure de bois. Il était sur le point d'y poser son pied lorsqu'il se sentit comme retenu et repoussé en arrière par une main invisible.

Une autre fois il voyageait en voiture pour aller porter à un malade les dernières consolations. Devant un léger obstacle, le cheval, très ombrageux, prit peur, fit un brusque mouvement qui faillit jeter la voiture dans le fossé, puis reprit sa course à fond de train. On était au sommet d'une côte au bas de laquelle se trouvait un pont très étroit jeté sur une rivière. L'animal brûla cette côte d'un trait. Le moindre écart devait précipiter dans la rivière le cheval, la voiture et le voyageur. A la vue du danger imminent, le bon curé se recommanda à Dieu en faisant un grand signe de croix. Tout aussitôt le cheval s'arrêta court à quelques mètres du pont, et l'abbé Vandel put descendre sain et sauf. — Le ciel veillait sur le saint prêtre, car sa mission n'était pas encore remplie ; Dieu le réservait pour le salut de beaucoup.

Un changement dans les dispositions des autorités cantonales vint bientôt modifier heureusement la physionomie si triste de la paroisse. Le culte fut rétabli à Nyon, et l'abbé Vandel put entonner le chant joyeux de l'action de grâces :

« *Joie, reconnaissance, fidélité*, disait-il à ses paroissiens dès qu'ils purent se réunir de nouveau dans leur chère église : voilà les trois sentiments qui doivent abonder dans nos cœurs : *Joie* pour le bonheur du rétablissement du culte ; *reconnaissance* envers ceux qui, au ciel et sur la terre, nous ont procuré ce bienfait ; *fidélité* à en profiter, car il faut craindre toujours le retour de l'épreuve. »

Une grande prudence s'imposait pour ne pas provoquer les foudres du Grand Conseil. Le 23 septembre 1852, quelques mois après le rétablissement du culte, un avis officiel du préfet enjoignait au vénérable curé de ne pas délivrer des actes de naissance et de ne pas prendre le titre de *curé*, puisque, aux yeux du gouvernement, Nyon n'était qu'une succursale et son curé un simple desservant. Cet avis prouvait tout au moins que le Grand Conseil veillait toujours et que, s'il s'était un peu relâché de ses rigueurs passées, il ne fallait pas pour cela compter sur sa bienveillance, mais plutôt se tenir à son égard sur la plus vigilante réserve.

L'abbé Vandel aimait la pauvreté ; pour sa personne il avait besoin de peu et il était habitué à la privation, mais il fallait bien subvenir aux nécessités du culte, et si simplement que ce fût, avoir tout au moins de quoi vivre. Or, en éloignant de Nyon les étrangers qui venaient y passer la belle saison, la persécution avait par là même tari les générosités qui précédemment suffisaient à l'entretien du culte, des écoles, du curé. A la pensée des privations imposées à ses confrères, au souvenir de l'évêque de Lausanne et d'un grand nombre de prêtres jetés en prison, puis exilés, l'abbé Vandel aurait volontiers supporté la faim et la soif, mais il s'agissait de maintenir les fidèles dans la pratique de leur religion, de secourir les pauvres, de maintenir les écoles sans lesquelles les enfants auraient vite perdu les enseignements qu'ils avaient reçus.

Aussi le poids de la détresse qui succédait à une aisance relative paraissait-il lourd au pauvre curé :

« J'ai fait appel à la bonne volonté des catholiques, écrivait-il, une souscription a été ouverte, mais comme la masse des fidèles est loin d'être composée de riches, cette souscription annuelle ne réalise que sept ou huit cents francs, et la dépense pour l'entretien du prêtre, pour la conservation des écoles et le paiement des dettes arriérées, dépasse 2.000 francs (1). »

Ce tableau, si sombre qu'il fût, ne découragea pas le pasteur. Il compta sur la piété des bonnes âmes, surtout de France, où, dit-il, *elles sont industrieuses jusqu'au miracle* : « Cette église de Nyon qui a recueilli, il y a soixante ans, les larmes et les prières des prêtres et des émigrés français, comme elle avait recueilli, il y a quinze siècles, le sang de dix-sept martyrs égorgés pour la foi, non cette église de Nyon ne périra pas. A défaut de quelques secours, elle ne sera pas mise aux enchères et vendue pour payer sa dernière dette. Marie, sa patronne sous le beau titre de son Immaculée Conception, ne le permettra pas (2) ! »

(1) D'après un recensement fait en 1850, le nombre des catholiques était, à Nyon, de 992. Ces catholiques étaient dispersés dans la ville et dans tout le district qui s'étendait sur une superficie de dix lieues de circonférence. Le prêtre avait cette immense paroisse à sa charge. Le nombre des catholiques dans tout le canton de Vaud était de 6.821. Ces catholiques étaient répartis en 22 paroisses dont Lausanne et Nyon étaient les principales. Neuf de ces paroisses n'avaient ni église ni chapelle.

(2) M. l'abbé Rosslaud avait toujours eu l'intention de consacrer son église à l'Immaculée Conception. L'Évêque ne partageait pas d'abord cette pensée, mais il céda devant le désir formel de généreux bienfaiteurs.

Les privations qui s'ajoutaient aux contrariétés et aux fatigues physiques que son zèle avait values à l'abbé Vandel, n'étaient point faites pour consolider sa santé déjà chancelante. Il tomba bientôt gravement malade. Obligé de suspendre son ministère, il ne se relâcha point de sa ferveur, mais fit au contraire, de son épreuve, un nouveau moyen de sanctification : « Dès le début, écrit-il dans ses notes, bon accueil fait à la maladie, et confession à M. le curé de Divonne (20 octobre 1854). J'ai tout accepté en l'honneur de l'Immaculée Conception — ce dogme allait être déclaré de foi quelques semaines plus tard ; — j'ai demandé moi-même à être administré et j'ai eu la consolation de recevoir souvent la sainte Communion. J'ai renouvelé mes actes d'acceptation de la mort une ou deux fois par semaine avec la conviction que Dieu allait m'appeler à lui. J'ai passé par des états indéfinissables de souffrances... j'ai compris qu'il était bien heureux de n'avoir pas de soucis dans une maladie grave et que la parole de Notre-Seigneur : *Estote parati, soyez prêts,* regardait la conscience et les affaires. »

Après cinq mois de séjour au lit, l'abbé Vandel put enfin sortir et aller terminer son rétablissement à l'hôpital de Plain-Palais. Grâce aux soins empressés qui lui furent prodigués, il eut la consolation, quelques jours plus tard, de remonter au saint autel, et, dès que ses forces le lui permirent, fut-il heureux de donner, dans l'établissement même, tout en recevant les soins nécessaires, des instructions pour le mois de Marie.

Enfin, le jour de l'Ascension, il eut la joie de se retrouver au milieu de ses paroissiens et de présider la cérémonie de la Première Communion : « Dieu soit béni, disait-il à son cher troupeau, Dieu soit béni de la grande consolation que j'éprouve à cette heure ! Combien je suis heureux de me trouver au milieu de vous après huit longs mois de séparation !... La maladie m'a conduit aux portes du tombeau, j'en suis revenu par la grâce de Dieu. Vous avez prié, et moi j'ai prié et j'ai souffert. Sans doute je ne suis pas encore rétabli, mais je n'ai pu me refuser la consolation d'une courte apparition en ce jour de fête paroissiale et familiale de la Première Communion de nos chers enfants : cette consolation hâtera ma convalescence. » A ces paroles du cœur, il ajouta les plus sages et les plus pressants conseils pour les chères petites âmes que Dieu venait de visiter et pour leurs bien-aimés parents tout émus de la joie de leur pasteur et de la consolation qui en ce jour inondait son âme.

L'abbé Vandel conçut le projet d'aller en France pour achever sa guérison. Il espérait, en même temps, que son séjour dans ce pays classique de la générosité chrétienne ne serait pas inutile au bien de son église de Nyon réduite à la plus extrême pauvreté par la longue interruption du culte.

Sa première halte fut à Lyon où il possédait de nombreux amis. Il voulut les revoir et se rappeler à leur souvenir ; mais ce qui l'attirait surtout, c'était la Vierge de Fourvières auprès de laquelle le saint curé voulait aller faire provision de grâces pour le présent et aussi pour un avenir qu'il commençait à entrevoir et qui allait réclamer toutes ses énergies morales et physiques.

De Lyon, l'abbé Vandel se rendit à Paris. Il parcourut ensuite diverses provinces : la Picardie, la Touraine, la Vendée, etc., recueillant partout les souvenirs touchants, visitant les principaux sanctuaires, les Instituts religieux et les saintes œuvres de charité fondées et entretenues par leurs soins. C'était la Providence elle-même qui guidait ses pas, peut-être à son insu, en lui facilitant ainsi la fondation d'une grande œuvre dont l'idée peut-être germait à peine dans son esprit, mais qui allait bientôt prendre forme et éclore pour le salut d'un grand nombre d'âmes abandonnées !...

Ces voyages et les pieuses distractions qu'ils amenaient avec eux avaient procuré un certain repos à l'abbé Vandel, mais sans lui rendre encore toutes ses forces. Aussi dans l'incertitude pénible s'il était à même ou non de reprendre fructueusement son ministère, voulut-il mettre sa conscience à l'abri en déclinant une responsabilité qu'il jugeait trop lourde pour ses faibles épaules. Il écrivit donc à son évêque, lui exposant en toute simplicité et droiture la situation dans laquelle il se trouvait et lui offrant sa démission de curé de Nyon s'il plaisait à Sa Grandeur de l'agréer. L'évêque ne crut pas pouvoir accéder à ce désir.

Comprenant toutefois qu'une absence prolongée du pasteur pourrait nuire à ses fidèles, l'abbé Vandel résolut de rentrer à son poste. Le dimanche 18 novembre, il remontait dans la chaire de son église : « Que le saint nom de Dieu soit béni, disait-il à ses enfants accourus pour l'entendre, c'est ce que nous devons toujours dire, c'est ce que je vous disais dans ma courte apparition pour la Première Communion, c'est encore ce que je vous répète aujourd'hui !... Dans ma longue maladie, j'ai vu la main de Dieu toujours aimable, toujours adorable. Cette maladie m'a été une grâce... Dieu me veut au milieu de vous (1) ; mon cœur ne dit pas non, car plus j'ai été éloigné, et plus j'ai senti que je vous aimais. Mais Celui qui veut que je porte le fardeau viendra lui-même à mon aide. Je compte sur votre bonne volonté et sur l'union qui règne entre nous... Père de vos âmes, j'ai besoin de vous voir ici et chez vous ; de vous voir tous : enfants, vieillards, malades... surtout j'ai besoin de voir dans vos consciences, de connaître vos besoins spirituels. Ne craignez pas de fatiguer votre pasteur... Dites au contraire : allons le voir, allons nous confesser pour le consoler, lui faire du bien, le guérir !... Un père, une mère, ne sont jamais fatigués de la visite de leurs enfants... Mon plus grand ennui serait de vous voir vous éloigner de moi... Portez mes vœux dans vos familles, aux enfants, aux malades, dites-leur à tous que je leur souhaite la bénédiction du bon Dieu ! »

Comment une parole si simple, si paternelle, si aimante n'eût-elle pas touché le cœur des paroissiens ?... Aussi tous se réjouirent-ils du retour de vénéré Pasteur !...

Il faut dire pourtant que la générosité des fidèles ne correspondait pas à l'affection profonde qu'ils témoi-

(1) Allusion au refus de Monseigneur d'accepter sa démission.

gnaient à l'abbé Vandel. La Fabrique devenait toujours plus pauvre, c'est presque en vain que le bon
curé faisait appel à la charité de ses enfants pour le
maintien du culte et pour les œuvres de la paroisse
dont cependant ils recueillaient tout le bénéfice. Ils
comptaient sur les étrangers qui venaient passer quelques semaines à Nyon. L'abbé Vandel avait en effet
jusqu'ici largement recouru à leurs largesses, mais le
moment était venu où la discrétion le forçait à mettre
une certaine mesure à ses sollicitations. Mettant à
profit l'occasion qui s'offrait de renouveler le conseil
de Fabrique, il insista si bien que les élections furent
très satisfaisantes et qu'enfin on se décida à se montrer
plus généreux. Ce fut pour lui un gros souci de moins,
et tout en s'intéressant de près à l'administration temporelle de sa paroisse, il put désormais se livrer plus
librement aux soins spirituels dont elle avait besoin.

Ce fut vers cette époque, le dimanche 14 juin 1856,
que le curé de Nyon procéda à la bénédiction d'un
petit oratoire construit par ses soins, à Nernier, son
pays natal. Cet oratoire, que l'on voit encore aujour-
d'hui, est des plus modestes. L'abbé Vandel le baptisa
lui-même du nom d'*Oratoire de Notre-Dame de
Consolation*. Ce titre nous fait soupçonner pourquoi
cet humble monument semble se cacher derrière une
haute haie vive, à quelques pas du lac et à une certaine distance des dernières maisons du village. Toute
âme souffrante pourrait venir, sans craindre le bruit
de la foule, raconter ses épreuves et déposer ses tristesses auprès de la Mère de toute consolation ; la
Vierge seule verrait le pèlerin, et les larmes pourraient

couler librement, loin du regard indiscret ou soupçonneux du passant.

Le curé de Nyon voulut faire de cette inauguration un acte public de piété. Il convoqua sa paroisse natale qui fut heureuse d'accourir, et il voulut adresser lui-même la parole aux assistants pour leur dire la pensée qui l'avait guidé dans la construction du modeste oratoire. « Il a été construit, leur dit-il, non seulement pour les miens puisqu'il s'élève dans un champ de la famille, mais encore pour la paroisse de Nernier, pour celle de Messery qui est la plus rapprochée et avec laquelle nous entretenons des rapports de si bon voisinage, enfin pour tous ceux qui passeront devant elle. Les pauvres viendront pour tendre la main et implorer les secours de la Mère de Dieu ; les enfants, pour recevoir la bénédiction de la Vierge ; les parents, pour lui confier leur famille ; les âmes éprouvées, pour puiser auprès d'elle la consolation et la force. Elle sera heureuse, cette personne affligée par la maladie, attristée par l'éloignement de ceux qui lui sont chers, accablée d'ennuis de toute nature, elle sera heureuse de déposer son fardeau dans le Cœur de Marie, le salut des infirmes et des pécheurs. Là, elle sera, seule, à l'aise pour pleurer, pour verser des larmes de douleur, de compassion, peut-être de conversion, et elle s'en retournera consolée, soulagée ! Ce petit oratoire deviendra le but d'une pieuse promenade, d'un pèlerinage d'un quart d'heure. Beaucoup désireraient faire de lointains pèlerinages ; ils en sont empêchés par la distance ; ici, ils trouveront toujours Notre-Dame de Consolation... Et dans un siècle, si cette chapelle est encore debout, ceux qui viendront après nous diront : Nos pères d'autrefois aimaient la Sainte Vierge, ils aimaient à la prier et elle les a bénis, imitons-les. Plus d'un passant dira : Moi aussi j'en ferai autant dans mon champ ! Et ainsi nous rappellerons dans notre catholique Chablais les traditions rétablies par notre glorieux apôtre saint François de Sales. Les *Ave Maria* répétés se multiplieront à l'infini, et les bienfaits pleuvront non seulement sur notre pays, mais aussi sur le pays voisin, sur le canton de Vaud tout entier, et en particulier sur ma chère paroisse de Nyon !... »

Quelle simplicité et quel parfum ! L'abbé Vandel avait vraiment le secret de ces petits mots suaves faits pour réchauffer les cœurs et les élever vers Dieu. Il est heureux qu'il nous en ait conservé un grand nombre ; ils consolent et font du bien.

Malheureusement, la santé du curé de Nyon ne se remettait pas. Usé par la fatigue et les soucis de sa charge, il se jugea incapable de continuer efficacement l'exercice de son difficile ministère. Du reste, les instances du médecin vinrent s'ajouter à ses craintes. C'est pourquoi, après avoir assuré, avec le consentement de l'évêque, le service régulier de la paroisse, l'abbé Vandel décida une nouvelle absence en attendant le moment où l'autorité pourrait le remplacer d'une façon définitive.

De Nyon il se rendit à Laroche (Haute-Savoie) et demanda aux Pères Capucins de passer au milieu d'eux quelques jours de retraite, ce qui lui fut accordé volontiers. Là, le pieux curé rentra en lui-même ; il s'examina à la lumière abondante de la grâce, consignant dans ses notes les reproches que lui faisait sa conscience si admirablement délicate. « Il n'a pas été suffisamment fidèle à la pratique de l'oraison et de l'examen. » Il en juge ainsi sans chercher des excuses dans les soins absorbants qu'exigeait sa paroisse. Il renouvelle les résolutions prises à ce sujet dans le passé, et pour les établir sur un fond plus solide, il purifie de plus en plus son âme par une confession des fautes ou imperfections commises depuis son ordination sacerdotale, « confession, écrit-il avec humilité, qu'il a préparée soigneusement et qu'il a lieu de croire bonne. »

Nous savons, par ses notes de retraite, quelles furent à ce moment-là les intentions de l'abbé Vandel ; il écrit en effet : « J'ai exposé à Monseigneur mon désir de quitter ma paroisse dont l'administration et les difficultés sont au-dessus de mes forces et ne me laissent pas le temps d'étudier et de soigner mon salut. J'ai demandé le plus petit poste avec l'intention sincère de m'occuper des intérêts de mon âme, et de me livrer aux études que réclamera le soin de ma nouvelle paroisse. »

Dans la pensée du saint prêtre, ce n'était donc pas simplement son état de santé qui le rendait incapable de conserver la paroisse de Nyon, c'était aussi l'opinion si humble qu'il avait de ses capacités et de sa science. L'évêque, qui le connaissait et qui savait tout le bien déjà opéré par son zèle, ne consentit pas à lui donner un poste inférieur, ni à le relever définitivement de ses fonctions paroissiales. Toutefois, le sachant dans un état de santé précaire, il lui accorda un congé illimité qu'il pouvait prendre soit dans le diocèse, soit à l'étranger, à son choix. Ce congé fut renouvelé, chaque année, à la demande de l'abbé Vandel, jusqu'en 1866, date de son entrée dans la Congrégation des Missionnaires du Sacré-Cœur, alors à l'état de fondation.

L'abbé Vandel ne quitta pas immédiatement le pays. Sur la demande de ses confrères, il accepta quelques prédications dans diverses paroisses. Tout en lui permettant de faire du bien, ces prédications étaient pour lui une sainte distraction et un repos d'esprit. Mais en septembre 1856, après avoir fait les plus touchants adieux à Nernier son village natal, à Nyon sa paroisse, et à Rolle qu'il avait desservi pendant plusieurs mois, il partit pour Paris. Au sanctuaire de Notre-Dame des Victoires, il pria longuement et il renouvela les engagements qu'il avait pris autrefois de travailler, même de loin, à la conversion du canton de Vaud. Il ne pouvait oublier en effet la promesse faite à Lorette en 1836, en son nom et au nom de son ami, par l'abbé Favre. Cette promesse, l'abbé Vandel la confirma aux pieds de Notre-Dame des Victoires et, de nouveau, il la signa de son sang. Le 20 novembre 1856, nous le trouvons à Fleury, diocèse de Meaux, chez Mme la comtesse de la Rochejaquelein. L'Œuvre des Campagnes, dont nous allons parler, trouvera là son berceau.

VI

L'Œuvre des Campagnes ;
sa fondation.

L'abbé Vandel a Fleury. — Courses instructives. — Il n'y a que trop a faire ! — La petite « bonne » Bretonne. — Premières ouvertures du Père Vandel sur l'Œuvre des Campagnes. — Conseils de zèle aux associés. — Constitution du bureau de l'Œuvre. — Une visite au Curé d'Ars. — Promesse de succès. — Encouragements et critiques. — Quêtes de prières. — Une épreuve pénible. — Marie et l'Œuvre des Campagnes. — Motifs de confiance.

Fleury, l'abbé Vandel se trouvait au château de Mme la comtesse de la Rochejaquelein qu'il avait en grande estime et en particulière vénération. Ne pouvant demeurer inactif et voulant d'ailleurs payer de quelque façon la généreuse hospitalité qui lui était si gracieusement offerte, il remplissait dans le château les fonctions d'aumônier, célébrant la sainte messe pour le

personnel de la maison, présidant la prière du soir, visitant les infirmes et instruisant les enfants. A la demande de Mme la Comtesse, il adressait même des exhortations à ceux qui assistaient à sa messe le dimanche et les jours de fête.

Il visitait aussi de temps à autre l'orphelinat et les écoles, adressait aux enfants de brèves exhortations, les intéressant par des histoires racontées avec le charme incomparable dont il avait le secret et les gratifiant parfois d'objets de piété et même de quelques douceurs. Aux jours de congé, il les réunissait pour leur faire le catéchisme. Volontiers aussi il se rendait à l'invitation du curé de la paroisse et prêchait aux fidèles. C'était déjà un véritable petit apostolat dans un cercle restreint sans doute, mais qui, grâce à son zèle, s'élargissait chaque jour.

L'abbé Vandel ne venait pas du reste tout à fait en inconnu dans ce nouveau milieu, où déjà le précédait une certaine réputation. A Mme la comtesse de la Rochejaquelein qui avait demandé pour lui l'autorisation d'exercer le saint ministère dans le pays, Mgr Pie, évêque de Poitiers, répondait : « Je vous prie de dire à M. le Curé de Nyon que je lui donne de pleins pouvoirs pour prêcher et confesser aussi longtemps qu'il sera dans mon diocèse. Vous n'attirerez jamais assez de *tels hommes* parmi nous ; faites-leur répandre à deux mains les bénédictions de Dieu pendant que vous les tenez (1). »

Usant d'une latitude si gracieusement accordée, et

(1) Lettre de Mgr Pie à Mme de la Rochejaquelein.

poussé par son désir de faire du bien plus encore que par son obéissance au médecin qui lui recommandait instamment le grand air, l'abbé Vandel se rendit dans quelques paroisses voisines.

Quel douloureux étonnement n'éprouva-t-il pas en face de la profonde ignorance religieuse et de la déconcertante indifférence que ces courses lui faisaient découvrir chaque jour ! Ce qui l'affligeait par-dessus tout, c'était le découragement des pasteurs. D'une voix presque unanime ils laissaient échapper cette parole d'une tristesse désespérée : « *Il n'y a rien à faire !* » Il pensa, lui, qu'au contraire il n'y avait que trop à faire. Il se porta au chevet des malades, s'appliqua à attirer les enfants, se mit à converser avec tous ceux qu'il rencontrait sur les chemins, en essayant de réveiller peu à peu en eux quelques sentiments de foi chrétienne. Mais ce n'était là qu'un essai. Dès ce moment, il chercha, surtout dans la prière, un moyen de remédier à un mal qui avait déjà, malheureusement, poussé dans les âmes de fortes et de profondes racines. Peu à peu des projets germèrent dans son esprit, projets qu'il faisait vaguement entrevoir à son ami l'abbé Favre.

« On me propose un emploi au séminaire de Lausanne, mais je ne crois pas que ma chétive santé soit de force à supporter les fatigues quotidiennes et les graves responsabitités d'une semblable situation. Il me faut du repos, une grande liberté d'esprit, de petites occupations qui dilatent le cœur et reposent la tête... Ma vie a été une fatigue incessante, à l'école de Nernier, à Chambéry, à Avignon, à Fribourg et à Nyon.

Tout cela m'a aplati, il n'y a plus de ressort pour une fatigue soutenue. Il me faut la retraite avec un petit travail de *voltigeur*. Partout nous trouvons de bonnes occasions de faire aimer le bon Dieu, de faire connaître et aimer Marie. Beaucoup d'œuvres sont venues s'offrir pendant ces trois mois et j'ai pu m'en occuper avec bonheur, sans trop de fatigue. Il va s'en présenter encore une que je vous recommande instamment *in nomine Domini*. » On pressent dans ces derniers mots quelque chose d'important ; et en effet il s'agissait de l'Œuvre des Campagnes ! Laissons l'ardent apôtre exposer lui-même ses humbles débuts :

« Dans le courant de février 1857, j'étais convalescent dans une commune de Seine-et-Marne (1). Une sorte d'épidémie sévissait dans le voisinage, à Cély. De ma fenêtre, j'entendais sonner la cloche pour les enterrements. Ces gens mouraient sans confession : « Il y a *cinq ans* que je suis dans cette paroisse, me « disait le curé, et je n'ai *jamais* eu la consolation d'ad-« ministrer les sacrements à un mourant ! » On me dit que trois ou quatre personnes vont à la messe le dimanche, et que, seule, la domestique du curé communie une fois dans l'année ! »

« La permission venait d'être accordée à une trentaine de familles pauvres d'aller amasser les branches mortes et de prendre de la fougère dans un bois de Mme de la Rochejaquelein. Je voulus faire une visite dans le bois à ces hommes, à ces femmes, à ces enfants. J'avais les poches pleines de brochures,

(1) Fleury.

médailles, croix, et même de douceurs. Je les appelai et peu à peu ils firent groupe autour de moi. Je donnai des brochures, distribuai des objets de piété et des friandises, et il me sembla que je laissais tout ce monde bien content de ma visite et de mes présents. Et moi, j'avais l'esprit et le cœur remplis de tristesse et de compassion, mais aussi d'une invincible confiance qu'en gagnant les cœurs, on finirait par rapprocher ces malheureux de Dieu et de la religion. Chemin faisant, je ruminais en moi-même par quel moyen on pourrait faire du bien à ces âmes. »

« Rentré dans ma chambre, j'écrivis, à genoux devant une statue de Notre-Dame des Victoires, les idées premières d'une œuvre dont le but serait de ranimer la foi dans les campagnes. Tout préoccupé de ma pensée, je proposai une promenade au curé de la paroisse, lui exposai mes plans et demandai son avis. Entre autres observations, toutes marquées au coin d'un grand bon sens, il me fit celle-ci qui cadrait parfaitement avec mes sentiments : « *Pour faire le bien, il faut avant tout se faire aimer !* » L'amitié, en effet, ouvre à Notre-Seigneur les âmes auxquelles on veut le faire connaître et aimer. C'est là le secret fondamental de cet apostolat intime du cœur à cœur où on les conquiert une par une.

A vrai dire, le projet de l'abbé Vandel n'était pas l'effet d'une inspiration subite : « Déjà, écrit-il, sur la fin de mon ministère à Nyon, j'eus le désir vague, mais très fort, de trouver un genre de vie où je n'aurais qu'à évangéliser des enfants, des pauvres, des villageois. Ce désir devenait comme une passion et j'en ai parlé à mon éveque. J'ai recommandé ce désir à une sainte âme (1) de ma paroisse, quelques moments avant sa mort : elle a promis qu'elle s'en souviendrait devant Dieu. J'ai toujours cru que Mme Thérèse Séraphin avait été pour beaucoup dans les événements qui m'ont amené à m'occuper de l'Œuvre des Campagnes (2). »

Rentré à Paris quelque temps après, notre vénéré missionnaire fit part de ses idées à Mlle de Pomaret, personne toute dévouée aux bonnes œuvres et bienfaitrice des écoles de Nyon. Celle-ci parut d'autant plus frappée des confidences de l'abbé Vandel, que, peu auparavant, une pieuse fille de Bretagne, simple domestique à Paris, lui avait offert mille francs d'économies pour envoyer un prêtre aider le curé d'une mauvaise paroisse de campagne où elle venait, avec ses maîtres, de passer quelques semaines. Cette bonne fille était persuadée qu'avec de la bonté et du zèle on pourrait arriver à convertir ces pauvres gens.

« J'ai de la peine, disait-elle, quand je vois des pauvres qui manquent de pain, j'en ai davantage quand je vois des malheureux sans religion. J'ai déterminé quelques personnes à reprendre une vie plus chrétienne. Si ce que leur a dit une pauvre servante ignorante comme moi a pu les éclairer, combien plus efficaces seraient les enseignements du missionnaire ! Il faudrait faire donner des missions dans toutes les

(1) Mme Thérèse Séraphin.
(2) A cette époque, l'abbé Vandel était très malade et il avait député auprès de la mourante une sœur de Saint-Joseph qu'il avait prise comme garde et qui rapporta au malade les propos de Thérèse.

campagnes ; j'y consacrerais volontiers mes petites économies (1). »

Emerveillé de ce qu'il entendait, l'abbé Vandel voulut voir Marie Boussin qui mit aussitôt à sa disposition pour l'œuvre qu'il projetait tout ce qu'elle possédait, c'est-à-dire la somme de mille francs. Cette coïncidence des sentiments du missionnaire avec les sentiments de la brave fille n'était-elle pas pour l'abbé Vandel, habitué à voir en tout le doigt de Dieu, un signe providentiel ?

« Mlle de Pomaret, continue le pieux fondateur, proposa de communiquer le projet à MM. Baudon, de Melun et de Lambel, dont l'existence se consumait dans les œuvres religieuses, et qui par là même étaient, tous les trois, juges compétents pour apprécier leur opportunité et se prononcer sur la valeur de la forme qu'il convenait de leur donner afin de les adapter au but qu'elles se proposaient d'atteindre.

« Une première réunion eut donc lieu chez Mme la comtesse de la Rochejaquelein, réunion qui me permit d'exposer ma pensée sur le lamentable dépérissement de la foi dans nos campagnes et sur la nécessité d'y porter promptement quelque remède efficace.

« Mes idées reçurent le plus bienveillant accueil, et, sur-le-champ, une commission fut nommée pour les examiner de plus près. Cette commission se réunit chez M. le vicomte de Melun. Elle était composée de MM. Baudon, de Kergorlay, de Lambel,

(1) Cité par l'abbé Vandel.

de Melun et de l'abbé Vandel. Je commençai par lire un plan de l'œuvre, en indiquant le résultat présumé d'une première année. M. Baudon appuya particulièrement le projet en faisant remarquer que souvent, en effet, il avait entendu faire le reproche qu'on s'épuisait pour les villes et qu'on ne faisait rien pour les campagnes. Chacun se mit ensuite à rédiger son programme. De ces rédactions individuelles sortit la rédaction qui est restée depuis lors le règlement définitif de l'Œuvre des Campagnes.

« Dans la réunion suivante, tenue chez la comtesse de la Rochejaquelein, le vendredi 3 avril 1857, fête de Notre-Dame des Sept-Douleurs, on choisit comme président M. le comte de Lambel, comme trésorière Mme Casenave et comme secrétaire Mlle Lafonta ; en même temps on donna officiellement à l'œuvre le nom de *l'Œuvre des Campagnes* (1). »

Quelques jours plus tard, dans un petit comité réuni chez M. de Lambel, l'abbé Vandel prit de nouveau la parole : « Nous avons un Conseil de l'Œuvre, dit-il, mais il nous faudrait aussi un Bureau Directeur, pour traiter les questions courantes et exécuter les décisions du Conseil. « Quels seront les membres de ce bureau ? » demanda quelqu'un. « Vous-mêmes, Mes-

(1) Les personnes qui, dès le début, firent partie de l'Œuvre et lui prodiguèrent leur dévouement sont : MM^mes de la Rochejaquelein, de Pomaret, Casenave, Lafonta, de Fresne, de Puységur, de Lambel, de la Ferrière, Givelet, de Montanclos ; MM. Baudin, de Lambel, de Melun, de Kergorlay. Depuis lors, chaque année, de nouveaux venus se sont ajoutés au Conseil de l'Œuvre et l'ont servie avec le zèle le plus intelligent.

sieurs, si vous le voulez bien. » Le Bureau était constitué.

Pour faire mieux saisir l'opportunité et la nature de l'Œuvre des Campagnes, l'abbé Vandel publia un opuscule reproduisant, avec les développements nécessaires, son premier entretien. Cette courte notice répandue à profusion, exposait avec simplicité la rencontre providentielle du Père Vandel avec l'humble servante de Bretagne, les premières et fructueuses tentatives de son zèle et les espérances que ce début lui faisait concevoir. Il insistait sur la nécessité de *s'unir* pour travailler au réveil de la foi si universellement endormie, et au retour aux habitudes chrétiennes trop longtemps oubliées, de ces populations ignorantes qu'absorbe l'unique souci des besoins matériels et terrestres de l'existence. Il signalait l'apostolat laïque comme le devoir spécial des classes éclairées, montrant à quels détails il devait s'étendre et affirmant sa puissance pour préparer les voies à l'action du prêtre dans les âmes. Enfin, pour toucher les cœurs et stimuler les énergies, l'auteur décrivait avec une singulière éloquence, la grandeur du mal auquel on se proposait de remédier, et l'état lamentable des populations prêtes à se détacher en masse du christianisme pour s'établir dans l'engourdissement d'une triste indifférence religieuse et dans un matérialisme grossier.

« Depuis plus d'un demi-siècle, disait-il, un souffle de l'enfer a passé et passe encore sur certaines contrées pour éteindre jusqu'à la dernière étincelle de foi dans les âmes. Une partie de la population française tend à se détacher du christianisme et à s'établir dans un état normal d'indifférence religieuse. Ce ne sont plus seulement des individus, comme partout ailleurs, qui donnent cet effrayant exemple de vivre et de mourir sans religion, mais c'est la famille entière, depuis l'enfant jusqu'au vieillard, c'est la population la plus substantielle du pays, la population des campagnes qui ne tient plus nul compte des lois de Dieu et de l'Église... Plus de dimanche, plus de confession ni de communion, pas même hélas ! à l'article de la mort !

« Il faut le dire au risque de n'être pas cru, il faut le dire parce que nous le savons et que nous l'avons vu, il y a dans la nation très chrétienne des contrées où la vie chrétienne n'existe plus. A voir le calme, au moins apparent, de ces gens-là, dans la vie et à la mort, on dirait qu'ils n'ont pas l'idée de la vie à venir...

« Les joies de la religion n'existent pas pour ces populations. Dieu n'étant rien pour eux, à l'église où ils ne vont pas, dans la maison où ils ne prient pas, dans le malheur qu'on dévore et qu'on n'accepte pas, dans la mort des parents et des amis qu'on n'a nulle espérance de revoir, la vie devient désolante dans les derniers moments.

« Et lorsqu'on pense que des milliers de paroisses, c'est-à-dire quelques millions d'âmes sont dans cette déplorable situation, on se sent oppressé d'une double désolation, en considérant dans quel abîme d'indifférence peut descendre, même dans un pays catholique, une population favorisée des secours ordinaires de la religion ; et en pensant que le mal va empirant et qu'il n'y a nulle raison d'espérer un retour, mais qu'il y a toute raison de croire que les choses iront de mal en pis jusqu'à entière destruction de toute idée chrétienne, si rien de nouveau n'est entrepris pour remédier à un si grand mal.

« On prie, on fait prier pour la conversion de l'Angleterre : c'est très bien et déjà on recueille le fruit de ce zèle admirable, mais n'y a-t-il rien à faire pour convertir une partie de la population française qui s'avance graduellement vers le paganisme ? Les curés ne suffisent plus ; avec les moyens ordinaires, leur ministère demeure stérile. Des moyens nouveaux s'imposent, moyens analogues à ceux que l'on emploie pour la conversion des infidèles. L'œuvre nécessaire pour aider les curés n'existe pas, il faut la créer. »

Et entrant dans le détail, il conseille instamment aux membres du Conseil et du Comité « de chercher des associés dans les familles aisées et d'obtenir de leur charité, par une cotisation annuelle, des ressources suffisantes. Pour ne pas nuire à l'Œuvre de la Propagation de la Foi, ils demanderont cette cotisation plus élevée, un franc par mois pour chaque associé, douze francs par an en l'honneur des douze apôtres : « Après le sacrifice viendra la récompense ; en sauvant les autres, on se sauve soi-même. »

« Le Conseil aura un dépôt de livres, en particulier de *paroissiens*, et de différents objets de piété ; il entretiendra un vestiaire pour venir au secours des pauvres qui, souvent, pour ne pas assister aux offices de l'église, allèguent le manque de vêtements convenables ; ils feront des démarches pour donner aux curés qui le désirent un prêtre auxiliaire ; et pour cela, ils faciliteront la formation d'un corps de prêtres qui se dévoueront à l'œuvre et en seront le complément ; ils demanderont avec ferveur au Maître de la moisson de multiplier les ouvriers : *Rogate dominum messis :* « Une croisade de prières précédera et accompagnera la croisade des bonnes œuvres. »

Dans l'attente d'une nouvelle réunion, l'abbé Vandel, tout en continuant son petit ministère à Fleury, et en évangélisant dans un hôpital de Paris les religieuses, les convalescents et les orphelins, prépare un nouveau rapport pour préciser toujours plus sa pensée.

Le 2 mai 1857, quatre-vingts personnes environ se trouvèrent présentes à la réunion préparée chez les Sœurs de la Charité, rue Saint-Guillaume. Après un très intéressant mémoire de M. de Lambel sur les diverses œuvres qu'il serait possible d'établir à la campagne, l'abbé Vandel communiqua son travail sur la *nature,* l'*esprit,* le *but* de la nouvelle œuvre, sur les *moyens* à employer et les *inconvénients* à éviter. Ce discours parut si pratique que plusieurs personnes présentes proposèrent, à la suite de M. de Lambel, de le livrer à l'impression. Grâce aux soins de Mesdemoiselles Lafonta, cinq mille exemplaires furent tirés et distribués un peu partout.

Nous ne donnerons pas ici ce rapport, mais il suffira de dire qu'il servira comme de thème au livre de l'abbé Vandel : *L'Œuvre des Campagnes* dont nous parlerons plus loin et que les lecteurs feront bien de consulter s'ils désirent connaître plus à fond l'entreprise du saint missionnaire, ses pensées et sa méthode d'apostolat pour les paroisses rurales (1).

Tout résolu qu'il fût de mener son œuvre à bonne fin, notre pieux fondateur était, d'autre part, trop modeste pour ne pas se défier de lui-même. Aussi songea-t-il à recourir aux lumières d'autrui, à sonder en particulier l'opinion du clergé et des personnages particulièrement recommandables par leur vertu et leur zèle.

La première approbation lui vint du diocèse de Meaux. M. Josse, Vicaire général, goûtait son œuvre et se proposait de la faire connaître. M. l'abbé Cruice, le futur évêque de Marseille, alors Supérieur de la Maison des hautes études, lui donna le précieux témoignage de toutes ses sympathies.

Le 26 juin, l'abbé Vandel était auprès du Curé d'Ars, le bienheureux Jean-Baptiste Vianney. Ecoutons le pèlerin raconter lui-même son entrevue avec l'homme de Dieu :

« J'allai à Ars, écrit-il, pour consulter le saint Curé. Par une faveur bien rare, je fus admis en arrivant ; lui-même me conduisit dans sa chambre. Il me fit asseoir pendant qu'il se tenait debout devant moi appuyé contre sa petite table. Je lui exposai, en peu de mots, le malheur de ces populations de la campagne qui ont perdu ou qui perdent la foi, et lui parlai de l'œuvre que nous venions d'établir.

« Après m'avoir écouté sans m'interrompre et sans manifester ni surprise, ni émotion, il dit : « *Oui, vous*

(1) *Œuvre des Campagnes*, par le P. VANDEL. Paris, Douniol, 29, rue de Tournon.

réussirez, vous réussirez : je m'unis à vous de tout mon cœur par mes prières ! » Il me dit encore que le mode de missions de détail, par de petites œuvres de piété et de charité, à l'église et hors de l'église, auprès des pauvres, des enfants, des malades et de tous, était le vrai moyen d'aboutir ; *mais il conviendrait beaucoup,* ajouta-t-il, *que ce ministère fût rempli par des prêtres réunis en Congrégation.* »

Et mettant un terme à notre entretien, il s'avança vers la porte. Je lui dis en le suivant : « Mais, mon Père, j'ai beaucoup de misères ! » Il répondit : *La grâce de Dieu vous aidera à surmonter les difficultés.* »

« Ce jugement, cette approbation du vénérable Curé me frappèrent d'autant plus que rien, dans mes paroles, n'avait indiqué le dessein de réunir des prêtres. L'impression de cet entretien est restée en moi comme une chose qui frappe, qu'on ne sait pas bien expliquer et qui tient un peu de l'extraordinaire. »

L'abbé Vandel voulut rester quelques jours à Ars pour s'édifier auprès de l'homme de Dieu. Il se faisait raconter des traits de sa vie, les admirables manifestations de ses vertus. Il allait assister à ses instructions qui le touchaient profondément ; il aimait à graver dans son cœur ces pensées tantôt simples, tantôt sublimes, qui attiraient les foules et leur faisaient aimer Notre-Seigneur, à entendre de ces paroles qui sortaient d'une âme saintement passionnée : « Oh, mes enfants, s'écriait un jour le saint Curé, que fait Notre-Seigneur dans le sacrement de son amour ?... Il a pris un cœur pour nous aimer, et il s'en échappe comme une évaporation de miséricorde pour noyer les iniquités du monde ! » L'abbé Vandel était ravi d'entendre un langage qui répondait si parfaitement à ses propres sentiments ; il comprenait, il sentait, il tressaillait à la vue de ces élans que produisait le feu de la charité, la flamme d'un cœur tout perdu en Dieu.

Aussi, quelques jours après son voyage, écrivait-il à Mme Casenave : « Cet homme — le curé d'Ars — est le plus extraordinaire de France par sa pauvreté, sa simplicité, sa sainteté. Quatre-vingt mille pèlerins, des centaines, des milliers de prêtres, de religieux, six évêques lui ont déjà fait leur visite en cette année 1857. Et que viennent-ils voir ? Un pauvre, un *enfant de 70 ans,* un saint canonisé dès son vivant par la confiance et la vénération des peuples ! Ce prêtre ne mange presque rien, il ne dort presque pas, il est d'une maigreur extrême, c'est une ombre d'existence, un souffle de vie ; et il confesse dix-huit heures par jour depuis quarante ans ; il prêche tous les jours pendant une heure. C'est une vie miraculeuse de mille manières ! »

Quoique ses espérances ne dussent pas se réaliser d'une façon entièrement conforme à ses désirs, l'abbé Vandel se mit dès lors à caresser l'idée de réunir ces futurs auxiliaires, dont lui avait parlé le saint Curé. Pénétrés de l'esprit de son œuvre, ils auraient pour but d'évangéliser les campagnes. Déjà même l'ardent missionnaire méditait pour eux un réglement de vie que nous conservons encore et qui trahit la piété, la vertu, l'expérience de l'auteur.

S'il parcourait le Lyonnais, la Suisse, la Savoie, la Touraine, c'était avant tout dans l'espoir d'y recueillir la pensée, sur ce point, des hommes de talent, d'expérience et de sainteté. Il notait fidèlement tout ce qui lui était suggéré, remarques ou objections, afin de profiter de tout pour le bien des âmes.

Parmi les encouragements qui lui furent donnés dès le début, il apprécia tout particulièrement ceux de M. l'abbé Favre, du R. P. Jocas, jésuite, de M. Pottier, curé d'Avon, de Mlle Jaricot, l'inspiratrice et la fondatrice de l'Œuvre admirable de la Propagation de la Foi. De ceux-là, les approbations étaient sans réserve ; d'autres y mettaient des restrictions et n'hésitaient pas à montrer une œuvre de prêtres auxiliaires comme très difficile et même à peine possible. Tout en louant l'initiative de l'abbé Vandel, M. Mermier, supérieur des Missionnaires de Saint-François de Sales, ne lui cacha pas ses craintes au sujet du résultat : « Ayant eu à évangéliser les campagnes de la contrée avec mes missionnaires, lui disait-il, nous avons obtenu peu de succès depuis deux ans que nous exerçons ce ministère. Le prêtre auxiliaire pourra semer des germes de foi, il récoltera quelques épis de vie chrétienne en faisant prier et en répandant des objets de piété, mais le difficile sera de mettre en gerbe ces épis et de les conserver. »

Il arrivait, de plus, contre l'œuvre projetée, des objections qui, à première vue, ne manquaient pas de fondement.

D'abord, disait-on, elle est inutile. Car elle existe déjà en principe comme en pratique. Le travail que se propose l'œuvre n'est pour tout curé que l'accomplissement des devoirs de sa charge. Ou le curé est zélé, ou non. S'il est zélé, il n'a pas besoin de l'œuvre ; s'il ne l'est pas, il n'en voudra point. Enfin, elle est nuisible à d'autres œuvres plus urgentes et détourne à son profit les aumônes des fidèles. On allait même jusqu'à dire qu'elle n'était pas respectueuse pour les curés et les évêques, car elle semblait vouloir donner une leçon aux premiers et se soustraire à l'approbation des seconds. Cette dernière accusation était bien imméritée, certes, car respectueux comme il était de la hiérarchie catholique, l'abbé Vandel n'eût jamais voulu agir dans l'indépendance de l'autorité épiscopale ; mais n'oublions pas que l'œuvre n'était qu'à son début, on peut même dire qu'elle n'était encore qu'à l'état de simple étude. C'était donc trop se hâter.

Bien qu'il fût facile à notre missionnaire de répondre aux autres objections, il voulut cependant réfléchir et consulter encore.

Son évêque, Mgr Marilley, après avoir lu la notice sur l'Œuvre, donna son approbation explicite et témoigna d'une grande confiance sur son succès final. Mgr Gros, évêque de Versailles, d'abord plutôt défavorable, changea d'avis plus tard et, après une réflexion plus mûre, il écrivit au fondateur : « Mes premières objections étaient une preuve de confiance ; je rends justice à vos efforts, et je prie Dieu de les faire réussir. C'est mon vœu et je suis persuadé que vous réussirez en vous maintenant dans de sages limites. »

A Tours, après avoir célébré la sainte Messe à l'autel de saint Martin, le missionnaire se présenta à l'archevêque, Mgr Guibert, plus tard archevêque de Paris, et lui exposa le plan de l'Œuvre des Campagnes. L'Arche-

vêque écouta avec attention, puis il dit à son interlocuteur : « Je suis heureux de constater que la foi
n'est pas morte dans mon diocèse, mais pour la rendre
plus vivante, je conseille aussi à mes prêtres de raviver les pratiques de la vie chrétienne : Croix sur les
chemins, dans les maisons particulières, signes de
croix avant et après les repas, bénédictions des nouvelles maisons, prières en commun, etc. C'est ce que
vous vous proposez aussi. La tâche est difficile,
ajouta le prélat, parce que, dit saint Paul, il est
presque impossible que ceux qui ont été illuminés du
flambeau de la foi et qui l'ont laissé s'éteindre,
reviennent à la lumière. Cependant poursuivez l'Œuvre
des Campagnes, elle contribuera à obtenir ce résultat.
Je la bénis et je vous bénis. »

A cette occasion, l'abbé Vandel voulut voir M. Dupont aux prières duquel il désirait recommander ses
intentions. Non seulement M. Dupont accueillit ce
désir avec empressement, mais l'abbé Vandel crut
même un moment que, grâce à l'entremise du saint
homme, son œuvre des prêtres auxiliaires allait trouver un commencement de réalisation.

En apprenant en effet que son pieux visiteur cherchait des ouvriers pour évangéliser les campagnes,
M. Dupont lui proposa de s'adresser aux Pères de
Notre-Dame d'Espérance établis précisément dans ce
but, et qui étaient sur le point de fonder un noviciat à
Bougligny, en Seine-et-Marne ; il pria même le Révérend Père Diot, supérieur de la Congrégation, d'aller
trouver M. l'abbé Vandel qui venait de rentrer chez
Mme de la Rochejaquelein. Celui-ci, après une entrevue,

conseilla au Révérend Père de se présenter au Conse
de l'Œuvre pour offrir ses services, regrettant de ne pouvoir l'accompagner lui-même à cause d'une indisposition assez sérieuse qui le retenait dans sa chambre. Le
Père Diot se présenta en effet au Conseil ; tout fut réglé
de part et d'autre à la grande satisfaction de l'abbé
Vandel ; mais les Pères de Notre-Dame d'Espérance
n'ayant pu, dans la suite, s'établir à Bougligny, les
choses en restèrent là et la bonne volonté des uns
et des autres demeura sans effet.

Le 28 février 1858, le Conseil se réunissait pour la
seconde fois chez le comte de Lambel, son président.
L'abbé Vandel rendit compte de ses démarches depuis
la précédente réunion et il fit connaître l'état de son
Œuvre. Pour encourager les membres présents, il
voulut même leur donner quelques détails sur les
missions qu'il venait de faire et sur les espérances
qu'il rapportait de son apostolat. Puis revenant sur
l'organisation de l'Œuvre des Campagnes, il fit remarquer que la cotisation de 12 francs par an était trop
onéreuse pour les personnes sans fortune et que
d'autre part ces personnes ne manquaient pas de
bonne volonté : il proposait en conséquence de la
réduire à *un* franc. De cette façon elle serait à la
portée de tous : domestiques, ouvriers, élèves de
pensionnat, etc. Des *zélateurs* et des *zélatrices* seraient désignés pour recueillir les offrandes. L'Œuvre
deviendrait plus populaire puisqu'elle permettait à
un plus grand nombre de participer à ses bienfaits
et à ses mérites. »

Le pieux missionnaire, homme de foi vive, ne veut pas

cependant qu'on se borne à recueillir des ressources matérielles qui ne seraient rien sans la grâce, il veut aussi qu'on demande des prières. « On a organisé, dit-il, des prières pour la conversion de l'Angleterre, pourquoi n'en demanderions-nous pas pour la conversion de nos paroisses sans religion ? Les pieux laïques nous aident avec l'aumône et la charité ; il est juste que les communautés religieuses nous apportent le concours de leurs prières. S'il faut des Josués pour combattre dans la plaine, il faut aussi des Moïses qui élèvent leurs bras vers le ciel, sur la montagne. Puisque le retour à la foi est plus difficile que la conversion des payens, il faut employer les moyens les plus puissants de l'ordre surnaturel. »

L'apôtre des campagnes engageait vivement les dames conseillères à trouver des associés pour augmenter cette moisson de secours spirituels qui, seuls, pouvaient faire fructifier leurs travaux. A la prière, il voulut qu'on associât la charité, non la charité à l'état transitoire, mais la charité à l'état d'habitude permanente : « La charité, leur disait-il, avec ses œuvres et son esprit, est la plus grande puissance qui soit au monde ; elle a dompté les nations que le fer n'avait pu soumettre, de même qu'elle a réduit, dans les individus, les passions les plus rebelles. » L'abbé Vandel était persuadé que, si la charité, élevée à sa plus haute puissance, pouvait se maintenir, se personnifier, se généraliser dans une élite d'âmes ardentes agissant sous l'impulsion de quelques prêtres voués à la régénération des campagnes, en se servant des enfants, des pauvres, des vieillards, des malades et des affligés comme *des cinq doigts d'une main vigoureuse*, cela suffisait pour remuer les paroisses les plus endormies d'où les bons exemples afflueraient peu à peu sur les villes et sur la France tout entière. »

Ces pensées que l'abbé Vandel développait avec une grande simplicité, mais aussi avec toute l'ardeur de son âme d'apôtre, touchaient ses auditeurs, redoublaient leur zèle et les attachaient de plus en plus à l'Œuvre des Campagnes. Ils en concevaient mieux le but et en appréciaient davantage l'opportunité et la force.

Mais, comme toutes les œuvres bonnes et saintes, celle de l'abbé Vandel devait, elle aussi, connaître les difficultés, les contradictions et les obstacles.

Dans l'esprit du fondateur, le but à atteindre était le réveil de la foi dans les campagnes par un ministère approprié aux situations et aux besoins de chacune d'elles. C'était aussi la pensée de la servante bretonne et des personnes qui, les premières, avaient mis leur dévouement au service d'une si sainte cause. Il fallait par conséquent des prêtres auxiliaires, des ouvriers spéciaux que l'abbé Vandel espérait trouver, réunir et former. Or, c'est à leur entretien qu'il voulait employer, sinon exclusivement, principalement du moins, le plus net des ressources. La formation des ouvriers assurait la moisson.

Mais plusieurs ne partageaient pas son avis. Voyant que ces ouvriers ne se présentaient pas, ils voulurent faire de leurs ressources une application plus large. Dans son humilité, l'abbé Vandel ne fit point d'opposition à cette manière de voir, d'autant qu'évidemment,

même entendue dans ce sens, l'œuvre pouvait produire d'excellents fruits ; toutefois il crut bon, pour ne
pas nuire à l'œuvre et ne pas contrister tant de bonnes
volontés, de s'adjoindre quelqu'autre prêtre pour la
direction du Conseil. Il se concerta à ce sujet avec le
Président, M. de Lambel, et après divers pourparlers,
le R. P. Lavigne, S. J., voulut bien prêter sa précieuse
collaboration.

Malheureusement la présence du nouveau venu ne fit
pas cesser les divergences. Habitué aux prédications
dans des centres plus importants, le Père Lavigne
n'entra pas dans les idées de l'abbé Vandel qui, lui,
envisageait exclusivement l'apostolat rural.

Craignant pour l'existence même de son Œuvre,
l'abbé Vandel eut recours à la prière. Il se rendit à
Notre-Dame des Victoires, recommanda sa cause à la
Vierge, et célébra, à son autel, pendant neuf jours
consécutifs, le saint sacrifice de la messe. Il eut recours
à la ferveur des Carmélites et de plusieurs communautés religieuses.

Ce furent pour lui des moments bien pénibles : « A
cause de ces diversités de vues, écrivait-il à Mme de
Fresne, vous passez de mauvaises nuits, moi aussi
j'en passe de mauvaises et des jours guère meilleurs.
Madame ! le démon est là... C'est bon signe... il faut
de ces agonies, chaque œuvre notablement bonne doit
avoir son mystère douloureux, ses ténèbres, son
Calvaire plusieurs fois renouvelé... Ce sont de rudes
grâces, mais de vraies grâces. Puisque vous le voulez,
voici mon mot d'ordre : Patience, patience encore,
confiance et dévouement toujours et quand même...

Charité envers tous ! Car il n'y a pas de plan conçu contre notre Œuvre, mais des oppositions probablement peu réfléchies. Notre Œuvre !... elle sera quelquefois notre purgatoire avant d'être notre couronne !... » L'abbé Vandel, plein de confiance malgré tout, s'abandonne donc à la Providence et confie à la Vierge bénie le soin de faire évanouir les difficultés.

N'oublions pas qu'en effet, l'Œuvre des Campagnes avait été placée par son fondateur sous l'auguste patronage de la Mère de Dieu. Lui-même se plaît à indiquer la raison de ce choix, en des termes qui trahissent l'affection et la tendresse de son cœur. Nous aimons à les citer ici :

« L'Œuvre des Campagnes a été constituée le jour de la Compassion de la Très Sainte Vierge. Ce jour-là, 13 avril 1857, l'Œuvre fut acceptée dans une réunion tenue à Paris. Dans la même séance, le Conseil général était formé et nommait le Président, la Trésorière et la Secrétaire.

« Le choix de ce jour était d'une religieuse convenance. La France chrétienne a baissé dans sa foi, dans sa fidélité envers Dieu et envers l'Église. La Fille aînée n'a pas renié sa Mère, comme l'ont fait d'autres nations, catholiques autrefois, hérétiques aujourd'hui ; mais elle l'a gravement contristée : elle la désole encore par l'indifférence du plus grand nombre de ses enfants. Cette Fille aînée, si fervente dans sa foi pendant tant de siècles, si généreuse à la défendre, elle est donc devenue une cause de douleurs. C'est sur son sol chrétien qu'a eu lieu la grande conjuration antichrétienne qui poursuit son œuvre dans les campagnes ; mais de nos jours l'indifférence et même l'irréligion ont pris place au village. L'Église désertée et les sacrements abandonnés en sont la preuve. C'est donc à bon droit que l'Œuvre des Campagnes a pris Marie, Mère de douleurs, pour sa patronne. Puisse cette protection changer les douleurs en joie de réconciliation !

« L'Œuvre des Campagnes est une œuvre française, donc elle doit être consacrée à Marie. *Regnum Galliæ, regnum Mariæ,* dit l'histoire. Et pourquoi ? Parce que cette nation a toujours professé un culte filial envers la Mère de Dieu. Les anciens pèlerinages nous le disent de siècle en siècle et ils continuent sur tous les points de la France cette tradition de piété envers la Sainte Vierge. Les prodiges opérés par la médaille miraculeuse sont une démonstration que Marie est toujours aimée et honorée par le peuple français (1). »

« L'Œuvre des Campagnes est une œuvre de restauration, donc elle doit être consacrée à Marie. Une restauration suppose des ruines ; une guérison suppose une maladie ; le retour suppose l'éloignement ; la conversion suppose la prévarication. Or, comment relève-t-on les ruines d'un édifice... comment amène-t-on la convalescence, puis la guérison... Comment s'opère une réconciliation ?... En rétablissant patiemment pierre sur pierre ; en prodiguant les ménagements et les soins ; en rapprochant les cœurs par des atten-

---

(1) Le Père Vandel rappelle ici avec émotion l'empressement avec lequel nos braves soldats qui partaient pour nos dernières guerres acceptaient la médaille miraculeuse et la piété avec laquelle ils la plaçaient sur leur poitrine.

tions aimables. Eh bien, voilà le rôle de Marie dans la Rédemption. Elle est l'aurore qui annonce le soleil ; elle est la divine Ménagère qui remet l'ordre dans la maison ; elle est la douce main qui panse les plaies ; elle est la prière compatissante qui s'interpose entre notre pauvreté et la puissance de Dieu ; elle est l'inépuisable tendresse de mère que les fautes et l'ingratitude ne lasseront jamais. L'épuisement moral des âmes demande des ménagements infinis. Bénie soit la bonté de Dieu qui nous donne en Marie une ressource qui dépasse nos besoins ; une porte toujours ouverte ; une compassion toujours vigilante sur nos misères. Les noms les plus doux que puisse concevoir la piété excitent la conscience et rassurent la timidité ; Marie est l'espérance des désespérés, le salut des infirmes, le secours des chrétiens... La pauvre humanité faible et coupable a besoin de tous ces encouragements ; elle les trouve en Marie, mère de Dieu et la nôtre.

« L'Œuvre des Campagnes est une œuvre humble. Elle s'adresse aux petits et aux pauvres ; son théâtre est le village. Elle s'adresse de préférence aux infirmités humaines ; elle affectionne les enfants, les vieillards, les gens occupés aux rudes travaux des champs. Or à tous ces titres, cette œuvre rentre dans le domaine de l'humble Vierge de Nazareth, de la Mère de douleurs debout au pied de la Croix. Que l'on suive Marie depuis le jour de la visite de l'Ange jusqu'au jour de son départ pour le Ciel, on trouve toujours dans son cœur et dans ses actes, l'humilité, la simplicité, la douceur, la patience. Quand on lui annonce qu'elle est choisie pour être la Mère du Sauveur, elle prend le titre de servante du Seigneur. Peu de jours après, elle fait une longue et pénible course pour visiter sa cousine. Lorsque Élisabeth la félicite des grandes choses qui s'accomplissent en elle, Marie attribue tout à la miséricorde de Dieu qui a jeté les yeux sur sa bassesse. A Bethléem son logement est une étable, la première visite qu'elle reçoit est celle des bergers. Elle se présente au temple avec l'offrande des pauvres : les deux petits de tourterelle. Voyez-la ensuite s'acheminant à petites journées vers l'Égypte et portant son enfant dans ses bras. Elle vivra là avec Jésus et Joseph, travaillant de ses mains, selon la condition des gens qui gagnent leur pain au jour le jour. La vie de Nazareth sera une vie ignorée, dans les occupations ordinaires et pénibles des habitants des campagnes. Les connaissances et les amis sont avec les personnes de la même condition, comme le prouve l'invitation aux noces de Cana. Sans la compassion attentive de Marie, sans la condescendance toute-puissante de Jésus, le vin aurait manqué sur la table, même en cette fête de famille.

« Oui, la Mère du Dieu qui est venu évangéliser les pauvres, la Mère du Sauveur qui avait une prédilection pour les publicains, cette divine Mère avait les mêmes goûts que son Fils. Donc elle doit aimer une œuvre qui prend intérêt aux besoins religieux des gens des campagnes. Et cet intérêt que notre œuvre porte aux âmes a aussi, au moins indirectement, des résultats pour le soulagement des misères temporelles. Notre piété ira donc au Cœur de Marie, lorsque nous lui dirons : Notre-Dame des Campagnes, priez pour nous !

« L'Œuvre des Campagnes est une œuvre apostolique ; donc elle est chère à la Reine des Apôtres. L'apostolat de notre œuvre est l'apostolat sous toutes les formes ; et cet apostolat, Marie l'exerce à tout propos. — Le Fils de Dieu vient de s'incarner dans son sein. Marie est impatiente de le produire, de le faire connaître. La voilà qui se hâte à travers les montagnes de la Judée. Où va-t-elle ? Chercher une âme ! elle va consoler une parente, sanctifier une famille. Et lorsque sa bouche s'ouvrira, Jean-Baptiste sera inondé de grâce et de joie ; Élisabeth sera remplie du Saint-Esprit ; la maison de Zacharie sera enrichie de bénédictions célestes. — A Bethléem, l'étable est un temple ; le prédicateur est un enfant ; la chaire, ce sont les genoux et les bras de sa Mère ; les auditeurs, ce sont les bergers du pays, puis ensuite les rois de l'Orient ; la parole, c'est le Verbe de Dieu lui-même se répandant invisiblement dans l'âme pendant que les yeux le contemplent sous une forme humaine. Et cette parole qui s'est faite chair ; cette parole qui a reposé pendant neuf mois dans son sein, Marie n'en laisse rien perdre. Elle s'en nourrit continuellement en gardant en son cœur tout ce qu'elle voit et tout ce qu'elle entend. De sorte que ce cœur de mère devient un merveilleux ciboire où sera conservé, pour être distribué à chaque élu dans la suite des siècles, le pain descendu du ciel pour le salut du monde. Cette Mère apostolique ne sera jamais défaut aux âmes affamées qui lui demanderont la nourriture de chaque jour : celles-là seulement mourront de faim qui refuseront de s'adresser à elle.

« Cette grande mission de Marie, de garder dans

son cœur et de donner aux hommes le pain de vie qui était la chair de sa chair et le sang de son sang, cette mission est rendue manifeste par la part que Dieu lui donne dans la fête de la Pentecôte. Lorsque l'Esprit-Saint descendit, l'Évangile nous dit que les Apôtres et les disciples étaient avec Marie : *cum Maria*, persévérant auprès d'elle par la prière. Ainsi en sera-t-il dans la suite des siècles : Marie sera avec les pasteurs quand ils donneront les grandes décisions de la foi. L'Église nous dit que la sainte Vierge a successivement combattu et anéanti les hérésies. Cette doctrine est vraie, grande, consolante, elle est providentielle. C'est le fond même du christianisme : *Ad Jesum per Mariam*. C'est ainsi que par Marie le Fils sera Sauveur : parce qu'elle reçoit d'elle la nature humaine qui sera l'instrument du salut des hommes, et parce que toutes les grâces de la Rédemption seront obtenues et appliquées par l'intercession de Marie. Dans le Ciel, tous les élus devront déposer à ses pieds leur couronne.

« Cette humble Vierge aime les petites choses ; cette infatigable glaneuse cherche de préférence les épis perdus que les ouvriers du Seigneur n'ont point su ramasser ; cette Mère compatissante prodigue ses soins les plus tendres aux âmes les plus délaissées. C'est pourquoi l'Œuvre des Campagnes lui donne une part pleine de confiance dans les actes de son dévouement. La terre de France lui est consacrée et le désir de régénérer les campagnes lui va au cœur. »

Voilà avec quel esprit de foi, avec quelle confiance, le Père Vandel faisait entrer dans ses œuvres la dévotion à Marie.

Avec une telle patronne, l'abbé Vandel ne pouvait pas désespérer de leur avenir.

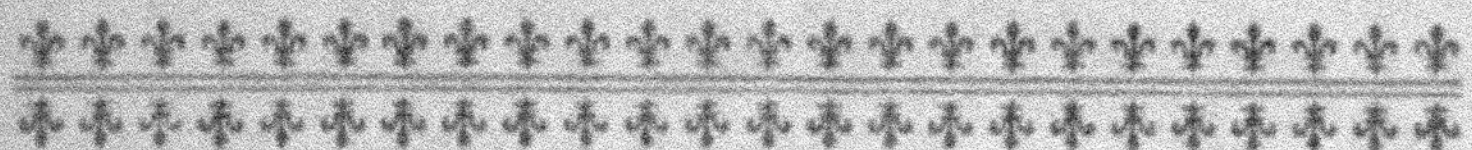

VII

L'Œuvre des Campagnes ; ses moyens d'action.

ROFITANT des loisirs relatifs que lui laisse la présence, au Conseil, d'un auxiliaire dévoué, intelligent, actif, notre pieux fondateur se relâchera un peu du souci des détails soit pour s'adonner plus activement à l'évan-gélisation des campagnes, soit pour approfondir tou-jours davantage et faire mieux connaître tout le but et toute la portée de son œuvre. Cette œuvre, en effet, ne progressera qu'autant qu'elle sera bien comprise et qu'on entreverra clairement tous les fruits qu'elle con-tient en germe et qu'elle conduira sûrement à maturité, si la grâce de Dieu la féconde, et si, fidèles et prêtres, persuadés de son importance, veulent lui donner leur sympathie.

Son idée tout entière, l'abbé Vandel l'exposera plus tard dans son livre : *L'Œuvre des Campagnes* dont nous parlerons bientôt. Mais dès ce moment trois choses surtout attirent son zèle et occupent son esprit : les missions, les écoles, les bibliothèques ; et c'est à ces trois choses qu'il entend surtout appliquer les forces de son œuvre parce qu'elles sont les raisons fondamentales qui lui en ont inspiré la fondation.

Il a sous les yeux les solennels encouragements de Pie IX écrivant aux évêques dans son Bref du 17 novembre 1856 : « Comme les saintes Missions données par des ouvriers capables servent beaucoup à raviver au sein des peuples l'esprit de foi et de religion et à les ramener dans le sentier de la vertu et du salut, c'est notre désir le plus ardent que vous les multipliiez le plus possible dans vos diocèses. Aussi accordons-nous de grandes louanges et des éloges bien mérités à ceux d'entre vous qui ont déjà introduit dans leur diocèse l'œuvre si salutaire des saintes missions. »

Il se rappelle aussi les exhortations des Conciles d'Aix, de Bordeaux, d'Auch, d'Amiens, de Périgueux qui voient dans les missions un moyen puissant et à peu près indispensable pour convertir les pécheurs, arrêter les progrès de l'incrédulité et assurer le bon état des consciences.

Il entend même de pieux laïques vanter éloquemment le bienfait des missions, et il cite en particulier ces paroles d'un écrivain de rare savoir, M. Lenor-

mant, qui l'ont beaucoup frappé : « Les missions intérieures, dans les pays catholiques, ont été fondées
sur une connaissance profonde de la nature humaine.
Notre esprit a besoin d'extraordinaire et d'imprévu ;
une parole que nous entendons tous les jours perd
sur nous sa puissance ; les mêmes enseignements
apportés par une voix nouvelle et au milieu d'un appareil inaccoutumé, pénètrent dans le cœur le plus
engourdi, atteignent l'âme la plus rebelle. Aussi l'effet
des missions est-il à peu près irrésistible ; le clergé
ordinaire en recueille les fruits et quand il sent que
l'impression s'en efface, il met son plus solide espoir
dans le renouvellement de ces grands jours de la prédication.

« Voilà ce que nous avions oublié ou plutôt ce qu'on
ne nous avait jamais appris. Notre ignorance des
choses religieuses était telle que nous n'hésitions pas
à considérer les Congrégations de missionnaires comme
une invention de l'ancien régime. Ceux d'entre nous
chez lesquels ne s'était pas effacée toute trace d'une
éducation chrétienne, étaient disposés à plaindre les
pauvres curés, que de fougueux apôtres venaient ainsi
troubler dans l'accomplissement de leur tâche. »

Tout cela, l'abbé Vandel le sentait, et personnellement il avait acquis une trop profonde connaissance
des âmes pour ne pas comprendre l'importance et la
nécessité des missions, mais il voulait, et non certes
sans de graves raisons, que ces missions fussent données non seulement dans les grands centres, dans les
villes, mais aussi, principalement même, dans les campagnes. « Oui, écrivait-il, il y a des missionnaires, soit

religieux, soit séculiers, et ils font beaucoup de bien là
où ils vont. Mais ces missionnaires sont presque exclusivement pris par leurs stations dans les villes et dans
les grandes localités. Ils sont trop peu nombreux pour
se répandre dans toutes les petites paroisses de la
campagne et pour répéter la mission dans quelques
années comme il faudrait le faire pour obtenir un bien
solide. »

« Voilà, ajoutait-il en parlant des missions à la campagne, voilà un apostolat primitif qui est bien selon
l'Évangile. Notre-Seigneur faisait-il autre chose que
de se transporter d'un lieu dans un autre, dans les villages et dans les hameaux de la Judée ? Jamais les
populations des campagnes n'oublient ces singulières
réunions pour eux et chez eux. »

Qu'on ne dise pas que les campagnes ont, moins
que les villes, besoin de ce moyen extraordinaire
d'évangélisation sous le faux prétexte que la foi est
plus vive, la religion mieux conservée et plus fidèlement pratiquée, la morale plus respectée.

Déjà lorsqu'il fonda son œuvre, l'abbé Vandel trouvait fausse cette constatation, et qui mieux que lui
pouvait l'affirmer avec l'expérience qu'il avait acquise ?
Aujourd'hui, après quelques années à peine, elle serait
contraire à la vérité la plus évidente.

Dans le cours de ces dernières années, il semble que
le paysan ait été le point de mire de la propagande
antireligieuse ; pas de brochure dont on ne l'ait
envahi, pas de conférence dont on ne l'ait abreuvé.
Comme disait Taine, « par un recul insensible et lent,
la grosse masse rurale, à l'exemple de la grosse masse

urbaine, est en train de redevenir païenne, et ainsi notre race rétrograde vers ses bas-fonds. »

L'indifférence, dans les campagnes devient grossière ; l'homme privé des leçons du christianisme se sent livré peu à peu à tous les instincts de sa nature ; sa vie se matérialise.

Un économiste de nos jours attribue précisément à cette diminution le malaise dont souffre le pays. Après avoir parcouru toutes les nations de l'Europe, cet apôtre du devoir social écrivait : « J'ai toujours remarqué que les sociétés les plus fidèles à la loi de Dieu étaient celles chez lesquelles la pauvreté était moindre et qui réussissaient le mieux dans leurs entreprises ; » ce qui confirme, pour le dire en passant, la vérité de la parole de Montesquieu : « Chose admirable, la religion qui ne semble destinée qu'à faire notre bonheur après la mort, le fait encore dans cette vie ! »

« Les curés doivent suffire, dit-on ; ils ont reçu des Supérieurs la mission officielle d'instruire les fidèles commis à leurs soins, de les guider dans les voies de la vie chrétienne, et de les ramener, quand ils s'égarent, à la pratique de leurs devoirs. »

Plus que personne, l'abbé Vandel, homme de foi profonde, estimait, vénérait, aimait le curé de village ; il admirait sa bonté, sa charité, sa patience au milieu des déboires et des privations de toute sorte, mais il savait aussi, par expérience, les difficultés qui s'opposent souvent à l'efficacité de son action, le découragement qui s'empare de lui et paralyse son énergie. Un homme nouveau, inconnu du peuple, se présentant avec des moyens nouveaux, une parole nouvelle, et passant quelques semaines dans la paroisse pour s'occuper exclusivement du bien spirituel des gens de la campagne, réveillera la foi dans les âmes, les fera sortir de leur engourdissement, ramènera les bonnes volontés et, à force de dévouement, de conseils, de prières, produira des fruits de salut tout en rendant le courage au pauvre curé qui se sentait impuissant.

Le Père Félix, dans un discours prononcé à Sainte-Clotilde en 1864, sera l'interprète éloquent de la pensée de l'abbé Vandel :

« Lorsque le zèle et le courage du prêtre ont été impuissants pour arrêter ce torrent du siècle qui roule dans ses flots troublés les erreurs, les dépravations et les impiétés, lorsque surtout après le passage de ces trois fléaux, le sommeil de l'indifférence vient peser sur le village et aplatir à la surface de la terre les âmes croupissantes : alors pour régénérer la paroisse, n'y a-t-il pas une souveraine et suprême ressource ? N'y a-t-il pas une puissance morale capable de soulever encore toutes ces âmes qui penchent et de réveiller ces cœurs qui dorment ? Oui, assurément, cette puissance existe, et c'est celle surtout que prétend mettre en activité l'*Œuvre des Campagnes* ; cette puissance, c'est la mission. La mission, c'est-à-dire la prédication populaire à la plus haute puissance ; la mission, c'est-à-dire le levier le plus fort, le ressort le plus énergique pour faire sortir le village de sa longue et profonde léthargie ; oui, voilà au mal suprême qui a déjà gagné beaucoup de nos campagnes, le suprême remède : c'est une situation anormale et parfois presque désesrée, un traitement extraordinaire et presque toujours le seul réellement efficace.

« Que peut, en effet, je vous prie, le ministère ordinaire du prêtre, même le plus zélé, même le plus éclairé, même le plus éloquent, pour mettre fin à cet engourdissement des cœurs, à cette stagnation des âmes, à cette léthargie religieuse de tout un peuple endormi ? Hélas ! il faut l'avouer, rien, presque rien. Combien de fois le pasteur désolé a redit lui-même dans son abattement solitaire : Pauvre peuple ! pauvre peuple ! pour te sauver que peut faire ton pasteur ? Pour te réveiller, j'ai déployé toute mon énergie ; je t'ai donné toute ma science, toute ma parole, toute ma fatigue, toute ma sueur ; et je n'ai pu rien, rien pour ton réveil, rien pour ta délivrance, moi le pasteur découragé d'un troupeau désespéré.

« Pourtant, ô saint prêtre, apôtre dévoué, homme de Dieu, consolez-vous ; une ressource vous demeure encore : vous n'avez pas donné la mission. Appelez, pour réveiller la paroisse endormie, appelez ceux qu'on a bien nommés les Démosthènes du peuple : ou plutôt appelez les Bossuets du laboureur. Que leur parole vienne frapper au cœur de ce peuple avec des éclats qu'il n'a jamais entendus et avec des accents qui ne l'ont jamais remué... Si les lieux et les mœurs le comportent, qu'ils viennent dérouler devant lui ces drames populaires de la parole, que les vieillards eux-mêmes n'ont jamais vus, et que les jeunes gens raconteront un jour à leurs enfants, en évoquant des souvenirs pleins de lumière et d'émotions : et vous verrez ce que peut encore la parole pour réveiller les âmes ; vous

verrez, au milieu de ce peuple enseveli dans son ignorance et croupissant dans ses corruptions, quels miracles de conversion peuvent encore s'accomplir ; vous
verrez quels morts sortiront de leurs sépulcres en entendant la parole de vie et proclameront avec la puissance
de Jésus-Christ l'efficacité de son apostolat.

« Ah ! ce que fait la mission dans la campagne où ne
sont pas éteints encore les derniers germes de la foi,
comment le comprendre et comment vous le dire ? La
mission, c'est peut-être la réconciliation du troupeau
avec le pasteur, c'est l'extinction des préjugés qui
arment le cœur du peuple contre l'empire du Christ et
la maternité de l'Église. La mission, c'est la destruction de ces haines qui mettent quelquefois entre l'âme
populaire et la parole sacerdotale comme un mur de
séparation et une infranchissable barrière. La mission,
c'est le rapprochement des fidèles entre eux ; c'est
l'embrassement des frères ; c'est la mort de ces ran-
cunes invétérées et de ces sentiments opiniâtres qui
faisaient la désolation de la famille et le scandale de
tous ; c'est le retour à la fraternité. La mission, c'est
la transformation des âmes et la restauration des
mœurs ; c'est la mort des vices et la résurrection des
vertus ; c'est la rupture des habitudes mauvaises ; c'est
l'affranchissement soudain de longues servitudes ;
c'est le retour des enfants de Dieu à l'honneur de
toutes leurs saintes libertés. La mission, ah ! ce sont
les passions vaincues et les vérités triomphantes ; ce
sont les cœurs qui se brisent et les larmes qui coulent ;
ce sont les attendrissements de la pénitence, les jours
de repentir et les bonheurs de l'innocence. La mission

enfin, c'est la restauration du règne de Jésus-Christ et la chute de l'empire de Satan ; c'est la vie chrétienne refleurissant dans le village transfiguré sous la rosée de la grâce et sous le rayonnement de la parole ; c'est le bonheur des pères, des mères, des enfants, de tous ; c'est un essai du paradis ; c'est comme un reflet du ciel apparaissant sur la terre ; c'est comme un rayon de la patrie à travers les ombres de l'exil.

« Mais ce bienfait, concluait l'orateur, qui l'apportera aux fils du laboureur ? Autrefois, toutes nos églises, même les plus humbles, avaient des ressources pour ces remèdes extraordinaires... Un cataclysme a tout emporté ; il a laissé nos paroisses dépouillées, nos églises pour la plupart ruinées, et au milieu de ce dépouillement et de ces ruines, le prêtre aussi pauvre que son église, obligé de tendre la main à l'État pour recevoir sous le nom de salaire une indemnité qui suffit à peine à ses propres besoins (1). Comment dès lors le pauvre prêtre pourra-t-il subvenir à ces dépenses extraordinaires qu'entraîne nécessairement une mission au village ? comment pourvoira-t-il à l'entretien prolongé de deux ou trois ouvriers évangéliques, lui qui peut à peine se suffire à lui-même ? Comment

(1) Telle était, en effet, la condition des prêtres à l'époque où parlait le Père Félix. Depuis lors, cette condition est devenue beaucoup plus misérable encore. Non seulement l'État ne donne plus aux prêtres ce pauvre et presque humiliant soi-disant salaire, mais par une infâme spoliation, il a privé l'Église des fondations et autres biens dont la piété des aïeux l'avait dotée. Ce qui donne à l'Œuvre de l'abbé Vandel une actualité encore plus saisissante et une plus grande opportunité.

surtout donnera-t-il aux cérémonies de la mission et aux spectacles du temple cette splendeur éloquente qui frappe les imaginations et remue les cœurs en parlant aux sens et en brillant aux regards ? »

C'est à l'*Œuvre des Campagnes*, ajouta-t-il, à créer aux pasteurs de ces paroisses désolées les ressources nécessaires pour le travail régénérateur. C'était bien là la pensée de l'abbé Vandel.

A la mission, l'abbé Vandel ajoutait la régénération de l'école. « L'école, disait encore le Père Félix, est comme l'initiation à la vie de Jésus-Christ. » Elle devrait l'être, en effet, mais hélas ! nous savons au contraire sous quel aspect, de nos jours, se présente l'école officielle ; à moins qu'elle ne soit une initiation à une vie d'athéisme, d'impiété et de matérialisme, elle laisse ignorer à l'enfant, par calcul, tout ce qui peut lui faire connaître sa véritable origine et son éternelle destinée : l'âme, Dieu, les lois fondamentales de toute morale, les vérités les plus élémentaires et les plus essentielles de la foi !... Regardons autour de nous la grande majorité des enfants dont l'intelligence a été pétrie dans ces néfastes officines qu'on appelle les écoles neutres, nous serons effrayés de trouver tout ce qu'il faut pour nous faire des générations sceptiques, blasées, ne croyant à rien et ne poursuivant d'autre idéal que la satisfaction de leurs appétits les plus grossiers et de leurs passions les plus véhémentes, dont aucune digue n'arrête les insolentes audaces. Comment pourrait-il en être différemment ? La religion seule, la croyance à l'immortalité, à la vie future, à la sanction morale seraient capables de maintenir les éléments pervers de notre nature déchue ; or, dès leur jeune âge, on inculque aux enfants le mépris de ces barrières seules efficaces contre les débordements du vice.

Si encore les enseignements chrétiens reçus dans la famille venaient faire un contrepoids aux enseignements délétères de l'école, beaucoup de ces âmes souples et droites se conserveraient et persévéreraient dans le bien. Malheureusement il n'en est pas ainsi. Beaucoup d'enfants du village ne trouvent plus au foyer domestique cette tradition de la vérité chrétienne, cet héritage de vertus fortes et simples que le pâtre et le laboureur donnaient autrefois à leurs enfants.

L'éducation et l'instruction faisant ainsi défaut au foyer, l'école y devient toute l'instruction et toute l'éducation. En règle générale, l'enfant du peuple, à la campagne, n'en saura jamais plus que ce qu'il apprend à l'école, il ne vaudra jamais mieux que ce que l'école l'aura fait. Les disciples ne valent pas mieux que les maîtres, et les générations sont faites à l'image de ceux qui les ont formées. Nos ennemis le savent. Pas de moyens qu'ils ne tentent, pas de calomnies qu'ils n'inventent, pas d'attraits qu'ils ne fassent miroiter, en un mot, pas de ressorts qu'il ne mettent en mouvement pour arracher les enfants aux influences de l'école chrétienne. Ils veulent, comme ils disent, changer l'âme du peuple, et leur secret, pour changer l'âme du peuple, c'est l'école, mais l'école obligatoire et laïque, l'école imposant, au nom de l'État, la pensée et la doctrine de l'État athée, destructeur de la religion, de la morale et de l'ordre.

Pénétré du danger que court la foi de ce manque

de formation première ou de cette formation que donne l'école lorsque les maîtres ne sont pas formés à l'esprit chrétien, pénétré surtout des dangers qui attendent l'enfance quand elle est confiée à des maîtres sectaires et impies, l'abbé Vandel voulut que l'Œuvre des Campagnes portât une grande partie de son dévouement sur l'école du village. Il ne se contentait point de chercher des ressources dans ce but, mais il appliqua son zèle à fonder, comme auxiliaire de son Œuvre, l'*Œuvre des Institutrices à la Campagne.*

Le vénéré missionnaire aurait voulu que le soin de former l'enfance fût confié à des religieuses, car il leur trouvait les qualités voulues pour remplir avec succès cette difficile et haute mission. « Il serait à souhaiter, écrivait-il, qu'il y eut des sœurs enseignantes jusque dans les petites paroisses de la campagne. Ces saintes filles ont grâce pour faire le bien, et par leurs bons exemples, et par leurs bons services. Mais elles ne sont pas assez nombreuses pour qu'il y en ait partout. Donc beaucoup de communes, et les plus petites particulièrement, doivent se contenter d'une institutrice. »

Ces institutrices, il les voulait pénétrées de la grandeur de leur mission et de la responsabilité qui leur incombait. C'est à leur intention qu'il fit imprimer une petite brochure toute remplie des meilleurs conseils et des plus pressants encouragements (1). Nous aurons plus loin l'occasion de revenir sur ce sujet. Nous nous contentons ici de dire ce qu'était l'*Œuvre des Campagnes*, telle que la conçut l'abbé Vandel.

(1) *Les Institutrices à la campagne.*

Dans l'Œuvre des Campagnes, l'abbé Vandel fit entrer, avec l'Œuvre des Missions et celle des Écoles, l'œuvre des *Bibliothèques*.

Le Révérend Père Félix s'écriait, dans le discours cité plus haut : « Qui ne sait la prodigieuse influence que la lecture exerce sur la vie humaine ? Qui n'a senti sur son âme, et n'a vu dans l'âme des autres, la puissance et l'ascendant du livre ?... Que faut-il pour sauver une âme ? La lecture d'un bon livre. Et que faut-il pour pervertir ou régénérer un peuple tout entier ? Lire de bons ou de mauvais livres. Dites-moi ce que lit une nation, et je vous dirai ce qu'elle vaut. La lecture est le critérium de la moralité des hommes et de la moralité des peuples ; s'il y a des exceptions pour les individus, il n'y en a jamais pour les nations. Or, la lecture, si efficace et si décisive dans la vie des hommes et des sociétés, l'est beaucoup plus encore sur l'âme et le cœur de l'homme des champs. C'est que l'homme des champs est simple ; il n'imagine pas qu'on écrive le mensonge ; il croit à la parole d'un livre comme on croit à la parole d'un ami. La parole du livre menteur le trouve désarmé ; sa bonne foi conspire avec le mensonge pour le tromper tout à fait ; et il n'a pas même contre la séduction étrangère la ressource de sa propre défiance. D'ailleurs le laboureur lit peu ; sa lecture est un repos entre deux fatigues, une distraction entre deux travaux : c'est ce qui rend pour lui un livre plus souverain, une lecture plus décisive. Il ne peut, comme le lecteur des grandes cités, opposer le livre au livre et la parole à la parole. Malheur à lui si le premier livre tombé dans sa main porte les perversions de la pensée, les dépravations du cœur, les poisons de l'âme ; il ne résistera pas ; son livre sera sa loi et sa lecture sa destinée ; il y puisera la vie ou il puisera la mort. Et voilà ce qui fait de la bibliothèque au village une chose si grave, c'est-à-dire une chose si salutaire ou si désastreuse. Voilà pourquoi l'ambition de l'*Œuvre des Campagnes* est de créer, là où elle manque, avec l'école chrétienne, la bibliothèque chrétienne ; avec l'enseignement du maître, qui initie à la vie de Jésus-Christ, l'enseignement du livre qui la développe et la perpétue (1). »

Dans ces paroles si vraies, l'éloquent Jésuite se faisait tout simplement l'interprète du pieux fondateur. Le rêve de celui-ci était en effet d'établir, dans chaque paroisse, une bibliothèque composée de livres choisis avec soin et de nature à intéresser, à instruire, à édifier.

« Il serait avantageux, écrivait-il, d'avoir un choix de bons livres pour chaque catégorie : petites histoires pour les enfants, livres de guerres, de voyages, d'arts et métiers pour les jeunes gens ; vies édifiantes pour les jeunes filles ; modèles à proposer aux femmes et aux mères chrétiennes. Ces livres portés dans les maisons formeraient une bibliothèque de paroisse et exerceraient un véritable apostolat. Une bonne petite bibliothèque est un des moyens les plus faciles, quelquefois le seul praticable, pour faire arriver à certaines personnes une vérité religieuse et un appel à la conscience.

(1) Discours à Sainte-Clotilde sur l'*Œuvre des Campagnes*.

« Beaucoup de personnes ne viennent pas écouter le prêtre à l'église ; il y a des maisons où il n'a aucune occasion de se présenter ; il y a bien des gens qui ne sont jamais en rapport avec leur curé ; et cependant « *fides ex auditu* », la foi vient par l'ouïe. Et comment croiront-ils si nulle parole de foi n'arrive à leur oreille, au moins à leur esprit ?

« Mais voici des missionnaires qui pénétreront partout et seront souvent les bienvenus : ce sont les bons livres. Seulement il faut qu'ils se présentent comme des amis et non comme des censeurs. Combien de personnes lisant un livre laissent tomber leurs préventions ; combien, à la vue d'un trait qui les frappe, rentrent en eux-mêmes et se rapprochent de Dieu par la prière ! »

Voilà l'Œuvre des Campagnes dans ses grandes lignes et telle que l'abbé Vandel l'a conçue. Nous n'avons plus à nous demander si elle est viable, pratique et utile. Voici déjà plus de cinquante ans qu'elle existe, et qui comptera jamais les fruits de salut qu'elle a produits jusqu'à ce jour ? Il suffit de parcourir les comptes rendus annuels parus depuis l'origine pour constater avec évidence que l'Œuvre était bien voulue de Dieu et que sa création est due à une miséricordieuse inspiration de la Providence. Chaque année de nombreux missionnaires, grâce aux secours distribués par l'Œuvre, sillonnent nos campagnes et vont porter la parole de l'Évangile dans les paroisses pauvres ; chaque année aussi les écoles et les patronages reçoivent de nouveaux enfants ou jeunes gens qui trouvent dans les centres où se conserve la foi, le moyen de fuir l'école athée ou d'éviter les lieux de dissipation où la vertu fait si facilement naufrage. Les prêtres eux-mêmes bénéficient largement des largesses de l'Œuvre, soit que l'Œuvre les pourvoie d'excellents livres avec lesquels ils peuvent combattre l'erreur et se maintenir à la hauteur des connaissances nécessaires à leur état ; soit même qu'elle vienne au secours de leur détresse et diminue, dans la mesure, hélas trop limitée, de ses forces, les rigueurs de leurs privations (1). Tous ces bienfaits, nos chers habitants des campagnes, nos prêtres des paroisses rurales, les doivent à Dieu sans doute, au comité si zélé de l'Œuvre qui fait tout pour la développer et étendre son influence, mais il les doivent aussi à un humble ministre de Jésus-Christ, à un prêtre qui fut curé dans une modeste paroisse, à un religieux ignoré qui du fond de sa pauvre cellule, sur la fin de sa vie, travaillait encore à sauver des âmes en donnant tout ce qui lui restait de forces pour l'Œuvre si féconde qu'il avait fondée, organisée et développée au prix de tant de sacrifices et de fatigues (2).

(1) En cette dernière année 1907, l'Œuvre a pu donner environ 170.000 francs dont 70.000 francs pour missions et objets de piété, 35.000 francs pour écoles et patronages, et le reste pour secours divers.

(2) Le bureau de l'Œuvre a son siège actuellement à Paris, 2, rue de la Planche.

VIII

L'abbé Vandel
missionnaire des Campagnes.

'abbé Vandel fut vraiment, durant toute sa vie sacerdotale, le type du missionnaire des campagnes ; il en eut les goûts, le dévouement, les aptitudes, les saintes passions ; et plus ces campagnes étaient ignorantes, éloignées des pratiques religieuses, délaissées, et plus aussi elles attiraient son cœur. Déjà, dans sa paroisse de Nyon, il avait une prédilection

marquée pour les humbles et les pauvres ; il sentait
toute la beauté de cette parole de Notre-Seigneur :
Evangelizare pauperibus misit me ; et comme le
Maître, il voulut se donner et de fait il se donna de
préférence à ceux qui par leurs souffrances, leurs privations, leur ignorance, paraissaient plus particulièrement voués à l'abandon. Sa santé était des plus délicates, elle réclamait beaucoup de soins, mais il n'y
regardait pas : il avait devant lui des âmes à sauver,
et par là même son devoir était tout tracé. C'est sur
les paroisses des environs de Paris, si indifférentes en
matière de religion, et pour la plupart si exclusivement
plongées dans le souci des biens matériels, que se
portèrent de préférence les efforts de son zèle.

Lorsque, plus tard, il dut s'occuper de son Œuvre,
il n'eut pas le loisir de suivre toujours son inclination,
mais chaque fois que la Providence lui en fournissait
le moyen, avec quelle joie il répondait au désir des
pasteurs qui l'appelaient pour évangéliser leur paroisse ! Son bonheur fut à son comble quand il vit entrer
dans le conseil de l'Œuvre des Campagnes un prêtre
chargé de le suppléer durant ses absences quelquefois prolongées, et il se hâta de mettre à profit cette
liberté relative pour donner libre cours à son ardeur
apostolique et satisfaire sa sainte passion des missions
rurales.

Il citait l'exemple de saint Vincent de Paul qui « ne
pouvait quitter ses villageois, et qui regardait comme
vol tout le temps qu'il prélevait sur eux pour le donner à ses autres affaires ». Comme ce saint, il eût écrit
volontiers, lorsque le devoir l'appelait ailleurs : « Que

j'ai de confusion de me voir si inutile au monde ! Certes, je ne puis me retenir : il faut que je vous dise tout simplement que cela me donne de nouveaux et de si grands désirs de pouvoir, parmi mes infirmités, aller finir ma vie auprès d'un buisson, en travaillant dans quelque village, qu'il me semble que je serais bien heureux, s'il plaisait à Dieu de me faire cette grâce (1). »

« La vocation du missionnaire des campagnes, écrivait l'abbé Vandel, n'est pas une vocation ordinaire ; ce n'est pas la vocation du curé vivant seul dans son presbytère ; ni celle du religieux se sanctifiant dans son cloître ; ni celle du prédicateur appelé à porter la parole devant un nombreux auditoire ; ce n'est pas non plus celle du missionnaire à l'étranger, affrontant les périls, les privations, le martyre. Ce n'est point cela et cependant c'est quelque chose de tout cela. S'il se trouve parfois dans la solitude, c'est dans l'intention de se répandre de nouveau dans les campagnes. Ordinairement il ne réunit pas un grand auditoire. Il n'a quelquefois pour auditeurs que des enfants ; il n'affronte d'autre danger que celui du découragement et de la tristesse qu'il éprouve à voir l'éloignement dans lequel on tient la chaire, et l'impuissance où il se trouve de toucher les cœurs et de les ramener à Dieu. Sa mission est en quelque sorte une mission rudimentaire et primitive ; il emploie les plus petits moyens, s'exerçant dans les conditions les plus défavorables, et il apprécie les résultats les plus minimes. »

Quand on envisage ainsi son ministère, il n'y a plus

____

(1) Maynard, *Vie de saint Vincent de Paul*, p. 173.

de place pour les désillusions, ni, par là même, pour
le découragement. C'est pourquoi l'abbé Vandel
ne se laissa jamais rebuter par les difficultés ni par
les apparences de l'insuccès. C'était l'apôtre donnant
ses forces, son cœur, sa vie, et laissant à Dieu le
soin de faire germer la semence qu'il répandait aux
prix de ses fatigues et de ses sueurs.

Pour connaître la méthode adoptée par notre missionnaire, il suffit de donner celle qu'il traçait pour les
autres, car son action était toujours conforme à ses
enseignements, et les leçons qu'il donnait, toujours
dans l'intérêt des âmes, n'étaient que le fruit de sa
longue et judicieuse expérience, la description rigoureuse de la conduite qu'il tenait dans les milieux où
il était appelé à faire entendre sa parole.

« Le missionnaire, écrivait-il, doit viser à instruire,
à réveiller la foi : la conférence familière sera le mode
de prédication le plus opportun. Le sermon de retraite
avec ses exclamations, ses peintures vives et effrayantes,
serait une imprudence et un danger dans une paroisse
où il n'y a ni foi ni pratique ; on rirait, on blâmerait,
on déserterait l'église par la raison toute simple que la
foi étant très affaiblie, sinon détruite, les vérités les
plus saisissantes ne trouvent pas un écho dans l'esprit
et dans le cœur de ceux qui écoutent.

« Par conférence familière, nous n'entendons pas
une suite de raisonnements avec un ordre scolastique ;
il y aurait à cela deux inconvénients : celui d'ennuyer
des gens qui pensent et qui vivent moins par le raison-
nement que par les impressions, et l'inconvénient de
nourrir le doute par le soin même qu'on mettrait à le

combattre. Par conférence, nous entendons une exposition de la doctrine par un développement rationnel, s'adressant au bon sens, mais reposant sur la possession de la foi, qu'on suppose toujours, quand même elle est affaiblie et bien ébranlée. Il y a en cela plusieurs avantages : la raison est satisfaite, l'amour-propre est ménagé. Car on aime à être traité en chrétien et non en incrédule — et on maintient les droits de la religion qui, après tout, est maîtresse du pays et des âmes, malgré leur défaillance. »

Nous avons sous les yeux un certain nombre des instructions laissées par l'abbé Vandel ; le saint Évangile en est presque toujours le point de départ. Il écrivait du reste lui-même : « Ce livre a une autorité particulière ; des gens peu religieux, prévenus contre le catéchisme, contre l'Église et ses lois, accepteront encore ce qui leur est proposé comme parole de l'Évangile. »

Il puisait parfois aussi le sujet de ces enseignements dans les prières élémentaires que doit connaître tout chrétien : *Pater, Ave, Credo* ; dans les commandements de Dieu et de l'Église ; il trouvait dans les développements tous les articles de la doctrine chrétienne.

Il évitait la forme du catéchisme, et s'appliquait à donner à ses instructions une tournure piquante et originale, ne craignant pas de les assaisonner de quelques faits d'actualité qui pouvaient exciter et soutenir l'attention de ses auditeurs. L'abbé Vandel voulait que le cœur eût sa bonne part dans les instructions qu'il donnait aux fidèles des campagnes : « Notre-Seigneur, écrit-il, consolait en instruisant. Il y a du bon dans toutes ces personnes qui nous écoutent ; il y a des fautes dans toutes les consciences. Il y a des peines, des besoins, des désirs dans toutes ces âmes : eh bien ! il faut reconnaître ce qu'il y a de bon ; il faut compatir aux fautes et aux peines ; il faut montrer le secours qui viendra en aide à toute indigence, à toute faiblesse, même pour les besoins de la vie présente. En faisant ces concessions à la pauvre humanité, on aura ensuite plus d'autorité pour commander la réflexion et pour inspirer une crainte salutaire. La part du cœur se fait par un mot, par le ton de la voix, par un témoignage de bienveillance donné à propos, par des ménagements de toute nature... Tout cela, *c'est le cœur*, lorsque c'est vrai et bien senti, et il en faut toujours, surtout avec les gens de la campagne, simples et bons, connaissant les peines et les privations, sensibles aux marques d'estime et de bonté. »

Si l'abbé Vandel savait toucher et flatter ses auditeurs en leur parlant de leur village, de leur famille, de leur église, de leurs saints, de leur cimetière, de leur patrie et de sa glorieuse histoire, il savait par contre éviter avec soin certains mots qui blessent l'amour-propre et indisposent les meilleurs. Les mots de libertin, ivrogne, impie, danse, cabaret, enfer, etc., étaient remplacés dans ses entretiens par des expressions adoucies. Il était d'une grande discrétion quand il s'agissait de taxer de *péché mortel* la violation d'un commandement. « Cela, disait-il, froisse des gens qu'il faut attirer et gagner, et ni leurs idées ni leur conscience ne peuvent accepter ces jugements qui supposent la foi conservée. »

D'aucuns pourront trouver que ces procédés ne sont pas à imiter ; ils diront qu'il faut dire la vérité et non amoindrir les dogmes et affaiblir la morale. Le Père Vandel connaissait l'objection : « Oui, écrivait-il, il faut dire la vérité, mais dans la mesure où Dieu donne la lumière. Si nous passions subitement, ajoutait-il, des ténèbres au plein soleil du midi, nous serions éblouis, aveuglés au point de ne rien voir ; il faut à nos yeux les ménagements du crépuscule et de l'aurore. Ainsi en est-il de la vérité avec les esprits malades ; il faut la ménager et la mesurer. Cela n'est pas amoindrir les dogmes, ce n'est pas affaiblir la morale, c'est les mettre au niveau des esprits et des volontés. » Et à l'appui de sa thèse, le judicieux missionnaire citait l'exemple d'un curé qu'il avait connu et qui, à force de dire à ses paroissiens la vérité sans ménagement, perdait tout simplement sa paroisse.

L'abbé Vandel voulait que le missionnaire, dans les campagnes, racontât quelques faits, mais dans leur choix il demandait beaucoup de discrétion, surtout s'il s'agissait de faits miraculeux.

Un des traits qui caractérisent le mieux le genre d'apostolat de notre missionnaire, trait qui lui fut commun avec beaucoup de saints, c'est la patience qu'il y apportait. Il attendait l'heure de Dieu et savait temporiser sans récriminations et sans murmures. Cette patience qu'il pratiquait avec une douceur admirable, il se plaisait à la recommander à tous ceux qui prêchent dans les campagnes, voici en quels termes :

Un curé vous écrira : « Dans ma petite paroisse de trois cents âmes, pas un homme ne vient à l'église ;

quatre ou cinq femmes assistent à la messe le dimanche ; personne ne fait ses Pâques. Je sais qu'on ne viendra pas vous entendre, mais ma désolation est telle, que je serai heureux de vous avoir quelques jours près de moi. »

« Le missionnaire n'hésitera pas un instant, il acceptera avec empressement. Il y a peu à espérer, c'est vrai, et cependant il faut aller parce qu'on sèmera des germes qui lèveront avec le temps. Il sera content, le brave missionnaire, et il remerciera Dieu si après un mois de station, il peut dire : « J'ai laissé le curé un peu consolé et encouragé. J'ai organisé un petit catéchisme d'enfants de cinq à huit ans, et le pasteur se propose de le continuer. Les enfants ont pris l'habitude de réciter le *Notre Père* et le *Je vous salue Marie* avant de se coucher. Le dimanche, après vêpres, une dizaine de chapelet est récitée alternativement par les petites filles et les petits garçons ; de quinze à vingt personnes ont assisté aux instructions ; quelques bons livres ont été répandus et sont lus, etc... Je dis que cette mission est un événement dans cette paroisse quoiqu'on ne s'en aperçoive pas, que peu de personnes aient entendu le missionnaire et qu'aucune ne se soit confessée. Il fallait ce premier mouvement qui ira se fortifiant par les soins du curé et le retour du missionnaire. Sans ce premier effort qui semble cependant stérile, rien n'eût été fait. Donc il le fallait. Ces humbles commencements cultivés pendant des années finiront par changer la physionomie de cette paroisse. »

Mais si le missionnaire peut dire : « Plus de quarante personnes sont venues m'écouter assidûment, trois ou quatre se sont approchées de la sainte Table, on vient visiter le saint Sacrement, etc. ; alors, après un tel résultat, on peut chanter le *Magnificat* et le *Te Deum*. Nous appelons cela un succès presque miraculeux pour une première apparition dans une paroisse où plus rien ne subsistait, ni foi, ni pratique. »

« Le missionnaire des campagnes a une confiance invincible parce qu'il vise à des résultats toujours et partout possibles ; parce qu'il ne force ni la nature ni la grâce ; parce qu'il compte sur le temps et sur la puissance des petits moyens, avec la bénédiction ordinaire de Dieu. Il sait que dans toute paroisse catholique il trouvera Jésus-Christ réellement présent, des enfants baptisés qui sont dans la grâce de Dieu et dans lesquels habite le Saint-Esprit. Or, dans ces conditions, un succès est certain si l'on y va avec foi et si l'on emploie les règles de la raison et de la prudence. »

Aussi le pieux missionnaire ne se décourageait-il jamais.

« Peut-être, écrivait-il, n'aura-t-on pas une seule confession à entendre pendant toute la mission. Cela nous est arrivé à nous-mêmes ; la veille de Pâques, nous attendîmes depuis quatre heures jusqu'à sept heures du soir à l'église ; personne ne se présenta. Et cependant nous étions content de ce que nous avions déjà obtenu ; on était venu avec assiduité aux instructions du soir ; un bon mouvement était produit. Mais comme personne ne se confesse dans cette paroisse, on n'en était pas encore arrivé à ce degré de force et de bonne volonté. »

Et l'indulgent et doux missionnaire ajoutait : « Donc,

soyons content d'avoir fait venir à l'église des gens qui n'y paraissaient jamais ou très rarement ; soyons content d'avoir été écouté ; d'avoir organisé une adoration quotidienne du Très Saint Sacrement avec un petit groupe de personnes ; content d'avoir consolé des vieillards, des malades ; d'avoir édifié, encouragé un prêtre, d'avoir appris à prier à des enfants, d'avoir semé ce que d'autres récolteront : en un mot, d'avoir réveillé un peu de foi et donné une bonne idée de Dieu et de la religion à des gens très mal disposés jusque-là envers Dieu et envers la religion. »

« Il a fallu quatre-vingts ans, écrivait-il encore pour expliquer la longanimité et la persévérance que doit montrer le missionnaire, il a fallu quatre-vingts ans et un concours de causes mauvaises, pour faire descendre nos campagnes à ce degré de dépérissement de la foi ; il faudra des années, et toute une vie d'un bon prêtre et un concours de moyens pour opérer dans une paroisse un mouvement de retour à la religion. Bienheureux qui a confiance et ne désespère pas... Ne regrettons pas quelques années de peines pour sauver des âmes dont Jésus-Christ attend le retour. Au ciel, ces âmes seront notre couronne ! »

Ainsi donc, l'esprit de foi, la prière, le dévouement, la confiance, voilà quelles étaient pour le Père Vandel les garanties du succès final. Mais, ce succès, il ne le voyait pas dans ce qui pouvait frapper les oreilles ou les regards, il ne le jugeait pas d'après les résultats factices ou apparents qui pouvaient donner quelque illusion, mais il le jugeait d'après les habitudes chrétiennes qui s'établissaient dans la paroisse après le passage du missionnaire :

« En général, une conversion vaut ce qu'elle coûte, disait-il. On peut quelquefois, avec un certain entraînement de paroles, avec un prestige de sollicitations, déterminer quelques personnes à se confesser, à venir pendant quelques dimanches à la messe ; mais lorsqu'il n'y a ni instruction ni conviction, ce premier feu s'éteint et on redevient plus négligent qu'auparavant. »

Aussi s'appliquait-il surtout à réformer les abus, à purifier les mœurs, à ramener les habitudes chrétiennes dans les familles et les individus. Pour lui il n'y avait pas d'autre marque sûre de solide conversion et de retour à la religion que la pratique sérieuse et durable des vertus chrétiennes et des devoirs de son état.

Les abus, il ne les attaquait pas tout d'abord de front, il eût craint de compromettre son action, et il savait bien que les habitudes premières de vie chrétienne ne se substitueraient que peu à peu à cette vie matérielle et à ces mœurs grossières qui caractérisent trop souvent nos campagnes. Suivons-le dans quelques-unes des nombreuses missions qu'il donna aux environs de de Paris ou ailleurs. Tout en tenant compte des lieux, des abus introduits et des autres circonstances en face desquelles il pouvait se trouver, l'abbé Vandel employait partout la même méthode, celle que lui avaient inspirée et la connaissance des âmes, et la mentalité la plus ordinaire des paroisses rurales. Le voir à l'œuvre dans une mission, c'est le voir à l'œuvre dans toutes celles qui ont occupé son long ministère.

Le voici, par exemple, à Courances et à Dannemois, au diocèse de Versailles. Courances avait alors trois cent cinquante habitants, et Dannemois quatre cent cinquante. Les deux paroisses étaient fort peu religieuses comme toutes celles de cette contrée. Dans la première, quatre hommes et douze femmes ; dans la deuxième, un homme et quatre femmes faisaient leurs Pâques. Courances avait l'avantage d'être la résidence du curé et de posséder une école de filles tenue par des Religieuses.

A différentes époques, des retraites et des stations avaient été données dans l'endroit, attirant aux instructions une assistance raisonnable. Malheureusement on n'allait pas jusqu'au tribunal de la Pénitence, encore moins jusqu'à la sainte Table. Les enfants eux-mêmes donnaient satisfaction jusqu'à leur première Communion, mais aussitôt après, les personnes de leur entourage, quelquefois les parents eux-mêmes, les détournaient de leurs pratiques religieuses. Dès lors, plus de dimanche, plus de messe, plus de prières. L'indifférence, la cupidité, l'amour du plaisir s'unissaient au respect humain pour étouffer en eux tout sentiment de religion et endormir leurs remords que n'arrivaient pas même à réveiller les approches de l'agonie.

La mission de Courances dura six semaines, du premier dimanche de Carême jusqu'au saint jour de Pâques. Suivant la méthode du missionnaire, elle ne fut pas annoncée à grand bruit, mais par une simple allocution de quelques minutes dans laquelle, mettant simplement en avant sa qualité de prêtre convalescent, il faisait prévoir sa présence assez prolongée dans la paroisse et son intention de donner trois entretiens par semaine.

Comme toujours, l'abbé Vandel chercha à gagner

d'abord les enfants par des catéchismes intéressants, des visites à l'école, la distribution d'objets de piété. Peu à peu, les enfants finirent par attirer les parents. Dans ses instructions le missionnaire avait soin de ménager la susceptibilité de tous, les entretenant avec une douceur extrême et une réserve étudiée. Ce ne fut que vers la fin, aux approches de Pâques, qu'il s'avisa de leur parler de confession.

Une lettre à Mme de Fresne prouve que le résultat fut consolant pour l'abbé Vandel : « Si je ne me fais pas trop illusion, écrivait-il, les choses ont été dix fois mieux que je n'aurais osé l'espérer, et cela, malgré les difficultés qui, elles aussi, ont de beaucoup dépassé mes prévisions. »

Quelque temps après, nous trouvons le missionnaire à Salles.

« Je suis, écrivait-il, au pays des landes, des sables, des pins, des figures mauresques. L'Œuvre des Campagnes a ici toute son application : c'est un vrai pays de missions étrangères. »

Une centaine d'hommes et de jeunes gens n'y avaient pas encore fait leur première Communion ; beaucoup de femmes et de jeunes filles se trouvaient dans le même cas. L'abbé Vandel se concerta avec Mme de Puységur, son hôte charitable, pour essayer de mettre fin à cette déplorable situation. Il commença par cultiver une association d'Enfants de Marie et s'appliqua à former à l'apostolat celles qui voulurent bien se grouper autour de lui. Malheureusement, les travaux des champs rendaient l'époque peu favorable ; la tâche fut donc remise au mois de décembre. Le temps qui le séparait encore de cette date, l'abbé Vandel l'employa en voyages utiles pour son apostolat et pour son Œuvre. Il eut même le pieux désir, qu'il réalisa, d'aller à La Salette, s'entretenir avec le voyant de la Vierge, Maximin, et les parents de Mélanie, la voyante.

A son retour à Salles, au temps fixé, il reprit le travail commencé, et le succès couronna ses efforts : « Jamais, écrivait-il à Mme de Fresne, jamais plus beau spectacle que celui de dimanche !... Quatre-vingt-dix jeunes gens, ouvriers, soldats, charbonniers, bergers, bon nombre de pères de famille, de vingt à cinquante ans, faisaient leur première communion. Ils ont montré une docilité d'enfants pour apprendre à faire le signe de la croix, étudier le catéchisme, réciter le Notre Père et les prières essentielles. Ces pauvres déshérités n'étaient pas loin du royaume de Dieu ! »

Quelques semaines plus tard, notre vaillant missionnaire se rend à l'appel du curé de Champ-Cueil : « Je ne pouvais pas choisir mieux en fait de mauvaises paroisses, écrivait-il, les enfants sont ma seule ressource. Le succès de ma mission est entre les mains de Dieu. C'est difficile, mais Marie nous aidera. »

Bientôt les nouvelles furent meilleures sans être encore satisfaisantes : « Pas de conversions, mais certaines pratiques religieuses ont été ramenées et acceptées. C'est un commencement qui fait espérer des retours. »

Une mission à Bois-d'Arcy le dédommagea un peu de celle de Champ-Cueil par les bénédictions manifestes que Dieu répandit sur la paroisse. Le terrain, il est vrai, avait été mieux préparé : sur les enfants d'abord, puis sur les mères et les grandes jeunes filles. L'assistance fut nombreuse et on compta plusieurs conversions : une magnifique fête de la Sainte-Enfance, la formation d'une pieuse association de Dames et l'établissement d'une bibliothèque couronnèrent heureusement les exercices.

L'abbé Vandel aimait à retourner dans les paroisses qu'il avait déjà évangélisées afin d'y confirmer le bien que la grâce y avait opéré. C'est ainsi qu'après avoir achevé sa mission à Bois-d'Arcy, il reprit le chemin de Salles, pour y finir l'œuvre si heureusement commencée. Il restait à préparer les femmes et les jeunes filles à la première Communion. Avec le concours des Enfants de Marie le travail fut mené à bonne fin, à la grande édification de la paroisse entière.

Après avoir retrempé son courage et sa ferveur dans une profonde et silencieuse retraite faite à la Pierre-qui-Vire, l'abbé Vandel reprit le cours de ses campagnes apostoliques et, chaque fois, c'était des chants de reconnaissance qu'il avait à faire monter vers Dieu pour la transformation que sa divine grâce opérait dans les âmes.

Vers la mi-novembre de 1859, son zèle le poussa en Vendée. Depuis plusieurs années, ses relations avec la famille de la Rochejaquelein l'avaient conduit dans cette région. Là, il avait fait de près la connaissance des dissidents ou fidèles de la Petite Église, et formé le projet de travailler à leur conversion.

On connaît l'histoire de ces pauvres égarés. C'étaient des descendants de ces familles qui, se refusant à accepter comme légitime le Concordat conclu entre Pie VII et

Napoléon Ier, se séparèrent de l'Église pour s'attacher à quelques évêques et prêtres rebelles à l'autorité du Pape.

Ces pasteurs schismatiques une fois morts, leurs fidèles demeuraient plongés dans une ignorance lamentable ; ils obéissaient à des chefs laïques qui, sans mission ni pouvoirs spirituels, présidaient à leurs réunions dans des chapelles particulières. Naturellement ces pauvres aveugles vivaient et mouraient sans le moindre secours religieux.

Aux supplications paternelles de Grégoire XVI, à celles de Pie IX, appuyées par les instances réitérées des évêques de Poitiers, plusieurs revinrent de leur égarement, mais le plus grand nombre continua à s'obstiner dans l'erreur. En 1859, ces malheureux se trouvaient encore répandus dans une vingtaine de paroisses, au nombre de plusieurs milliers.

Quand l'abbé Vandel vint au monde, la Savoie faisait encore partie des États Sardes dont elle ne fut séparée, pour être annexée à la France, qu'en 1860. Notre missionnaire n'était donc pas considéré par les fidèles de la Petite Église comme prêtre soumis au régime concordataire et par là même il existait moins de défiance vis-à-vis de lui ; toutefois, comme il fraternisait avec les ministres orthodoxes, les rebelles ne lui permirent point de porter la parole dans leurs assemblées. Il dut donc se résigner à prêcher uniquement dans les églises catholiques. Il le fit souvent à Courlay, centre et chef-lieu des dissidents, et à Cirières où vivaient deux anciennes religieuses qu'il espérait ramener dans le bon chemin et qui, au contraire, s'opi-

niâtrèrent follement dans leurs sentiments schismatiques. Souvent il prêcha dans la chapelle de Mme de
Sougy où l'on venait l'entendre des villages les plus
reculés. Il s'appliquait avec ardeur à stimuler le zèle
des pieux Vendéens et il leur demandait de prier, de
travailler, de se dévouer pour procurer le retour de
leurs pauvres frères à l'unité catholique. S'il ne pouvait réunir ces malheureux pour leur faire entendre
des paroles de paix et d'union, du moins était-il heureux de pouvoir les visiter dans leurs familles. Là il
causait amicalement avec eux, leur montrait par des
lettres du Saint-Père adressées à des dissidents convertis que ceux-ci étaient dans la vraie communion, tandis
qu'eux en étaient séparés, et vivaient par là même séparés
aussi de Jésus-Christ dont le Pape est le Vicaire. Il allait
même jusqu'à leur distribuer des livres qu'autrefois ils
eussent rejetés avec mépris, mais qu'ils acceptaient
avec plaisir des mains du missionnaire et qu'ils lisaient
volontiers. Il ne les quittait jamais sans leur offrir des
objets de dévotion dont ils faisaient un pieux usage :
« Ces petits moyens, disait l'abbé Vandel, accompa-
gnés de beaucoup de prières et de bons procédés,
produisent un mouvement favorable ; les curés remar-
quent moins d'obstination. » Il eut la consolation
d'apprendre avant son départ qu'une nombreuse famille
se disposait à rentrer dans la voie de la vérité. En quittant ce pays, l'abbé Vandel laissa de petites bibliothèques dans neuf paroisses pour favoriser la conversion des rebelles, et il choisit sept zélatrices ferventes
qu'il munit d'un règlement particulier, avec mission
de travailler constamment à ramener la vraie foi.

L'abbé Vandel s'appelait lui-même un *voltigeur*. Aujourd'hui ici, demain là, partout où son ministère était désiré, on l'y voyait toujours. Qui comptera le nombre des paroisses évangélisées par notre saint missionnaire ? Et il choisissait de préférence les plus abandonnées, les plus pauvres, ne se plaignant jamais ni de ses fatigues ni de l'obstination que l'on mettait à refuser les grâces que sa parole et ses prières venaient apporter à tous.

Cependant son état de santé avec lequel il eût ardemment désiré n'avoir jamais à compter, mettait malgré lui une limite à son zèle, et pour lui c'était un dur sacrifice. — Pourra-t-il continuer bien longtemps ces courses incessantes ? C'est le problème qu'il dut tristement se poser quand il se vit, à diverses reprises, arrêté par la maladie, au milieu même de ses prédications. Ses souffrances cependant lui laissaient, le plus ordinairement, sa liberté d'esprit et il en remerciait la Providence. Ce temps d'épreuve, il l'utilisait non seulement pour sa sanctification personnelle, mais aussi pour l'Œuvre chère à son cœur, l'Œuvre des Campagnes. Il la propageait par sa correspondance, et il prenait de nombreuses notes pour divers ouvrages qu'il se proposait de composer afin d'en favoriser la diffusion. A ceux qui venaient le voir et prendre de ses nouvelles, il disait plaisamment : « Vous le voyez, je pose et je compose ! » Il posait parce que ses jambes lui refusaient leur service, et il composait parce que c'était, à ce moment, l'unique moyen qui s'offrait à lui de travailler au bien des âmes.

Après quelques semaines de réclusion, il eut du

moins la consolation de monter de nouveau au saint Autel d'où la maladie l'avait éloigné pendant un trop long temps, mais la convalescence était longue et il fallait des ménagements. Il écrivait à une des Dames du Conseil : « J'ai tout juste la force de dire la Sainte Messe, puis je reviens à mon gîte, songer, prier, et continuer mon livre, mes jambes toujours étendues. »

Dès que ses forces le lui permirent, il se hâta de reprendre son apostolat. Apprenant qu'un certain nombre de dissidents de la Petite Église étaient rentrés dans l'obéissance au Souverain Pontife, il désira vivement aller les féliciter et essayer de les transformer en apôtres pour ramener leurs frères encore égarés ; il voulait voir aussi les chefs des obstinés et tenter de les toucher et de les gagner ; il repartit donc pour la Vendée et y reprit pendant quelque temps son ministère interrompu. Il faut croire que les mêmes moyens déjà adoptés par le missionnaire produisirent les mêmes effets, car plusieurs, dociles à sa parole, revinrent à la foi et à la soumission.

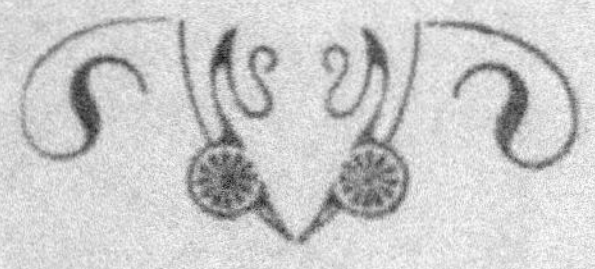

IX

Les Auxiliaires du Missionnaire des Campagnes.

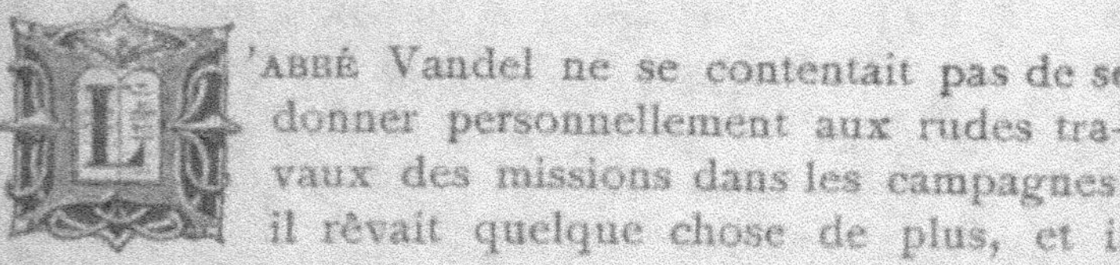

'ABBÉ Vandel ne se contentait pas de se donner personnellement aux rudes travaux des missions dans les campagnes, il rêvait quelque chose de plus, et il pensa englober dans son œuvre d'apostolat rural un certain nombre de prêtres et même de laïques dont l'action, tout en multipliant les fruits de sanctification dans les âmes, prolongerait et continuerait la sienne après sa mort.

Fort des espérances que lui avait données, j'allais dire du désir que lui avait exprimé le saint Curé d'Ars, le fondateur de l'Œuvre des Campagnes espérait toujours réunir, à titre d'auxiliaires, quelques prêtres dévoués qui vivraient en communauté et partageraient ses humbles et si méritoires travaux. Cependant voyant ses démarches, à ce sujet, n'aboutir à aucun résultat durable, il commença à comprendre que telle n'était pas la pensée de la Providence. Par le fait, si le ministère des missions rurales tel que le comprenait et le pratiquait l'abbé Vandel ne demandait pas des talents extraordinaires, il exigeait cependant un zèle, un esprit de foi, une abnégation et une prudence auxquels lui-même s'était formé de longue date, mais qui ne se rencontrent pas communément dans un même sujet.

Si pénibles qu'elles fussent à notre intrépide missionnaire, ces constatations ne le décourageaient pas : « Tant de contrariétés, écrivait-il à Mme de Fresne, tant d'espérances déçues, et en même temps de si nombreuses et ferventes prières faites pour le succès de l'Œuvre couvent une bénédiction. Madame, aimez votre vocation ; elle n'est pas de roses, mais elle est pleine de grâces, pour vous et pour d'autres. Ne vous repentez pas ; lors même qu'il me faudrait rentrer dans mon diocèse, tout est pour le mieux ; tout est bien quand on fait la volonté de Dieu. »

En attendant, l'abbé Vandel se demanda comment il pourrait, dans la mesure du possible, suppléer au manque d'auxiliaires. Ayant remarqué qu'après le départ du missionnaire, la durée du bien opéré dans une paroisse dépendait en grande partie du soin que mettait le curé à le continuer et à le développer, il chercha le moyen d'utiliser ce fruit de son expérience, en prémunissant les pasteurs contre le découragement qui les envahit et les déprime lorsqu'ils se retrouvent, une fois le missionnaire parti, en face des difficultés anciennes, en face même de difficultés nouvelles suscitées par l'ennemi de tout bien...

Il faut alors remonter le moral du curé et le déterminer à persévérer malgré tout. Ce travail, le missionnaire le ferait s'il était là. Mais à son défaut, est-ce qu'un prêtre voisin ne pourrait pas y suppléer s'il est vraiment animé de l'amour et dévoré du zèle des âmes ?

Les prêtres, sans doute, sont toujours disposés à se porter un secours mutuel dans l'exercice de leur ministère, mais ce secours se donne trop souvent sans suite, sans méthode, sans entente suffisante. Les résultats ne seraient-ils pas autrement appréciables si une certaine règle présidait à ces services réciproques et si cette action mutuelle se pratiquait sur une plus vaste échelle ?

Ce fut la question que se posa l'abbé Vandel quand, au sortir d'une pieuse cérémonie qui avait réuni plusieurs prêtres du voisinage dans une paroisse du diocèse de Blois, il se trouva en petit comité avec trois d'entre eux qui déploraient précisément le triste isolement dans lequel ils allaient se retrouver après leur retour dans leur paroisse respective (1).

(1) L'abbé Vandel composa plus tard un petit traité sur les *dangers de l'isolement pour le curé de campagne*. Ces dangers, il les énumère, les peint au vif et il suggère pour

L'occasion était trop favorable à notre missionnaire pour ne pas profiter de ces dispositions. Il proposa donc un moyen de porter remède à cette déprimante solitude : ce remède consisterait à organiser une association dont les membres auraient pour but de se prêter mutuellement les services dont ils auraient besoin. La proposition fut acceptée sur-le-champ avec un touchant empressement, et les trois associés se concertèrent pour missionner les uns chez les autres. Ils formèrent ainsi l'*Association des Curés-Missionnaires*. L'abbé Vandel leur traça un court règlement et les trois confrères prirent les engagements suivants :

1° De se réunir en conférence, trois fois par an, pour se communiquer leurs observations et les résultats obtenus en cultivant certaines œuvres convenues entre eux ;

2° D'appeler une fois l'an, tout au moins, un confrère associé ou non, pour quelque exercice de prédication ou autre ministère ; et de répondre eux-mêmes à l'appel de tout confrère ;

3° D'envoyer au conseil de l'Œuvre des Campagnes, en échange des secours qu'ils pourraient en recevoir, un compte rendu des œuvres de zèle qu'ils auraient accomplies ;

4° De rédiger, sur un registre spécial, le compte rendu de la conférence, avec indication de la date, le

les combattre les conseils les plus sages et les plus pratiques. Ce petit traité, qui n'a pas été imprimé, devait être inséré, dans la pensée de l'auteur, dans la quatrième édition de son livre : *Œuvre des Campagnes,* qu'il préparait au moment où la mort vint le frapper.

nom des associés présents et la nomenclature des matières traitées.

La première réunion eut lieu le 24 septembre 1861 et fut présidée par le vénérable fondateur. Celui-ci encouragea vivement les associés à demeurer fidèles aux engagements contractés, et leur indiqua les œuvres les plus pratiques qu'ils pourraient établir et cultiver dans leur paroisse. Puis, les quittant à regret, il leur laissa l'espérance d'un prompt retour. Réconfortés, les trois confrères se mirent à l'œuvre avec une ardeur nouvelle et ils ne manquèrent pas, depuis lors, de tenir, dans leur presbytère, les réunions projetées. La petite Association commença donc à fonctionner régulièrement au grand profit des fidèles et au grand enchantement des pasteurs.

Informés des résultats, plusieurs voulurent devenir *Curés-Missionnaires*. Les demandes sérieuses furent accueillies avec joie. Bientôt le nombre des membres de l'association s'étant notablement accru, on dut se fractionner en groupes ou *cercles*. Un vénérable chanoine, ancien curé de campagne, voulut bien, en acceptant le titre de directeur diocésain, servir de trait d'union entre ces différents cercles, leur imprimer un mouvement uniforme, provoquer des réunions générales qu'il tenait à honneur de présider, aidant de ses conseils et de son expérience ceux qui avaient recours à ses lumières.

Mais quand l'abbé Vandel pouvait le faire, il était heureux de venir lui-même présider les réunions. Avec quel intérêt il écoutait le compte rendu de l'Association ! Quelle joie pour lui de pouvoir mettre en relief les moindres succès qui lui étaient signalés ! Comme il savait rendre le courage à ceux qu'avait affligés quelque échec ou qui avaient passé par quelque difficile épreuve ! Quelle douceur dans ses procédés, et quelle sagesse dans ses conseils ! Lorsqu'il parlait, on sentait quelque chose de ce feu sacré qui embrasait le cœur des disciples d'Emmaüs lorsqu'ils rencontrèrent le Christ : « Quand le Père Vandel est avec nous, disait un jour un des associés, notre réunion me vaut une retraite !... »

Plus tard, l'abbé Vandel, surchargé de travaux, sera dans l'impossibilité de se rendre fréquemment auprès de ses confrères, mais il ne les abandonnera jamais. Non seulement il leur donnera ses ferventes prières, mais il suivra attentivement leurs progrès ; et presque toujours une lettre pleine de cœur, d'encouragements, de félicitations, arrivera fort à propos au milieu des réunions pour supppléer à son absence. L'Œuvre allait donc de l'avant et faisait, sans bruit, un bien réel.

Ce que voulait l'abbé Vandel, c'était le réveil de la foi dans les campagnes, et il invitait à coopérer à cette œuvre non seulement les prêtres, mais encore les laïques. Ce n'était pas de trop pour la régénération de la vie chrétienne dans notre pauvre pays.

Parmi les laïques, s'il est des personnes qui puissent exercer une plus salutaire influence sur les âmes, ce sont assurément celles qui ont la charge redoutable de la formation de l'enfance. L'éducateur exerce une sorte de sacerdoce, et son action est d'autant plus efficace qu'elle n'est jamais entravée par des préjugés ridicules qui souvent paralysent les efforts les plus généreux et les plus désintéressés des ministres de Jésus-Christ.

Cette remarque n'avait pas échappé au fondateur de l'Œuvre des Campagnes. Aussi voulut-il mettre au service de son apostolat la bonne volonté de tant de jeunes filles pieuses et dévouées qui, dans l'œuvre capitale de l'éducation, visent à la formation du cœur autant et plus encore qu'à la formation de l'intelligence. Pour réaliser son dessein, il eut l'idée de réunir en association un certain nombre d'institutrices chrétiennes qui seraient, de même que les missionnaires et sous une autre forme, les auxiliaires des curés.

A la suite d'une retraite donnée par l'abbé Vandel, en 1859, à Bois-d'Arcy, Mlle Archer, institutrice libre de cette paroisse, saisit toute la pensée du pieux missionnaire et se proposa pour entrer dans l'Association. Plusieurs de ses compagnes, formées déjà à l'éducation chrétienne des enfants, suivirent son exemple et prirent l'engagement de se soumettre au règlement qui leur serait tracé. Mme de Fresne, de son côté, accepta la direction de l'Œuvre et élabora, de concert avec l'abbé Vandel, les quelques articles qui devaient former les règles de l'Association. Placées dans différentes mauvaises paroisses des environs de Paris, ces personnes surent, par leur vie édifiante et leur dévouement réel pour les enfants, gagner promptement l'estime et la confiance des populations. Grâce à elles, beaucoup de préjugés s'évanouirent en peu de temps pour faire place au respect et à l'admiration.

Des dames de bonne volonté acceptèrent comme un honneur le soin de patronner cette œuvre ; elles se réunissaient en conseil général deux fois par an, tandis que le comité directeur composé de cinq membres devait avoir quatre réunions annuelles. Ces réunions étaient présidées par l'abbé Vandel lui-même assisté le plus souvent, soit du Père Leblanc, de la Société de Jésus, soit du Père Savinien, capucin de la Communauté de Versailles.

Pour faire partie de l'Association, les institutrices devaient être admises par le Comité dûment renseigné ; elles devaient en outre avoir été, au moins durant six mois, institutrices en chef et avoir assisté à une des retraites données aux associées.

En plus de leurs fonctions habituelles, les institutrices associées étaient tenues d'assister, sauf le cas d'impossibilité, à la retraite annuelle donnée à leur intention, et à trois des réunions générales de l'Œuvre ; de se soumettre strictement à la direction du Comité ; de s'abstenir des réunions mondaines ; d'adopter les pratiques généralement en usage chez les personnes qui font franchement profession de piété, comme aussi de rendre compte de leurs recettes qu'elles inscriraient soigneusement sur un registre réservé à cet effet.

Elle devaient souscrire, avant leur admission, l'engagement suivant : « Par la grâce de Dieu et la protection de Marie, moi soussignée..... j'accepte de faire partie de l'Association des Institutrices de l'Œuvre des Campagnes, pour aider à ranimer la foi, la vie chrétienne, et pour faire honorer Notre-Seigneur Jésus-Christ au Saint Sacrement de l'autel. »

Cet engagement fut signé par neuf institutrices en 1863, par onze en 1864. Quelques années plus tard, leur nombre atteignait la trentaine et s'augmentait encore d'une autre branche qui, sur les conseils et avec la coopération de l'apôtre des campagnes, avait été formée dans l'esprit de l'Œuvre à Chauvigny, diocèse de Blois, sous la direction de Mlles des Mazzis.

Voici en quels termes élogieux, Mgr Mabile, évêque de Versailles, approuvait les règles de l'Association : « Vu, approuvé et instamment recommandé pour le bien déjà fait dans notre diocèse où l'Œuvre a commencé et pour le bien qui sera fait certainement dans tous les diocèses où l'Œuvre s'établira avec la protection des Ordinaires. — Versailles 30 nov. 1864. Pierre, Evêque de Versailles. »

Appréciant plus que personne le bien réalisé auprès des enfants et des parents et même auprès des pasteurs, l'abbé Vandel donnait tous ses soins à cette branche si intéressante de sa chère Œuvre des Campagnes. S'il ne croyait pas avoir qualité pour s'occuper des affaires temporelles de l'Association, souci qu'il laissait entièrement aux soins des Dames patronnesses, du moins déployait-il tout son zèle pour conduire les associées dans les voies de la perfection chrétienne.

Au n° 35 de la rue Notre-Dame des Champs, se trouvait une maison de retraite dirigée par Mlle de Guébriand. C'est là que, pour leurs conseils, se réunissaient les Dames patronnesses, et, pour leurs retraites, les Institutrices des campagnes. Ces dernières, quand il en était besoin, y trouvaient l'hospitalité de jour et de nuit. L'abbé Vandel les y convoquait de temps à autre pour leur distribuer ses encouragements et ses avis, ou même pour recevoir et entretenir celles qui désiraient avoir recours à ses lumières. Quand il allait missionner dans une paroisse où se trouvaient quelques-unes de ses associées, il se faisait un pieux devoir, pour les encourager, de les visiter, et d'adresser à leurs élèves quelques pieuses paroles. Il s'intéressait à leurs succès et aux résultats qu'elles obtenaient. S'il ne pouvait les voir, il demandait du moins des nouvelles par lettres. « Je demande à votre bonne volonté un petit compte rendu sur vos classes et sur les excellentes petites choses qui sont faites depuis que vous êtes à Bois-d'Arcy. Vous raconterez, mais simplement, les actes de vertus des enfants et les nombreuses communions de Noël. Vous parlerez aussi de la belle réunion à l'école, de la distribution des objets de piété, du nombre des adorations et des petits adorateurs du Saint Sacrement. »

C'est surtout dans les retraites, qu'il avait souvent la satisfaction de leur prêcher, que l'abbé Vandel montrait son ardent désir de les fortifier dans la vertu et de les soutenir dans leur vocation. Il eût voulu faire imprimer à leur intention les entretiens qu'il leur adressait : « Ce sera, disait-il le petit héritage de leur Père (1). » Il est probable que le manque de temps fut le seul obstacle à la réalisation de ce désir.

Si le pieux directeur laissait au comité le soin du temporel, rien cependant ne se faisait sans son assentiment. On le consultait soit pour les placements, soit pour les admissions, soit pour la solution des cas difficiles qui pouvaient se présenter. En réalité, depuis le développement de l'Œuvre, une grande partie de

(1) Lettre du 22 mai 1864.

sa correspondance, la plus grande peut-être, eut pour objet la direction et le gouvernement de l'Association.

Il composa même un opuscule intitulé : *Le Livre des Institutrices à la campagne*, qui fut rapidement épuisé et qui reçut les éloges d'un grand nombre d'évêques. Constatant avec plaisir qu'on en réclamait avec instance une nouvelle édition, l'auteur se proposa de le perfectionner, puis de le fondre avec son livre *l'Œuvre des Campagnes* dont nous parlerons bientôt. La mort, au grand regret des associées et du Père Leblanc, son auxiliaire, ne lui en laissa pas le temps.

Dans ses voyages, l'abbé Vandel mettait à profit toutes les bonnes volontés que la Providence plaçait sur son chemin. Il cherchait toujours, parmi les personnes avec lesquelles il entrait en relation, celles qui lui paraissaient les plus aptes à favoriser son ministère. Il avait un don particulier de Dieu pour les discerner, leur communiquer le feu sacré dont son cœur était dévoré, et utiliser leurs aptitudes suivant les besoins du milieu où la Providence les avait placées.

Appelé à prêcher dans les Landes, à Salles, il se voit comme perdu dans une immense paroisse de douze lieues de circuit, administrée par le curé avec le secours d'un unique vicaire : deux prêtres pour une population de quatre mille habitants disséminés dans une vingtaine de villages et auxquels ils ne pouvaient donner l'instruction religieuse, même dans la mesure rigoureusement nécessaire : « L'ignorance des vérités du salut y est presque générale, écrivait-il, à tel point que même des vieillards sont incapables de réciter le *Notre Père.* »

Dans la tristesse que lui cause un tel spectacle, notre missionnaire se met aussitôt à l'œuvre pour essayer de remédier au mal. Il organise toute une compagnie de catéchistes. Ce sont des jeunes filles de 12 à 15 ans qui viennent à l'école des Sœurs. Formées par leurs maîtresses, sous la direction de l'abbé Vandel, elles sont chargées de faire le catéchisme pendant une heure le dimanche et le jeudi soir ; il y en a une ou deux pour chaque village. Munies de livres de propagande et d'objets de piété, encouragées par le curé et le vicaire, soutenues par les visites et les petits présents de la châtelaine, Mme de Puységur, elles s'acquittent avec un zèle étonnant de leur ministère auprès des enfants. Parfois même, le dimanche, des vieillards viennent assister à la leçon de catéchisme.

Cette méthode, le missionnaire l'adoptait partout où les circonstances lui en fournissaient le moyen. D'une commune de la Savoie, il écrivait à Mme de Casenave : « Je suis mon impulsion favorite qui est de tirer bon parti de quelques personnes bien formées pour les faire agir sans bruit autour d'elles. En ce moment j'en cultive quatre de quatre villages formant trois paroisses. Elles sont pieuses, intelligentes, zélées, et leur action me sera d'un puissant secours. Je laisse à chacune d'elles un dépôt de bons livres et d'objets de piété. Les saintes filles feront un bien incomparable par leur humble et incessant ministère : elles deviennent un foyer de bons exemples et de bonnes œuvres. »

A la même correspondante, de Lamalou-les-Bains, il écrivait encore : « Ici, comme à la piscine de l'Evangile, beaucoup d'infirmes de toute nature... Il y a sur les lieux une excellente fille qui a la confiance de tout le monde à cause de sa piété et de son zèle. Elle s'est de suite associée. Si elle avait des livres, elle ferait merveille ; je propose de lui en adresser. »

Pour donner plus d'efficacité à ces énergies individuelles qu'il rencontrait çà et là dans ses voyages, l'abbé Vandel crut bon de les unir par un lien moral qui leur permettrait d'agir de concert et d'opérer par là même des fruits plus abondants. Il se reposait avec confiance sur la parole du Maître : « Quand deux ou trois seront réunis en mon nom, je serai au milieu d'eux. » C'est ainsi qu'à titre d'essai il établit une Association dans deux paroisses du diocèse de Blois, Avaray et Chauvigny, où elle produisit les meilleurs résultats. Chauvigny surtout fut comme renouvelé au temps de Pâques par l'action lente et puissante de quelques vaillantes chrétiennes appuyées chaudement, quoiqu'en secret, par M. le Curé. Nombre de gens, honnêtes selon le monde, mais réfractaires aux lois de l'Église, s'approchèrent des sacrements et se laissèrent convaincre, avec une facilité qui étonnait le pasteur, de l'obligation d'accomplir leurs devoirs religieux.

Le missionnaire réclamait sans doute l'action de la part de ces âmes de bonne volonté, mais il réclamait aussi des mérites et des prières. Il faisait surtout appel aux âmes d'élite et aux communautés religieuses :

« Un bien considérable, écrivait-il, a été fait sur plusieurs points ; mais le mal est si grand, si profond, si étendu, comme nous le révèlent tous les jours l'étude que nous en faisons et les renseignements qui nous sont donnés, que le bien obtenu n'est guère qu'un éveil donné et un indice de ce que l'on doit faire. Des laïques ont eu leur part dans ce premier mouvement. Il est beau de voir la distinction de la race et de la position, la noblesse du nom et des sentiments, la science et la vertu se donner la main pour retenir et ranimer des restes de foi et de vie chrétienne dans nos campagnes.

« Mais si les gens du monde donnent leur part d'action, d'influence et de généreuses offrandes, les communautés religieuses sont conviées à nous venir en aide d'une manière plus puissante et plus indispensable, par la prière. Leurs maisons ne sont-elles pas les vrais foyers du zèle ? De là, ce zèle se répandra sur les vocations des hommes apostoliques, sur la bonne volonté des riches et le cœur de ces malheureuses populations, pour les incliner vers la religion. La difficulté est grande ; *rendre* la foi est plus difficile que de la *donner*. L'Œuvre des Campagnes a été fondée pour y apporter quelques remèdes. Mais comme la difficulté est surhumaine, nous implorons aussi les secours de l'ordre surnaturel. Aux personnes qui ont tout quitté pour Dieu, nous ne demandons pas l'aumône matérielle, mais nous leur demandons l'aumône de la prière... »

« Sans doute, Dieu veut la conversion des infidèles... Mais Dieu veut surtout le retour à la foi, à la pratique de la religion, des enfants de l'Église, marqués par le saint baptême et admis une fois à la Table sainte par la première Communion... Et les saints patrons des églises, et les anges qui veillent solitaires autour des autels, et les âmes qui ont prié pendant les siècles de foi dans ces temples, s'unissent pour dire que le retour à la religion dans ces paroisses de nos campagnes est l'œuvre la plus agréable à Dieu, la plus importante dans l'Église catholique. Or, si les efforts des missionnaires ne sont pas appuyés par les prières des âmes pieuses et des communautés religieuses, nous sommes menacés de stérilité et nous n'irons pas loin. Mais si Dieu, dans sa miséricorde, inspire aux âmes qui sont plus près de lui l'apostolat de la prière en notre faveur, nous deviendrons puissants. »

Puis il ajoute, à ce propos, ces paroles tirées de l'histoire de sainte Chantal : « Que deviendrait le monde abandonné, hélas ! à tant de passions et attristé aussi par tant de malheurs, si, pendant que les hommes envoient aux oreilles de Dieu le bruit de leurs impiétés et de leurs blasphèmes, les lèvres bénies des vierges n'y faisaient monter une voix qui sollicite la miséricorde plus que la première ne sollicite la justice ? Si nos sociétés modernes n'ont pas encore péri, ah ! ne nous faisons pas illusion ; ce n'est ni la gloire, ni le génie, ni la force, ni la ruse, qui ont fait ce miracle ; c'est la prière qui sort des cœurs consacrés par l'amour et rendus tout-puissants par le sacrifice. »

Au milieu de son inlassable apostolat, le Père Vandel dut souvent interrompre ses travaux. Son activité s'accommodait mal des loisirs que lui imposait sa santé toujours plus ou moins chancelante et chétive, mais dans ce repos forcé, l'esprit et le cœur du missionnaire restaient vaillamment sur la brèche. A défaut de prédication, il donnait ses prières et ses pensées. C'était le moyen de ne pas accorder de trêve à son zèle. Il écrivit donc plusieurs opuscules, tous marqués au coin de la foi la plus pure, de la piété la plus ardente, et de l'expérience la plus mûrie. En même temps, il réunissait des matériaux pour un livre plus considérable qu'il se proposait de publier un jour, et dans lequel il résumerait, comme il disait, le but, l'esprit, le cœur de l'Œuvre des Campagnes. « J'ai un travail préparé peu à peu depuis sept ans. »

Mais avant de livrer son livre au public, il voulut provoquer d'avance les observations de ceux qui le liraient, en le publiant par parties dans l'*Observateur du Dimanche*, alors dirigé ou tout au moins patronné par M. de Lambel. Et encore, dans son humilité, n'ose-t-il publier ces articles tels qu'ils sont sortis de sa plume : « J'offre, dit-il, quelques observations jetées sur le papier qui pourraient *peut-être*, en passant par les mains du Directeur, faire la matière de plusieurs articles. »

Bientôt cependant, grâce aux encouragements flatteurs qui lui furent donnés, il comprit l'utilité de publier à part ces pages. On lui dit qu'elles feront beaucoup de bien à ceux qui les liront. Pour lui-même il y voit un sérieux avantage : « Dans mes courses, je rencontre des messieurs, des dames, qui me demandent des explications sur la manière de faire le bien à la campagne. Je donne des réponses verbales ou écrites suivant les lieux et les besoins, mais ces indications sont plus complètes dans les articles de l'*Observateur*. C'est pourquoi je demande que par économie de temps, de paroles et d'écritures, on veuille bien les publier à part. Ils formeront la matière d'une petite brochure. Plus tard, si Dieu m'en donne le temps et la force, nous pourrons présenter quelque chose de plus considérable et de plus important sur la manière dont les curés, les gens du monde et les missionnaires devront exercer leur zèle dans les paroisses rurales. »

En 1863, le travail annoncé était terminé. L'abbé Vandel écrivait au mois de mars : « Je l'ai entièrement revu depuis six mois, en tenant compte de toutes les observations qui m'ont été faites. » Le volume paraissait en effet au commencement de 1864.

Ceux qui le liront ne pourront s'empêcher d'admirer la méthode éminemment pratique et l'esprit tout apostolique de l'abbé Vandel. Après un coup d'œil d'ensemble jeté dans un chapitre préliminaire, sur l'état de la religion dans les campagnes de France, l'auteur décrit, d'une façon précise, ce que doit être l'action du curé dans sa paroisse et quelles sont les catégories de fidèles sur lesquelles doit principalement se porter son attention. En s'occupant des enfants il arrive peu à peu au cœur du père et de la mère et prend possession de la famille tout entière.

La sympathie qu'il se créera insensiblement sera augmentée par l'intérêt qu'il portera aux vieillards, aux pauvres, aux malades, aux affligés, à tous ceux en un mot qui, dans leurs misères et leurs tristesses, cherchent une consolation et une espérance. Peu à peu, de ce courant de sympathie et de confiance naîtront les associations qui, non seulement sont, dans une paroisse, le thermomètre de la piété et de l'esprit chrétien, mais qui, de plus, les font naître, les fortifient, les développent.

A toutes ces considérations exposées avec une clarté parfaite et une méthode rigoureuse, l'abbé Vandel ajouta des conseils que rendent plus précieux et l'expérience d'un long ministère et les résultats acquis dans l'exercice d'un apostolat particulièrement varié. Il donne encore une méthode aux missionnaires des campagnes et aux laïques de l'un et de l'autre sexe qui veulent entrer dans l'esprit de l'Œuvre et travailler eux aussi à la régénération de la foi et de la piété. Nous ne pouvons nous attarder ici sur le développement des matières traitées dans cet ouvrage. Il est à lire tout entier, mieux encore, il est à étudier dans son ensemble et dans ses détails, car tout porte dans ce livre, et s'il était connu partout et partout appliqué, nul doute qu'il ne produisît des fruits merveilleux, en particulier dans les régions où la foi semble morte. Après quarante ans, ce livre est encore d'une actualité frappante.

Dès le début, l'ouvrage fut accueilli avec un empressement caractéristique et une faveur rare.

Le journal *Le Monde* écrivait dans son numéro du 1ᵉʳ avril 1865 : « Tous les bons esprits apprécieront un remarquable ouvrage dont la première édition s'est écoulée sans bruit. Au moment de sa réimpression, nous devons un témoignagne public de sympathie et de reconnaissance à l'auteur du livre qui a pour titre : *Œuvres des Campagnes*.

« Ce pieux ecclésiastique a réuni dans ce *Manuel des Missions à l'intérieur* tout ce que le zèle le plus actif et le plus généreux a pu lui donner d'idées pratiques dans un long et laborieux ministère. Son style, simple comme la vérité, suave comme la charité, attache, entraîne, persuade. Il y a dans ces pages toutes les inspirations et tous les éléments de succès d'une œuvre immense de régénération chrétienne en faveur des populations rurales.

« Mais l'auteur, aussi prudent qu'il est éclairé, ne veut rien précipiter. Il constate que l'affaiblissement de la foi tient moins à la perversité des classes laborieuses qu'à l'ignorance et aux scandales dont elles sont les témoins et les victimes. Il consacre donc tous ses soins, d'abord aux enfants, aux vieillards, aux pauvres, aux malades, aux affligés : c'est par toutes ces faiblesses associées et secourues que la foi reprendra sa nécessaire influence.

« Le clergé qui distingue si nettement les intérêts moraux de notre temps, accueille dans chaque diocèse avec une grande faveur, les pensées de l'auteur.

« Que dirons-nous maintenant de la part si belle offerte aux laïques dans cette œuvre si belle ? Les classes élevées lui prêteront certainement l'influence de l'exemple et de la charité.

« Toutes les personnes qui liront ce livre admireront la simplicité et l'efficacité des moyens par lesquels elles pourront contribuer partout à renouveler la vie chrétienne pour le bien de la société. »

Mlle des Mazis, fondatrice d'une école où se forment de jeunes institutrices pour les paroisses de la campagne, écrit :

« Un bon curé, dans une paroisse de la Bourgogne, avait inutilement fait tous ses efforts pour ranimer la foi pendant vingt-six ans de ministère. La plus désolante indifférence régnait autour de lui. Il était tout découragé. Il pensait à demander son changement lorsque le livre : *L'Œuvre des Campagnes,* lui tomba sous la main. Ranimé par les exemples encourageants qu'il lut, la confiance lui revint, son zèle se raviva ; il se mit de nouveau à l'œuvre en prenant son monde *d'une autre manière.* Il a si bien réussi, dans l'espace d'un an seulement, qu'à la Toussaint dernière, il a eu cinquante communions pour la première fois depuis qu'il est curé. Il a déterminé quelques vieux pères de famille à assister aux vêpres.

« Il est tout consolé ; il se propose de faire donner une mission et ses paroissiens la désirent (1). »

Le prince Raymond de Broglie adressait à l'auteur les lignes suivantes : « J'ai éprouvé une véritable jouissance à faire parvenir votre livre à un grand nombre de curés : je crois cet ouvrage destiné à faire un grand bien.

« Les conseils que vous donnez sont ceux de la plus sage expérience et du zèle le plus prudent. Avis éclairés, confiance dans le succès d'un bien possible, ne sont-ce pas là les plus précieux encouragements à donner de notre temps, où l'esprit d'isolement et la défiance de toute amélioration religieuse se rencontrent si fréquemment (2) ? »

Un curé du diocèse de Tours envoyait ces quelques mots particulièrement significatifs : « J'aurais voulu avoir votre livre au premier jour de mon ministère ! »

Des religieux, eux aussi missionnaires, et qui

(1) Décembre 1865.
(2) 1865.

connaissaient à fond les besoins de nos campagnes,
s'empressèrent d'adresser leurs remerciements à l'abbé
Vandel.

Le Père Griffaut, Rédemptoriste : « Je fais lire le
livre *L'Œuvre des Campagnes* à tous les bons curés que
je rencontre, persuadé que c'est le meilleur service
que je puisse leur rendre. Tous en sont enchantés et
veulent se le procurer. Dans ma dernière apparition
à Meaux, j'en ai parlé de tous côtés, au séminaire et
à l'évêché. Je l'ai instamment recommandé à Monseigneur ; M. Josse, notre vicaire général, en fait le plus
grand cas. »

Le Père Ramière, de la Compagnie de Jésus, directeur de l'Apostolat de la prière : « Permettez-moi de
vous remercier du bien que votre livre a fait aux prêtres du diocèse de Beauvais. Je l'ai fait lire à table
pendant les deux retraites que j'ai prêchées. La plupart d'entre eux ne se sont pas contentés de l'avoir
entendu lire, ils ont voulu l'emporter. Je ne doute pas
qu'il ne soit d'un grand secours pour régénérer leurs
pauvres paroisses. Mgr l'Evêque a fait l'éloge de votre
ouvrage à plusieurs reprises. Comme je disais à Sa
Grandeur que votre santé ne vous permettait pas en
ce moment d'exercer un ministère actif : « Le livre des
« campagnes, me dit Monseigneur, fera plus de bien
« que n'en pourraient faire cent missions. » Je suis tout
à fait de son avis.

« Du reste, ce n'est pas seulement dans les diocèses
où la foi est languissante que je fais lire votre livre et
que cette lecture est écoutée avec autant de fruit que
d'intérêt. Les populations les plus chrétiennes sont

exposées à déchoir sous l'influence des mêmes causes qui maintiennent les autres à leur triste niveau ; et les moyens que vous indiquez pour régénérer les plus mauvaises paroisses ne sont ni moins nécessaires ni moins efficaces pour préserver les meilleures de la corruption. Les curés des villes peuvent eux-mêmes tirer le plus grand profit des avis que vous donnez à leurs confrères des campagnes. Ainsi le vrai titre de votre ouvrage me semblerait être : *Le Guide des Curés ou moyens pratiques pour régénérer les plus mauvaises paroisses et pour préserver les autres de la corruption.* »

Sans multiplier davantage les témoignages élogieux donnés par nombre de personnages et en particulier par plusieurs évêques, contentons-nous d'exprimer le souhait que formait M. l'abbé Beautain : « J'ai lu en entier ce livre ; je voudrais qu'il fût le manuel de tous les jeunes curés ! » On y sent, en effet, à chaque page une telle connaissance du cœur, un si profond amour pour les âmes, un désir si ardent de les ramener à la foi et à la pratique de la morale chrétienne, que le prêtre qui le lit, qui s'en nourrit et s'en pénètre, s'assure le moyen d'en sauver un grand nombre.

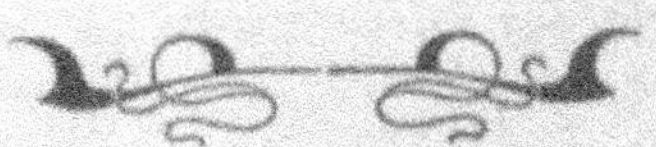

X

Consolations et épreuves.

LA CHAPELLE DE NOTRE-DAME DU LAC. — ŒUVRE NOUVELLE DE L'ABBÉ FAVRE. — MOYEN ORIGINAL DE SE PROCURER DES FONDS : LE CHIFFONNIER DE LA VIERGE. — ACTE ADMIRABLE DE CHARITÉ. — INAUGURATION DU PÈLERINAGE. — LA PART DE L'ABBÉ VANDEL DANS CETTE SOLENNITÉ. — L'ABBÉ VANDEL A L'INFIRMERIE MARIE-THÉRÈSE. — L'ABANDON A LA DIVINE PROVIDENCE. — GÉNÉROSITÉ DU CONSEIL DE L'ŒUVRE DES CAMPAGNES. — COLLABORATION AU BULLETIN MENSUEL. — L'ABBÉ VANDEL PRÉPOSÉ AU CHOIX DES LIVRES POUR LES BIBLIOTHÈQUES PAROISSIALES.

UNE grande cérémonie qui devait être chère au cœur de l'abbé Vandel se préparait pour la fin de novembre, dans sa paroisse natale de Nernier : l'inauguration de la chapelle de Notre-Dame du Lac. Notre missionnaire y était attendu avec impatience et sa présence s'imposait.

Quand on quitte la Suisse et qu'on traverse le Léman pour se diriger vers la rive française, on aperçoit, là-bas, au-dessus de Nernier, un petit monument qui domine l'immense plaine du lac. A mesure que le voyageur approche, le monument se dessine, et bientôt il apparaît clairement à ses yeux. C'est une chapelle aux proportions modestes mais à la forme élégante, flanquée d'une tour que couronne une statue de la Vierge : c'est le sanctuaire de Notre-Dame du Lac. Il est là au milieu des champs, enveloppé de ce recueillement que crée le silence de la solitude interrompu seulement, à certains jours, par le mélancolique clapotement des eaux ou le cri strident des sirènes des bateaux qui sillonnent le lac. De Nernier, un chemin agreste, désert le plus souvent, y mène le pèlerin en quelques minutes.

Cette chapelle était l'œuvre de M. l'abbé Favre sans doute, mais un peu aussi celle de l'abbé Vandel. L'abbé Favre était né le 2 février, en la fête de la Purification de la Sainte Vierge, aussi devait-il porter dans son cœur, jusqu'à sa dernière heure, un amour ardent pour la Mère de Dieu : « Le jour où je n'aurais pas récité le chapelet, disait-il, je croirais avoir fait un pas du côté de l'enfer. » Au séminaire, il avait une fois promis de faire *quelque chose de particulier* en l'honneur de Celle qu'il aimait tant.

Au-dessus de Nernier, était un grand pré communal où les enfants conduisaient le bétail. Le Conseil municipal ayant résolu de diviser ce champ en un grand nombre de parts, un des lots fut donné à l'abbé Favre qui, aussitôt, pour réaliser la promesse toujours présente à son esprit, résolut d'y élever un sanctuaire en l'honneur de sa divine Mère.

On se rappelle par quels moyens pénibles l'homme de Dieu avait construit ses deux écoles. Le voilà donc, pour la troisième fois, appelé à recueillir le sable sur les bords du Léman. Malgré l'absolue pénurie des ressources, il posa la première pierre, ne comptant que sur la prière et la confiance en Dieu : « Je me ferai quêteur, dit-il, je demanderai non de l'argent, mais tout ce dont on ne veut plus, tout ce qui embarrasse, tout ce qui n'a plus de valeur, qui est devenu superflu et rebut dans une maison... Ce sera plus pauvre, plus humble, plus *béni*, plus facile à donner, plus agréable à la Très Sainte Vierge. »

Sur le prospectus rédigé par l'abbé Favre, on voyait tout figurer : vieux livres, vieux vêtements, vieux meubles, petits objets de toilette déjà usés ou ébréchés, canifs et rasoirs rouillés, pipes, cannes, bourses, uniformes militaires, vieilles armes, fusils, épées, couteaux ; lampes, chandeliers, tasses et services de table. « C'était curieux, étrange, inouï, » écrit l'abbé Vandel. Eh bien, faut-il le dire, le résultat dépassa la réclame. Tous les ans le *Chiffonnier de la Sainte Vierge* — c'était le nom qu'on donnait à l'abbé Favre — réalisait une bonne somme, grâce au concours des Sœurs et de quelques personnes dévouées qui se réservaient la tâche difficile de mettre de l'ordre dans ce chaos. En même temps, les murs s'élevaient, les ouvriers étaient fidèlement payés et l'édifice devenait la belle chapelle de Notre-Dame du Lac ! « En toute vérité, écrivait encore l'abbé Vandel, on pouvait dire que chaque pierre était arrosée des prières et des sueurs du vénérable fondateur. »

Ce que l'abbé Vandel n'ajoutait pas, afin de laisser à son saint ami tous les mérites de l'œuvre, c'est que lui-même l'avait puissamment aidé, non seulement de ses encouragements et de ses conseils, mais encore des secours qu'il avait quêtés à son intention.

La chapelle était bâtie, elle était ornée, mais elle n'était pas encore consacrée. Cette cérémonie allait s'accomplir et l'abbé Vandel se faisait un bonheur de s'y trouver aux côtés de celui dont il avait partagé les soucis et les peines. Des amis communs arrivèrent en grand nombre de Lyon, de Genève, de Thonon, de Lausanne et d'autres villes du canton de Vaud et du canton de Douvaine. Jamais Nernier n'avait vu une telle affluence d'étrangers.

L'arrivée des amis de l'abbé Favre fut pour lui l'occasion d'un acte de charité touchante qui sera comme une parenthèse dans notre récit, mais que le lecteur excusera facilement en retour de l'édification qu'il en éprouvera. Nous laissons l'abbé Vandel nous en faire le récit :

« Vers minuit, la veille de la fête, l'abbé Favre était encore dans les rues avec une lanterne, conduisant, dans une maison hospitalière, un de ses amis avec son jeune fils venus du canton de Vaud pour assister à la consécration. Sur le chemin on fait la rencontre d'un homme ivre qui avait de la peine à se tenir debout et qui se dirigeait du côté d'Yvoire, autre village situé à une demi-lieue de Nernier. Rentré dans sa chambre, l'abbé réfléchit que cet homme, étant ivre, pourrait bien se noyer, car il devait longer la rive du lac. La conscience timorée du pauvre prêtre n'y tient plus. Il prend de nouveau sa lanterne et s'en va, par la nuit obscure, cherchant pas à pas s'il ne trouverait pas son homme couché dans l'eau ou dans un fossé. Il lui fallait, pour cela, passer par des ravins remplis de terre glaise. Impossible de dire dans quel état il fallut mettre la soutane, les souliers et les jambes en se baissant continuellement et, probablement, en faisant bien des chutes. L'homme ne fut pas trouvé sur les bords du lac, de Nernier à Yvoire. Au retour, M. Favre prit un autre chemin, pensant que peut-être le malheureux en question aurait suivi cette route. Cette fois, il fallait, avec la lanterne, regarder alternativement dans les deux fossés qui bordaient le chemin. Combien de temps exigèrent ces recherches ?... Nous ne pouvons le dire. L'homme ne fut pas trouvé, et pour cause puisqu'il n'avait pas quitté le village. Mais le lendemain matin, nous rencontrâmes M. Favre avec une mine décomposée et une soutane couverte de boue. « Oh ! dans quel état vous êtes, pauvre « abbé ! — Mon enfant, si tu savais ce qui m'est arrivé « cette nuit ! » Il lui était arrivé ce que nous venons de raconter. L'abbé Vandel ajoutait : « Il y a dans ce fait ignoré un véritable héroïsme de charité : on ne trouve cela que dans la vie des saints. »

Malgré la fatigue extrême dans laquelle cette course nocturne avait jeté le compatissant abbé, il voulut se réserver l'honneur de chanter lui-même la grand'messe durant laquelle il versa d'abondantes larmes, mais des larmes de joie, des larmes de gratitude envers Dieu et de tendresse envers Marie qui, dans ce lieu, s'appellerait désormais Notre-Dame du Lac, et veillerait sur son pays : « Voyez disait-il, avec un doux sourire, voyez la Vierge qui du sommet de sa tour a les yeux sur l'église de Nernier ; elle adore son Fils au tabernacle et le prie pour toutes les familles de la paroisse : elle a aussi la face tournée vers le canton de Vaud qui s'étend là-bas, sur l'autre rive ; elle le protègera et le convertira. »

M. l'abbé Mermillod, le futur évêque de Genève et le futur cardinal de la sainte Eglise, celui qui bientôt, poursuivi et traqué, devait parcourir tous les sentiers de l'exil, était venu célébrer par sa parole ardente le nouveau sanctuaire de celle qui sera si souvent, dans sa vie d'apôtre, l'objet de ses plus vibrants discours.

On savait bien quelle juste part l'abbé Vandel méritait de prendre à cette grande solennité, mais lui, ne cherchait qu'à s'effacer. Dans son humilité, il se considérait comme un simple pèlerin venu pour rendre hommage à sa douce Mère, pour jouir de la joie de tous, et en particulier de celle qui remplissait le cœur de son tendre et saint ami. — « Le pèlerinage est fondé, écrivait-il, et il ira en grandissant. La pensée du pieux fondateur se réalise. Notre-Dame du Lac sera une protection pour les marins exposés à périr aux milieu des tempêtes, fréquentes sur le Léman. En voyant la petite chapelle, dans le lointain, leurs prières s'élèveront vers celle qui est appelée l'*Etoile de la mer* et qui est toute-puissante pour nous délivrer de tous les dangers du corps et de l'âme. »

De concert avec M. Favre, l'abbé Vandel fit des démarches pour enrichir son cher sanctuaire de la précieuse indulgence de la Portioncule. Il fut réglé qu'afin de disposer les fidèles à profiter de cette faveur insigne, un triduum préparatoire serait célébré chaque année : et pour en assurer la durée, l'abbé Vandel fit une fondation, de même qu'il avait fait, peu auparavant, une fondation, pour une messe mensuelle à célébrer à l'autel de Notre-Dame du Lac.

La solennité de Nernier, qui fut douce à son âme, était venue interrompre pendant quelques jours l'apostolat de l'abbé Vandel, mais il le reprit aussitôt après son retour de la Savoie. Malheureusement la maladie vint de nouveau mettre obstacle à ses courses. Cependant le Conseil de l'Œuvre des Campagnes, comprenant combien sa santé serait encore précieuse à l'Œuvre, le pressa de se choisir un domicile fixe où il pourrait recevoir des soins convenables. L'abbé s'y refusa, car il espérait toujours que la Providence lui enverrait les aides missionnaires demandés et attendus depuis si longtemps. Un moment il crut même que son désir allait se réaliser. M. l'abbé Pottier, curé de Favières, au diocèse de Meaux, avait en singulière estime le fondateur de l'Œuvre des Campagnes ; aussi voulut-il s'associer à son ministère. Malheureusement l'abbé Vandel était encore sans résidence fixe et comme plusieurs maisons lui étaient offertes, l'embarras du choix faisait traîner les choses en longueur. Sur ces entrefaites, notre missionnaire tomba de nouveau malade ; grâce à la bienveillante entremise de Mme de Falaiseau qui connaissait particulièrement l'Archevêque de Paris, le cardinal Morlot, les portes de l'infirmerie Marie-Thérèse, maison de retraite pour les prêtres âgés ou infirmes du diocèse, lui furent largement ouvertes. Les bonnes nouvelles qu'on lui donna de son Œuvre le consolèrent dans ses souffrances : « Il me faut tout cela, écrit-il, pour m'aider à passer les heures pénibles qui me font douter si cette pauvre santé se rétablira. Ce que je dis là semblerait annoncer de l'abattement. Et pourtant non, ce n'est pas précisément cela ; mais je sens, par moments, le poids de l'épreuve, la longueur de l'infirmité. Heureusement la grâce est là qui fait bénir la volonté de Dieu. Le dimanche de la Passion nous dit aujourd'hui que sans la croix il n'y a ni amour, ni mérite, ni salut. Donc, vive notre croix ! Il y a souvent de l'amour-propre et de la sensualité dans les désirs de guérison (1). »

Il apprend aussi que le Père Hubin, S. J., son remplaçant dans le Conseil de l'Œuvre, a obtenu de nombreuses indulgences en faveur des associés : « Alleluia ! s'écrie-t-il, voilà pour nous bien des occasions d'arriver plus vite en Paradis ! » Tout ce qui pouvait contribuer au développement de l'apostolat dans les campagnes lui allait au fond du cœur et lui était une preuve que Dieu bénissait ses efforts.

Le séjour à l'hospice Marie-Thérèse ne fut pas de longue durée, et dès qu'il eut retrouvé un peu de forces, le Père Vandel reprit ses prédications.

Entièrement absorbé jusqu'ici par les travaux du ministère apostolique, l'abbé Vandel s'était donc livré, en ce qui concernait sa vie matérielle, aux amoureuses attentions de la divine Providence. Il vivait pauvre-

____

(1) Lettre du 22 mars.

ment, partageant simplement le toit et la table des confrères qui avaient recours à son zèle et à ses lumières.

Il n'avait pas de demeure fixe afin d'éviter des dépenses qu'il jugeait inutiles. Heureusement, les amis s'étaient montrés généreux et hospitaliers, surtout quand la maladie le forçait au repos durant des semaines entières : « Si Mme de la Rochejaquelein n'avait eu la pensée de m'avoir cet hiver, écrivait-il, je n'aurais pas bien su où diriger mes pas. » Pour qui connut de près la délicatesse extrême de notre missionnaire, il est facile de supposer combien cette incertitude lui fut parfois pénible.

Deux pensées cependant lui avaient fait accepter cette position : la ressemblance qu'elle lui donnait avec Notre-Seigneur lui-même, le modèle des apôtres, qui n'eut pas une pierre où reposer sa tête ; puis l'accueil franchement joyeux et empressé qui lui était réservé par ses amis, accueil que lui valaient du reste sa parfaite réserve et l'édification profonde qu'il répandait partout autour de lui. Toute sa journée était comme une prédication ; à le voir si recueilli, si pénétré des sentiments de foi, si pieux en toutes ses paroles et en tous ses actes, on se sentait devenir meilleur ; on regardait sa présence comme un bienfait de Dieu.

Cependant les années venaient et l'activité déployée jusqu'alors avait altéré profondément cet organisme délicat. Qui sait si bientôt il ne devra pas rester presque immobile et passer des semaines et des mois entiers à donner à un tempérament affaibli le juste repos qu'il réclame? Si l'abbé Vandel, homme d'abnégation et de pénitence, n'y pensait pas, d'autres plus prudents y pensaient pour lui.

Les membres du Conseil de l'Œuvre comprirent donc que sa vie errante ne pouvait durer indéfiniment, mais qu'il fallait lui trouver un domicile.

On songea d'abord à louer un appartement assez vaste où le Comité de direction établirait son bureau et où l'abbé Vandel pourrait fixer sa demeure. Mais celui-ci n'accepta pas cette proposition sous prétexte qu'il devenait la cause d'une dépense trop onéreuse pour l'Œuvre, et il le déclara nettement au Père Hubin qui avait pris l'initiative de ces charitables démarches. Mme de Fresne, croyant mieux se conformer aux sentiments d'humilité qui guidaient en tout notre missionnaire, suggéra l'idée de louer un petit appartement très modeste où l'abbé Vandel aurait toute sa liberté d'action et où l'on placerait une domestique pour le servir lorsqu'il serait présent et garder la maison pendant ses absences. Le Conseil agréa avec empressement la proposition.

Craignant cependant que, dans sa modestie, le saint prêtre jugeât cette attention trop au-dessus de ses mérites et ne fît encore des objections, le Père Hubin écrivait à Mme de Fresne chargée d'exécuter la décision du Conseil : « Hâtez-vous de conclure, et dites à l'abbé qu'il n'a rien à y voir et que c'est une chose réglée. Je vous remercie, Madame, de votre charité pour cet excellent abbé et je la regarde comme un service personnel. » M. de Lambel lui écrivait de même : « S'occuper du saint abbé Vandel, c'est faire acte de reconnaissance au nom de notre Œuvre *qui lui doit tout*, et c'est aussi servir les intérêts de nos chères campagnes. »

L'abbé ne put moins faire que de se résigner, et, la veille de Noël, il écrivait à sa généreuse bienfaitrice : « Je remercie le bon Dieu, et vous, et le Père Hubin, et ces Messieurs, d'une telle sollicitude. Cependant je n'étais pas inquiet. Je comptais sur la Providence, mais si la Providence veut se servir de l'Œuvre pour assister un de ses ouvriers, je l'en bénis doublement. »

La Providence, en effet, avait été bonne pour lui et c'est pourquoi il ne pouvait douter d'elle : « Depuis l'année 1857, lisons-nous dans ses notes, mon temps, mes peines, mes pensées, mes prières, mes travaux ont été pour l'Œuvre des Campagnes. On m'a offert des places plusieurs fois, je les ai toujours refusées ; M. de Lambel s'est offert de me faire donner une somme régulière pour mon entretien, je l'ai également refusée. Cependant, comme en ce monde il faut du pain, un toit, des vêtements, je déclare ici avec une très grande reconnaissance envers Dieu et envers les bienfaiteurs que sa bonté m'a donnés, n'avoir jamais manqué du nécessaire, soit pour les soins à donner à ma faible santé, soit pour le reste, tout en subissant par moments quelques légères privations. » Son humilité l'empêcha de dire que ces privations furent le plus souvent volontaires, et que s'il les endura, ce fut surtout par esprit de pauvreté et par vertu.

Au retour d'un voyage dans le Blésois où il était allé visiter ses curés missionnaires et assister à une réunion qui devait se tenir en faveur de son Œuvre, dans la chapelle de l'Évêché, l'abbé Vandel prit enfin possession de son domicile (1). Il s'y trouva « parfaitement installé, très content de sa vieille gouvernante, et il voudrait pouvoir remercier ses bienfaiteurs autant que son cœur en sent le besoin. »

Pour mettre les associés au courant de la marche de l'Œuvre, de ses besoins, de ses progrès, on s'était contenté, jusqu'alors, de leur envoyer le compte rendu annuel des recettes et des dépenses avec le récit succinct des faits les plus saillants de l'année, mais l'association avait pris un tel développement que ce compte rendu devenait très insuffisant. On décida donc la création du *Bulletin de l'Œuvre* qui paraîtrait tous les mois.

Le Père Hubin, de concert avec les conseillers, voulut bien se charger de sa rédaction, mais à la condition que le vénéré fondateur fournirait, lui aussi, sa part de collaboration et s'engagerait à donner un article pour chaque fascicule. Malgré la surcharge de ses occupations, plus tard surtout, l'abbé Vandel fut toujours fidèle à ce travail jusqu'à la fin de sa vie.

Il fut prié aussi par le Conseil d'étudier la question des bibliothèques et de consigner ses réflexions dans un rapport qui serait lu en séance (2). Il le fit d'autant plus volontiers que lui-même, dès le début, avait, dans ses missions, adopté comme moyen d'apostolat,

(1) Le modeste appartement loué pour l'abbé Vandel était situé au 43 de la rue Saint-Placide.

(2) On sait que l'Œuvre des Campagnes tient en réserve un certain nombre de livres choisis qu'elle envoie gratuitement, sur leur demande, aux prêtres de paroisses pauvres.

l'habitude de distribuer des livres de lecture simple et facile pour instruire, intéresser et édifier les villageois. « Les objets pieux, disait-il, christs, médailles, chapelets, distribués avec discernement par le missionnaire sont d'un grand secours : la bénédiction qui les accompagne, le plaisir qu'ils procurent, l'élan communiqué par les enfants qui les ont reçus, déterminent souvent le succès d'une mission. Or, les bons livres distribués à propos ne sont pas moins utiles. Ils peuvent, *avant* la mission, lui servir de préparation, et *après*, en assurer les fruits. »

Cependant, dans les commencements de l'Œuvre, on avait distribué les livres un peu à l'aventure. Sans être mauvais, bien entendu, beaucoup n'étaient pas de nature à obtenir la fin que l'on se proposait, je veux dire le retour à la foi, et mieux encore sa conservation dans les campagnes.

Instruit par sa propre expérience et par les remarques qui lui furent suggérées, l'abbé Vandel était devenu sévère sur le choix des volumes qui devaient constituer les bibliothèques de l'Œuvre ; il voulait des livres vraiment propres à réveiller la foi et à entretenir la vie chrétienne. Aussi, dans ses loisirs, s'occupait-il à parcourir soigneusement les ouvrages proposés afin de ne choisir qu'à bon escient. Quand il ne pouvait tout lire et tout examiner par lui-même, il se faisait un devoir de demander le concours de quelque personne compétente, capable de juger et d'apprécier au point de vue du but spécial qu'il se proposait d'obtenir. Il excluait les livres de fictions, de sciences, d'histoire naturelle et autres qui n'avaient aucune note religieuse :

« Ces livres, disait-il, distribués autrefois par l'Œuvre, n'ont point donné satisfaction aux curés et aux personnes sérieuses ; ils n'ont servi qu'à dégoûter les lecteurs d'ouvrages plus utiles et plus instructifs parce que ceux-ci n'ont pas naturellement le même attrait de curiosité. »

Le rapport de l'abbé Vandel sur cet article fut remarquable par le bon sens qui avait présidé à ses conclusions et par l'expérience profonde qu'il dénotait. La lecture qui en fut faite devant le Comité réuni recueillit tous les suffrages et, de ce moment, notre missionnaire fut invité à s'occuper de l'amélioration progressive des bibliothèques de l'Œuvre des Campagnes.

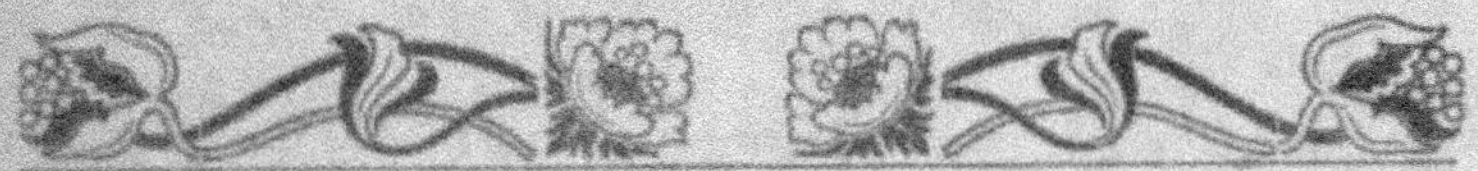

XI

Le Père Vandel, Missionnaire
du Sacré-Cœur.

———

Tout disposé qu'il fût à continuer ses œuvres et en particulier l'évangélisation des paroisses rurales, l'abbé Vandel eût désiré vivement avoir auprès de lui des appuis efficaces, des hommes animés d'un même esprit que lui d'apostolat et de dévouement pour les pauvres et les indifférents. Jusqu'ici la Providence ne lui avait pas permis de réaliser ses desseins ; mais l'heure approchait où notre missionnaire n'allait plus être seul. Le Cœur de Notre-Seigneur qu'il avait tant aimé et auquel il avait consacré sa vie sacerdotale, lui réservait une place dans une humble société religieuse qui était encore à son berceau, dans la petite Société des Missionnaires du Sacré-Cœur.

Déjà l'abbé Vandel avait entendu parler du R. Père Chevalier, son fondateur, par une personne pieuse dévouée aux Œuvres d'Issoudun, Mlle de Larochère. Le Père Vandel, d'autre part, n'était pas un inconnu pour le R. Père Chevalier. Celui-ci avait lu son livre *L'Œuvre des Campagnes,* que lui avait envoyé le Père Leblanc. Ils allaient faire bientôt plus ample connaissance dans une circonstance en apparence banale, mais en réalité ménagée par les amoureuses dispositions de la divine Providence. Cette circonstance fut leur rencontre dans la station balnéaire du Mont-Dore où l'un et l'autre avaient dû se rendre pour refaire leur santé compromise. On devine que les deux prêtres se virent souvent et causèrent longuement, dans l'intimité, de leurs vues réciproques et de leurs projets qui se touchaient par tant de points. En quittant le Mont-Dore où il laissait encore le R. Père Chevalier, notre missionnaire voulut passer à Issoudun pour visiter la communauté et la Basilique où il pria longuement, dans son beau sanctuaire, celle qu'on y invoque sous le titre si touchant de *Notre-Dame du Sacré-Cœur.*

Après son pieux pèlerinage, il retourna à Paris pour donner les missions qu'il avait promises, mais sa correspondance avec le R. Père Chevalier, devenue de plus en plus active, faisait deviner clairement son attrait pour la Congrégation naissante.

Quelques mois plus tard, ses occupations lui en laissant la liberté, il se décida à aller passer quelque temps dans la communauté pour en étudier l'esprit et les obligations. Il suivit les exercices communs, travaillant avec les confrères et prenant part à leurs récréations : « Ici, écrivait-il bientôt, tout est admirablement édifiant ; nulle part on ne prie mieux que dans cette pieuse et magnifique église du Sacré-Cœur. Durant son séjour, on mit même à contribution, plusieurs fois, la bonne volonté et le zèle de l'abbé Vandel dont la parole si persuasive et si simple fit le bonheur et l'édification des fidèles qui venaient l'écouter avec une sainte avidité.

Le saint prêtre paraissait donc déterminé à entrer dans ce qui semblait être pour lui les vues de Dieu en se fixant *au Sacré-Cœur* : « Le noviciat que j'ai en perspective, écrivait-il, ne m'effraye pas, car j'ai pu constater, depuis que je suis dans la communauté, que tout y est proportionné aux forces de chacun, et j'ai été à même d'apprécier le bon esprit qui y règne et de bien connaître le genre de vie qu'on y mène. Ma conviction bien arrêtée est que j'ai trouvé ce qui satisfait mes goûts, ce qui va le mieux à ma santé, et même ce qui est le plus utile à l'Œuvre des Campagnes (1). »

Sur ces entrefaites, le R. Père Chevalier qui se trouvait malade dans les îles d'Hyères, venait d'être envoyé

(1) Lettre du 14 février 1866.

par les médecins à Amélie-les-Bains. Sachant l'abbé Vandel épuisé et craignant pour lui les rigueurs de l'hiver, il l'invita aimablement à venir partager son séjour sous un ciel plus clément. L'abbé Vandel accéda volontiers à ce désir charitable et alla rejoindre le pieux fondateur. Plus encore que par son état de santé, il se laissa déterminer à ce voyage par la pensée du bien qu'en retirerait son Œuvre : « Je suis porté à croire que la maison des Missionnaires d'Issoudun sera le centre que nous cherchons ; c'est pour cela que je vais rejoindre le Père Chevalier. Nous conviendrons ensemble de beaucoup de choses avec l'aide et la bénédiction de Dieu. »

A Amélie-les-Bains, notre missionnaire ne demeura pas inactif et s'il donnait à sa santé les soins nécessaires, il ne s'en occupait pas moins de sa chère Œuvre des Campagnes. Il s'agissait alors de prendre des mesures et de rédiger des règlements pour assurer, aux institutrices des campagnes, une position temporelle convenable. Il était question aussi d'établir une sorte d'école normale où se formeraient, dans l'esprit de leur vocation, les nouvelles arrivées. Naturellement, en tout cela, l'abbé Vandel était consulté soit par Mme de Fresne, soit par le Père Leblanc avec lesquels il avait établi une correspondance régulière. Le reste du temps se passait à prier, à réfléchir et à soupirer après la vocation que Dieu semblait lui montrer : « Quel bonheur, quelle grâce, quelle miséricorde, si je puis devenir Missionnaire du Sacré-Cœur de Jésus ! Je ne le pourrai que par Marie et Joseph ; je le leur demanderai tous les jours de mon noviciat. »

Malgré cette sorte de retraite qu'il s'était faite à Amélie, l'abbé Vandel ne pouvait renoncer à exercer le petit apostolat que lui permettaient et ses forces et le milieu dans lequel il vivait. La sœur Angélique Battle, supérieure des Religieuses du Très Saint Sacrement, écrivait encore seize ans après la mort du Père Vandel :

« Amélie-les-Bains eut, à une certaine époque, l'immense avantage de posséder et d'apprécier ce digne ecclésiastique, et la communauté du Saint-Sacrement fut du nombre de ces âmes privilégiées qui eurent l'honneur et le bonheur d'avoir des rapports intimes avec lui. Je n'ai malheureusement de lui aucun écrit, mais je porte toujours dans mon esprit et dans mon cœur les conseils pleins de prudence et de sagesse qui m'ont tant aidée, dans la suite, pour la direction de ma communauté et de la maison d'éducation que je dirigeais déjà en 1866.

« Que dirai-je de son zèle, de son affection vraiment paternelle pour les enfants ? Ceux-ci le sentaient bien quand, voyant le bon Père passer dans la rue, ils couraient après lui, garçons et filles, pour baiser sa main. Une de ses joies les plus douces était de réunir nos enfants pour leur parler du bon Dieu : il le faisait d'une façon si attrayante que les petites histoires étaient rapportées, le soir même, dans les familles. Plusieurs fois, les mères étaient venues me dire l'impression salutaire produite sur le papa au récit du trait édifiant raconté par l'enfant.

« Son zèle s'étendait à tout : notre bibliothèque exclusivement composée de livres de propagande religieuse qui font, encore aujourd'hui, le plus grand bien, est un don de la pieuse libéralité de l'Œuvre des Campagnes. Enfin, on peut dire que le passage de ce saint religieux à Amélie-les-Bains fut une bénédiction précieuse pour le pays et surtout pour votre humble servante. »

Après plusieurs mois passés à Amélie, mois durant lesquels sa santé avait trouvé une amélioration notable, le Père Vandel retourna à Paris, non toutefois sans être allé recommander sa vocation religieuse à la Vierge de Lourdes d'abord, puis au village de Poy, au grand apôtre de la charité, saint Vincent de Paul. Il eut même la sainte curiosité d'aller s'édifier dans le village de Mimbaste, patrie de Marie Lataste, cette humble fille de paysans que Dieu avait favorisée de révélations surnaturelles et qui mourut sœur converse chez les Dames du Sacré-Cœur, en laissant, à toutes celles qui l'entouraient et même au loin, le parfum d'une sainteté peu commune.

« Revenu à Paris, écrit le Père Vandel, j'annonçai en plein conseil général, chez M. de Lambel, mon entrée dans la Société des Missionnaires du Sacré-Cœur. A cette nouvelle, le Père Hubin déclara qu'il se retirerait de l'Œuvre si je ne continuais par ma coopération. Je protestai alors que mon intention n'était pas de me désintéresser de l'Œuvre et que ma nouvelle vie ne m'empêcherait pas de lui continuer mes services. »

Malgré cette protestation, le Père Hubin résigna sa charge dans laquelle il fut remplacé par le Père Bazin. Le Père Vandel regretta vivement ce départ et rendit un hommage sincère au dévouement éclairé qui avait toujours guidé le digne religieux et au bien réel qu'il avait produit.

La reconnaissance et la charité l'ayant obligé à se rendre auprès de la famille de Villeneuve, au château de Courcelles, le Père Vandel profita de son voyage pour aller voir les Curés-Missionnaires du Vendômois et leur promettre de leur continuer son concours malgré son entrée dans une Congrégation religieuse. Il leur prodigua de précieux conseils, les encourageant instamment à persévérer dans leurs saintes résolutions et à s'unir entre eux par des liens toujours plus étroits de fraternelle charité. Son âge, l'expérience acquise par la pratique d'un long et difficile ministère, les succès que sa méthode avait remportés dans les mauvaises campagnes qui entourent la capitale, lui donnaient qualité pour aider les prêtres de ses lumières et les prémunir contre les dangers ordinaires de leur situation.

En entrant dans la Société des Missionnaires du Sacré-Cœur, le Père Vandel constata avec une grande joie que le fondateur avait eu déjà la pensée de procurer au clergé séculier les avantages de l'union et de l'association en les affiliant aux membres de la Congrégation et en les rattachant à eux par une dévotion commune, la dévotion au Sacré-Cœur de Jésus. Le nom de *Prêtres séculiers du Sacré-Cœur* qui leur avait été donné, indiquait assez, du reste, les liens de parenté spirituelle qui les rattachaient aux *Missionnaires du Sacré-Cœur*. Sans doute, ces prêtres n'étaient pas encore nombreux, mais déjà leur influence se faisait sentir : « Cette congrégation, disait le Père de

Ponlevoy, sera toujours le *pusillus grex*, et cela doit être et suffit. C'est le levain qui fait fermenter la masse comme exemple et comme impulsion (1). »

Le Père Vandel espérait qu'en harmonisant le règlement des Agrégés du Sacré-Cœur avec celui des Curés-Missionnaires, ceux-ci se rallieraient en groupe avec les premiers ; mais ils préférèrent s'en tenir purement et simplement à leurs réunions accoutumées, laissant d'ailleurs à chacun la liberté de s'agréger individuellement suivant son bon plaisir.

(1) Entretien avec le Père de Ponlevoy, 5 novembre 1865.

XII

La Petite Œuvre du Sacré-Cœur.
Sa fondation.

RÉPONSE DU PÈRE CHEVALIER AUX OUVERTURES DU
PÈRE VANDEL. — UN PRÉCIEUX BERCEAU. — PÈLE-
RINAGE A LA FRONTIÈRE ESPAGNOLE. — LE PÈRE DE
FORESTA ET LES ÉCOLES APOSTOLIQUES. — ÉLOGES
DONNÉS AU SAINT RELIGIEUX DE LA COMPAGNIE DE
JÉSUS ET A SON ŒUVRE. — LA PETITE ŒUVRE DU
SACRÉ-CŒUR. — DÉMARCHES DU PÈRE VANDEL. —
UN TIMBRE DE VINGT CENTIMES. — LES DOUZE PRE-
MIERS ÉLÈVES. — LE VIEUX MONASTÈRE DE CHEZAL-
BENOIT. — PAUVRETÉ DU DÉBUT. — PROJETS HARDIS
PROMPTEMENT RÉALISÉS.

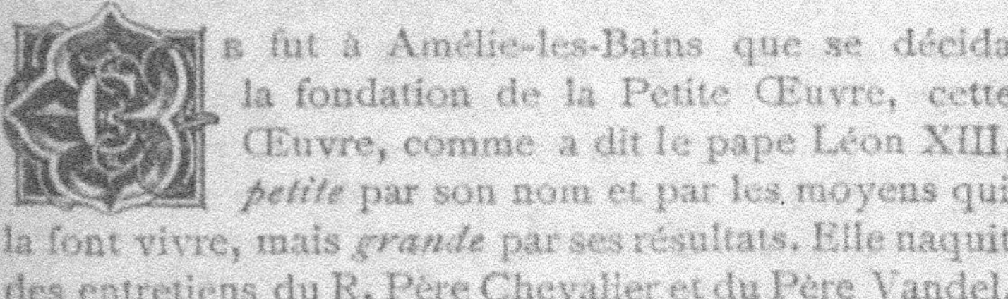

E fut à Amélie-les-Bains que se décida
la fondation de la Petite Œuvre, cette
Œuvre, comme a dit le pape Léon XIII,
petite par son nom et par les moyens qui
la font vivre, mais *grande* par ses résultats. Elle naquit
des entretiens du R. Père Chevalier et du Père Vandel.

Celui-ci raconte ainsi l'origine de cette fondation qui allait ajouter un si vaste champ à son zèle et servir si admirablement sa pensée d'apostolat, plus que jamais vivante au fond de son cœur.

« Dans une réunion tenue à l'évêché de Blois à l'occasion des Curés-Missionnaires et de l'Œuvre des Campagnes, je proposai la cotisation *d'un sou* par an. Cette proposition fut bien accueillie.

« Mais lorsque je voulus la faire adopter à Paris par le Comité de direction, le Père Hubin ne partagea pas mon avis et la proposition ne fut pas acceptée. En entrant dans la Société des Missionnaires du Sacré-Cœur, je la proposai au R. Père Chevalier qui l'accueillit avec empressement : « Excellente idée, répondit-il, nous l'utiliserons pour nous procurer des ressources qui serviront à fonder et à entretenir une école apostolique destinée à devenir une pépinière de vocations pour notre humble Société. »

Tandis que le Père Chevalier et le Père Vandel se trouvaient ensemble à Amélie-les-Bains, cette idée fut pesée, étudiée, discutée et une messe fut offerte à l'autel de Marie pour obtenir, par son intercession, la grâce de connaître, sur ce point, la volonté de Dieu. C'était le jour même de l'Annonciation de la Très Sainte Vierge, qui coïncidait, cette année-là, avec le dimanche des Rameaux. Durant la messe on avait mis et laissé sur l'autel une ébauche de règlement pour l'Œuvre projetée qui n'était autre que la *Petite Œuvre du Sacré-Cœur*. C'est ce qui faisait dire au vénéré Père Vandel « qu'elle avait pour berceau un autel et qu'elle était née le jour même où le Fils de Dieu s'était fait petit enfant dans le sein de Marie. » Ce patronage de la Vierge fonda la confiance des deux Pères déjà persuadés de l'efficacité de leurs prières, et voulant d'avance remercier notre divine Mère de la faveur qu'elle allait leur obtenir, ils se rendirent le même jour, en manière de pèlerinage, dans un village voisin, la Jonquière, situé au delà de la frontière, sur le territoire Espagnol. On trouva la paroisse doublement en fête, car en Espagne, l'Annonciation est de précepte : « Comme au jour d'un baptême, écrit le Père Vandel, on fait des présents, nous distribuâmes, sur la place de l'église, des médailles de la Très Sainte Vierge à une multitude d'enfants Espagnols. » C'était le premier acte de l'apostolat de la Petite Œuvre du Sacré-Cœur (1).

L'idée de l'Œuvre une fois arrêtée, il restait à l'exécuter. Le R. Père Chevalier n'eut pas à chercher bien loin l'instrument de la Providence : il semblait tout indiqué dans la personne du Père Vandel : « C'est Dieu qui vous a donné cette bonne pensée, lui dit-il

(1) « Je suis allé en Espagne... nous n'y avons point bâti des châteaux, mais nous y avons fait bien des heureux en distribuant des médailles aux enfants. Ces enfants sont charmants, spirituels, pieux, aimables. Quel bon peuple !... Quelle belle église pour un petit village ! On voit que Voltaire n'a pas passé par là et sa langue non plus. Les langues sont des barrières de préservation. Ce peuple est pénétré de foi, de catholicisme : il est cordial, joyeux, simple, affectueux comme les enfants. Quel contraste avec le village français qui est à la frontière !... Jamais de ma vie, nulle part, je n'ai vu une église plus pauvre, plus désolée ; les habitants en ont honte et on dit aux étrangers qu'il n'y en a point... Que la France a besoin, partout, de se rajeunir dans le Sacré-Cœur. Dévouons-nous pour notre part ! » (A Mme de Fresne, 10 avril 1866.)

(*Ann. de N.-D. du S.-C.*, juillet 1872.)

en empruntant les paroles de Pharaon à Joseph, c'est à vous de l'exécuter ; qui mieux que vous saura conduire l'entreprise à bonne fin ? » Par dévouement autant que par obéissance, le Père Vandel accepta cette tâche. Et puis, avec la grâce de Dieu il allait donner des missionnaires à l'Eglise, pouvait-il rêver un moyen plus efficace d'être apôtre, même après sa mort !

Nous sommes à l'époque où un saint religieux de la Compagnie de Jésus, le Père de Foresta, auquel le Père Vandel était attaché par des liens de sainte amitié et de vénération profonde, établissait à Avignon la première école apostolique.

« N'y aurait-il pas quelque chose à faire, se demandait un jour le vénérable religieux, pour alimenter les sources de l'apostolat et pour multiplier les ouvriers évangéliques ? N'y aurait-il pas moyen d'assurer aux jeunes aspirants à cette noble carrière une éducation soignée et complète qui les rendrait tout à fait aptes aux travaux de leur vocation (1) ? »

Pour porter la parole de Dieu dans les âmes, il faut en effet des hommes, et malheureusement les ouvriers sont rares (2). Autour de nous, de nos jours plus que jamais, tout semble organisé pour entraver ou étouffer les germes de vocation que la grâce de Dieu a semés si abondamment dans les jeunes âmes. Ces germes, au contraire, il faut les préserver, les favoriser,

(1) *Vie du Père de Foresta*, par le Père de Chazournes, p. 245.

(2) *Messis quidam multa, operarii autem pauci.* (Matth., IX, 7.)

les développer en rendant plus accessible l'entrée du sanctuaire à des enfants, à des jeunes gens qui semblent marqués par Dieu pour l'œuvre de l'apostolat. « Multiplier les apôtres, disait le Père de Foresta, c'est multiplier les élus. »

Sans doute les séminaires fournissent d'excellentes vocations ; mais outre que, de nos jours, l'hostilité des ennemis de l'Eglise travaille par tous les moyens à en fermer les portes, ou, tout au moins, à diminuer le nombre de ceux qui allaient y chercher un abri pour s'y préparer aux devoirs du sacerdoce, les séminaires ont d'abord en vue de donner des prêtres à nos pays civilisés. Or il faut aussi des missionnaires, de ces hommes au tempérament fort et énergique qui ont le courage de tout quitter pour se porter dans ces vastes régions périlleuses où Jésus-Christ n'est pas connu. Les diverses maisons de missions établies en France ou à l'étranger fournissent un apport admirable à la propagation de l'Évangile, mais c'est encore peu pour l'immense étendue de ces pays qui vivent dans le paganisme ou dans l'erreur.

Les écoles apostoliques devaient donc être, par leur but spécial, autant de pépinières d'apôtres. On ferait choix de sujets aptes à cette vocation. — Ces sujets, on les trouve dans toutes les classes de la société, mais surtout dans les familles chrétiennes des campagnes. — On les élèverait dans l'esprit de leur vocation ; et comme souvent, l'humilité de leur condition pourrait être un obstacle insurmontable, on trouverait des personnes généreuses et fortunées qui suppléeraient à la pauvreté des aspirants.

La pensée, évidemment, était admirable : elle venait de Dieu. Aussi quand le Père de Foresta l'eut réalisée, reçut-il, avec l'approbation suprême du Souverain Pontife Pie IX, les encouragements éloquents d'un bon nombre d'évêques et de personnages de haute vertu.

« L'Œuvre des Écoles apostoliques que le bon Dieu daigne visiblement bénir entre vos mains, écrivait au Père de Foresta Mgr de Ségur, est une des plus belles fleurs que le parterre de l'Église offre en ce moment aux regards de Dieu et des hommes. Elle vient grossir le nombre déjà considérable des œuvres qui nous consolent au milieu des excès de l'impiété contemporaine. Mettons tous ainsi une goutte d'eau dans la coupe de l'Église, afin que Notre-Seigneur puisse y rafraîchir ses lèvres altérées par la chaleur du jour, par le poids de nos péchés et les souffrances de son Sacré-Cœur. Combien il serait désirable de voir se multiplier en France ces humbles mais précieuses Écoles apostoliques, ces belles petites pépinières de missionnaires et de religieux... »

Son Éminence le Cardinal Donnet, archevêque de Bordeaux, écrivait à son tour :

« A la vue de ces chers enfants, au front pur et candide, en présence de ce petit champ nouvellement ensemencé qui promet de si belles moissons, je me rappelais avec attendrissement une des hymnes les plus émouvantes de notre liturgie, et je disais en mon cœur : *Salvete, flores martyrum.* Salut, fleurs des martyrs, prémices d'Israël, tendres agneaux voués à l'immolation. Salut, roses naissantes que nous voyons éclore à la lumière du Christ et s'épanouir au pied de cet autel qui, tous les jours, est en même temps le berceau et la tombe du Dieu victime.

« Plus tard vous embaumerez de vos parfums les îles lointaines et, si le vent des persécutions vient à souffler, ces palmes d'écoliers qui charment vos âmes enfantines, feront place à des couronnes sanglantes.

« Non, il ne saurait exister d'œuvre plus excellente que la création d'un établissement destiné à former des ouvriers évangéliques.

« C'est l'œuvre de Jésus-Christ lui-même qui, dans les conseils de la divine Sagesse, a jeté les yeux sur douze pêcheurs pour convertir l'univers. « Il a choisi, dit l'apôtre, les plus humbles et les plus méprisables selon le monde ; il a choisi ce qui n'était rien pour détruire ce qui est, afin qu'il ne soit permis à aucun homme de se glorifier devant lui. »

« L'histoire des âges chrétiens est là pour nous montrer que, le plus souvent, c'est du sein des conditions inférieures qu'il fait surgir ces hommes héroïques, ces apôtres invincibles, prêts à souffrir et à mourir pour la gloire de son nom ; que c'est dans la masse populaire, dans les ténébreuses profondeurs de l'humanité qu'on trouve ces perles précieuses destinées à briller dans la maison de Dieu et à orner la couronne de l'Église. Or, tel est le caractère dominant de votre institution.

« La plupart de vos sujets se recrutent dans ces humbles familles où, faute de ressources, ils resteraient condamnés à l'isolement et à l'obscurité d'une profession vulgaire.

« Ne sont-ils pas les auxiliaires préférés de ce Dieu pauvre qui déclare avoir été envoyé pour évangéliser les pauvres : *Evangelizare pauperibus misit me ?* Soyez donc assuré de toutes mes sympathies et des vœux ardents que je forme pour la prospérité d'une aussi admirable institution (1). »

L'Écho de Fourvière admirait, lui aussi, cette œuvre inspirée par le Ciel (2) :

« Qu'est-ce donc qu'une école apostolique ? C'est une sainte maison dans laquelle entrent, de leur plein gré et avec la permission de leurs parents, des enfants qui désirent se préparer, par le travail, par la mortification et par l'obéissance, à la vie laborieuse des missions. Libres ils sont arrivés, libres ils sortiront si l'attrait divin du sacrifice ne les retient pas derrière ces portes toujours ouvertes. S'ils persévèrent, ils ne reverront leurs familles qu'à la fin de leurs études classiques, dans l'unique visite où ils doivent leur faire leurs adieux définitifs.

« Telle est la règle ! Eh bien ! il se trouve des cœurs d'enfants de douze ans assez courageux pour l'embrasser, des cœurs de père, des cœurs de mère assez dévoués pour s'y soumettre. Et ne croyez pas que les liens du sang soient brisés par cette séparation ; entre les jeunes aspirants et leurs familes, il se fait un échange de lettres admirables où s'expriment les sentiments les plus dévoués et les plus tendres, où cette vie terrestre est appréciée à sa juste valeur, où se montre un reflet des clartés éternelles.

« Les écoles apostoliques sont le séjour de la piété,

(1) *Vie du Père de Foresta*, p. 260.
(2) 2 avril 1874.

de la charité, de l'humilité. La douce joie des enfants de Dieu, que le monde ne connaît pas, y est regardée comme un signe de vocation...

« C'est l'air vivifiant des montagnes qu'ont respiré, pour la plupart, ces jeunes lévites. C'est au sein des familles patriarcales, généralement adonnées à la culture des champs, qu'ils ont reçu l'éducation religieuse, source de leur vocation. Ils apportent leur foi traditionnelle, leur innocence et leur bonne volonté. Mais ils sont ordinairement pauvres. A nous d'assurer par nos aumônes l'existence de la maison qui les nourrit. A nous de nous faire les protecteurs temporels de ceux qui, par un généreux retour, nous rendront, dans l'ordre spirituel, mille fois plus que nous leur aurons donné.

« Nobles enfants, pupilles bien-aimés de la Propagation de la Foi, multipliez-vous sans crainte ; nous ne saurions nous lasser de vous secourir, nous que des des liens retiennent au rivage (1). »

Plein, lui aussi, de cette pensée, le Père Vandel qui, toute sa vie, n'avait rêvé que d'apostolat, particulièrement en faveur des pauvres, allait devenir l'instrument de la Providence pour établir une école apostolique analogue par le but à celle du Père de Foresta. Celle-ci toutefois aurait cette particularité, qu'elle se proposerait spécialement — mais non, bien entendu, d'une manière exclusive, car la vocation doit toujours avoir pour base la liberté — de fournir des sujets à la Société naissante des Missionnaires du Sacré-Cœur (2). Elle

(1) *Vie du Père de Foresta*, p. 263.

(2) « La Petite Œuvre, écrira plus tard le Père Vandel, a fait le sacrifice de ses prémices. Le premier arrivé de ses

se ferait remarquer encore par l'humilité des moyens qui pourvoiraient à son entretien : l'aumône *d'un sou par an*. De là le nom modeste de *Petite Œuvre du Sacré-Cœur* dont l'humilité de son fondateur voulut la baptiser.

Voici en quels termes tout imprégnés d'une surnaturelle confiance, le Père Vandel annonçait sa fondation : « Les fleurs et les fruits sont la beauté et la richesse des arbres ; les œuvres catholiques sont la beauté et la richesse de l'Église.

« L'œuvre du *sou par an* est la plus petite des œuvres catholiques, elle est la plus aimable et la plus facile ; elle n'est pas la moins importante.

« Elle est la plus petite ; elle ne demande qu'un *sou et un sou par an*.

« Elle est la plus aimable : elle est consacrée à Jésus Enfant, resté au temple à l'âge de douze ans : elle remplit de joie le cœur des jeunes enfants du même âge dont elle fera bientôt des prêtres et des missionnaires.

« La Petite Œuvre n'arrive-t-elle pas à son moment ? Il faut des ouvriers. Appelés et formés tout jeunes comme Samuel, ces enfants se pénétreront mieux de l'esprit de leur vocation. Jésus, âgé de douze ans, les

élèves et un de ses meilleurs sujets a déclaré, après quelques mois de séjour à Notre-Dame du Sacré-Cœur, qu'il se croyait appelé dans la Compagnie de Jésus. Notre cœur n'a pas été insensible ; mais croyant reconnaître la volonté de Dieu, nous avons été heureux que le premier fruit de notre œuvre fût cueilli par Marie, pour l'illustre et sainte Société qui porte le nom de son Fils. Nous augurons bien de ce premier sacrifice. » (Bulletin de la P. Œ. 1867-1868.)

appelle à s'occuper des intérêts de son Père, des intérêts de l'Église. Le vent souffle... à la miséricorde, au pardon. Marie prépare les voies depuis quarante ans. Les populations sont émues, elles s'ébranlent, elles prient. La moisson jaunit... il faut des ouvriers. Le Pape, les Évêques appellent ; on va pleurer à La Salette, boire et se laver à Lourdes, chanter et prier à Pontmain : on va se consacrer au Cœur de Jésus à Paray ; on vient à la Trésorière du Sacré-Cœur à Issoudun ; on consacre les diocèses et à Paris on élève un temple monumental au Cœur de Notre-Seigneur..... L'heure semble venue ; le Cœur du divin Sauveur se *laisse toucher*... Donc accourez, grandissez et à l'œuvre, enfants marqués du sceau de la vocation. Prêtez l'oreille, l'oreille du cœur : « Suis-moi, quitte ta maison, viens dans le lieu que je te montrerai. Viens, ne crains pas. Rien ne te manquera : ni le pain, ni le vêtement, ni les soins, ni les leçons, ni les exemples, ni le dévouement le plus affectueux. Viens ! Je t'ai choisi entre mille pour être l'apôtre de mon Cœur, l'apôtre de ma Mère (1). »

Avant tout, le Père Vandel s'occupa de trouver des ressources. Dans un prospectus qu'il fit imprimer et qu'il distribua largement, il montra la facilité pour tous de venir à son aide :

« Tout le monde, écrivait-il, a besoin du secours de la religion : donc tout le monde doit prendre intérêt à sa conservation. Eh bien, tous, même le petit enfant, même le mendiant du grand chemin, peuvent donner

(1) *La Petite Œuvre du Sacré-Cœur*, par le Père VANDEL, p. 8.

un sou par an qui procurera le pain du corps et le pain de la science aux élus du sanctuaire... Un curé peut associer sa paroisse ; un père, une mère peuvent asso- cier leurs enfants à l'Œuvre du Sacré-Cœur. Ils feront en cela action d'apôtres ; ils deviendront en quelque sorte les bienfaiteurs de l'Église... Dans les grands édifices, il faut les grains de sable et les blocs de granit ; l'enfant qui apporte les grains de sable dans le creux de sa main, dira comme l'ouvrier : C'est nous qui avons bâti cette maison. »

Ce petit sou sera recueilli par des zélateurs et des zélatrices qui trouveront dans cet acte de charité et de dévouement, des grâces particulières. A ces zélateurs s'ajouteront les bienfaiteurs et les bienfaitrices qui verseront pour l'Œuvre quelques sommes impor- tantes. Enfin les fondateurs et fondatrices qui donne- ront un capital suffisant pour l'entretien d'un élève.

Quelques offrandes commencèrent à arriver en 1866. La première fut celle d'un timbre-poste de *vingt* centimes.

Ce pauvre petit timbre-poste, venu du pays de saint François de Sales, fut un événement. L'humble fon- dateur y posa ses lèvres avec une vive reconnaissance et un profond respect. Cette offrande du pauvre pour une œuvre pauvre fut reçue comme un gage de béné- diction, comme le premier don des largesses de la divine Providence. Le Père Vandel, dans sa foi naïve et son amoureuse simplicité, le présenta à l'Enfant Jésus en lui demandant de le multiplier. Sa confiance était d'autant plus grande que l'offrande était plus modeste. Elle était faite d'un si bon cœur ; n'était-ce pas l'obole de la veuve ?...

D'autres sous suivirent en effet, et aux vacances de 1867, il y en eut assez pour adopter déjà quelques enfants. On les choisit avec soin (1). La Providence avait déjà pourvu au local.

A dix-sept kilomètres d'Issoudun, au bourg de Chezal-Benoît, se trouvait un vieux et imposant monastère de Bénédictins d'où la Révolution avait chassé les moines. Les bâtiments étaient devenus la propriété des Archevêques de Bourges qui avaient pensé ne pouvoir mieux l'utiliser qu'en y établissant, sous la forte et habile direction d'un prêtre de haute valeur, l'abbé Dubouchat, un des premiers collèges libres fondés à la faveur de la loi Falloux. Là affluèrent les enfants des meilleures familles de France jusqu'alors privés d'un enseignement conforme aux sentiments chrétiens de leurs parents.

Tout auprès du collège et dans son enclos même, se trouvait une maisonnette pouvant à peine contenir une douzaine d'élèves. Grâce à la haute bienveillance de Mgr l'Archevêque de Bourges, cet asile fut le berceau de la Petite Œuvre.

Le 2 octobre 1867, douze enfants arrivaient à Issoudun et, quelques jours plus tard, le local étant déjà

(1) « Nos premiers élèves ont été choisis sur environ trois cents. Ce choix est une garantie. Ceux que nous avons reçus ont apporté avec eux un héritage de vertus et de bons exemples puisés dans leur famille. Les prières et aussi les larmes de leurs parents chrétiens, au moment de la séparation, attireront sur eux des grâces de fidélité et de persévérance. » (Bulletin de 1867-1868.)

disposé, le Père Vandel lui-même présidait à son installation (1).

Pour marquer le caractère apostolique de l'Œuvre,
le Père Vandel avait choisi ces enfants dans les régions
les plus diverses de la France ; ils venaient de Paris,
d'Issoudun, de la Corse, de la Saintonge, de la Vendée, de l'Alsace, du Bourbonnais, de la Loire, de la
Champagne, et même de la Suisse.

Un simple directeur aidé d'un auxiliaire fut mis à
leur tête, et pour les études, ils suivirent les cours du
collège, où ils ne tardèrent pas à se faire remarquer
par leur bonne tenue et leur édifiante application.

« La maison qui les a reçus, écrivait le fondateur,
est petite ; elle est pauvre, mais Notre-Seigneur a
voulu y avoir sa place avec ses jeunes frères. La sainte
messe y est célébrée tous les jours dans la modeste
chambre voisine de la salle d'étude. C'est un souvenir
de Bethléem, de Nazareth ; c'est aussi un souvenir
des douze apôtres vivant en famille avec le Sauveur
Jésus (2). »

Le jardinier diligent prend grand soin des jeunes
plantes : d'elles dépend la récolte. Le Père Vandel,
heureux et fier de ses douze premiers enfants, les cou-

(1) Ce nombre de douze s'est produit sans intention ni calcul.
Je me plais cependant à y voir une signification apostolique
de bon augure. Déjà (le 20 octobre) ce chiffre est dépassé et
l'école compte *seize* élèves : mais nous nous arrêtons, les
ressources ne nous permettant pas, actuellement, d'aller plus
loin. » (Lettre du Père Vandel, 20 octobre 1867.)

(2) *La Petite Œuvre du Sacré-Cœur*, par le Père Vandel,
p. 10.

vait pour ainsi dire, les enveloppait d'une maternelle sollicitude.

A ces enfants sevrés de la famille et transportés dans un milieu nouveau pour eux, n'ayant, ni les uns ni les autres, les habitudes d'une maison d'étude, ne fallait-il pas un cœur pour les aimer et pour aplanir les premières difficultés ? Le saint Directeur le pensa et il pensa bien.

« Voyons-le à l'œuvre dans les commencements, dans la première année : il prévoit tout, il pourvoit à tout, il s'ingénie pour adoucir les épreuves, les peines de tous. Dans les débuts, il faut tout organiser : il forme, par ses conseils et par ses exemples, ses jeunes coopérateurs à la direction des élèves. Il emploie mille ravissantes industries pour stimuler l'ardeur à l'étude, pour exercer à la vertu et former les cœurs aux fortes et bienfaisantes pratiques d'une vraie et solide piété. Rien n'est épargné pour réaliser l'idéal conçu dans les entretiens d'Amélie-les-Bains.

« Donner des prêtres à la sainte Église !... Préparer des sujets pour la jeune Congrégation qu'il aime comme sa mère ; faire naître, cultiver dans des cœurs innocents et purs, comme en une terre vierge, l'amour du Cœur de Jésus : tout cela ravissait d'admiration l'âme ardente, si grande, si noble, et tout à la fois si candide du vénéré Directeur (1). »

Il avait un don particulier, une vocation spéciale pour la formation chrétienne des enfants. Cette aptitude, innée pour ainsi dire chez lui, s'était encore sin-

(1) R. P. Piperon, *Ann. de N.-D. du Sacré-Cœur*, 1897.

gulièrement développée pendant les quatorze ans qu'il passa au milieu d'eux, soit comme surveillant, soit comme précepteur à Nernier, à Chambéry, à Avignon et à Fribourg. La Petite Œuvre avait donc en lui un Père remarquablement préparé pour la guider sagement et, saintement, la conduire à son but.

Peu à peu cependant, d'autres enfants demandèrent une place, et le local n'était plus suffisant. Mais bientôt le Père Vandel annonçait à ses bienfaiteurs une agréable nouvelle : « La pauvre masure avait fait place à une spacieuse et commode maison due à la générosité de ses pieux bienfaiteurs. » Il faut ajouter qu'elle était due aussi à l'activité du fondateur.

« Bâtir une grande maison, convenable à l'œuvre qui grandissait, n'était-ce pas téméraire ? Les sous payeront-ils les pierres ? Nous avons eu confiance : la grande maison a été bâtie et elle est payée. Admirez la puissance des gouttes de pluie qui font les fleuves, la puissance des grains de sable qui font les montagnes, la valeur des petits sous qui élèvent une grande maison, la remplissent d'enfants, et de plus, leur donnent le pain et le reste ! Vivent les petites choses quand Dieu les bénit (1) ! »

Le bon Père était heureux de faire aux bienfaiteurs qui venaient visiter leurs protégés, les honneurs de cette demeure édifiée avec leurs aumônes. Elle était bien la leur, et le Père Vandel savait l'insinuer avec la délicatesse qui caractérisait chacune de ses paroles.

« Zélateurs, zélatrices de la Petite Œuvre, vous

(1) *La Petite Œuvre*, p. 10.

viendrez visiter *votre* maison... En attendant, suivez-moi par le cœur et par la pensée. Le trajet n'est pas trop long : d'Issoudun, en cinq quarts d'heure, nous pouvons arriver à Chezal-Benoît. La route est belle, le paysage est varié : vignes, vastes plaines cultivées, grande forêt de Cheurs, récréent agréablement la vue. Voyez-vous ce majestueux édifice ? C'était autrefois un couvent de Bénédictins. Les révolutions qui ne savent que détruire, ont chassé les saints et savants religieux. Aujourd'hui, c'est un collège... Cette aile nouvelle, ajoutée au vieux monastère, c'est la maison nouvelle de nos enfants. Bienfaiteurs de la Petite Œuvre, entrez chez *vous*.

« Le réfectoire, la salle d'étude, le dortoir sont de grandes salles ; beaucoup de places attendent d'autres enfants.

« Voyez ces figures pleines de santé et de joie ! Comme ils sont heureux de votre visite !... Entrons à la chapelle... Ces chants sont en votre honneur, ces prières sont pour vous... A la Petite Œuvre, on remercie en chantant et en priant. »

XIII

La Petite Œuvre du Sacré-Cœur ;
ses premiers développements.
Arrêt momentané.

E Père Vandel résidait à Issoudun, et par
conséquent il ne vivait pas au milieu de
ses enfants. Mais comme son cœur était
avec eux et que, de plus, il voulait s'ac-
quitter consciencieusement de sa charge, il les visitait
fréquemment, et ses visites portaient toujours d'excellents fruits.

« C'était ordinairement après la classe du matin ; les enfants, réunis dans la salle d'étude, préparaient de leur mieux leurs devoirs pour la classe de l'après-midi... Tout à coup un roulement de voiture se faisait entendre. On devinait, c'était la visite imprévue du bon Père. Les visages s'épanouissaient aussitôt dans un sourire de joie et dans un regard significatif lancé vers le surveillant qui essayait en vain de se montrer impassible. Bientôt la porte s'ouvrait... C'était bien lui... le voilà radieux au milieu de ses enfants qui s'empressaient de faire groupe autour de lui. Il les saluait, adressait à chacun un mot de bienvenue et à chacun faisait un petit compliment. Puis, il entrait à la chapelle et, dans une ardente prière, recommandait sa visite.

« Bientôt il était installé dans sa modeste cellule. Les maîtres venaient lui rendre compte des petits événements survenus depuis son dernier passage. Tout était passé en revue : conduite, piété, travail, santés, récréations, joies et chagrins. Les choses principales une fois notées, le bon Père dressait son plan de campagne pour le reste de la journée...

« Le quart avant midi avait sonné : c'était l'examen que présidait le Père Vandel. Dans une suite de questions brèves, exposées avec méthode, il aidait les enfants à chercher les manquements journaliers, les infidélités commises, les préparant ainsi à recevoir avec plus de fruit les avis réservés pour la fin de la journée.

« Ce jour-là, c'était fête, même au réfectoire ; le Père y avait pourvu. D'abord il déliait les langues par un bon *Deo gratias*. Sur la fin, un petit signal rétablissait le silence. Tous les yeux se fixaient sur le vénéré Directeur ; on avait compris qu'il voulait parler : « Mes enfants, disait-il, remercions la Providence du bon Dieu : elle vous envoie un délicieux régal ; tous ensemble disons une invocation pour les chers bienfaiteurs. » L'invocation dite, les conversations reprenaient plus joyeuses et plus animées, pendant que les servants recevaient de la main du Père, puis distribuaient à chacun la part qui lui était réservée. C'était un gâteau, des fruits, quelques sucreries, ce que le bon Père avait pu se procurer.

« Après le repas, courte visite à la chapelle ; la prière était fervente et la meilleure part allait aux bienfaiteurs. Puis, après une invocation selon la coutume, la bande joyeuse se mettait en mouvement. Le bon Père regardait les jeux, les encourageait. « On joue beaucoup à la Petite Œuvre, écrivait-il, c'est nécessaire pour délasser des études ; c'est grandement utile aux santés, plus utile encore et plus nécessaire pour conserver la paix du cœur et la vertu ; après une bonne récréation, le travail est meilleur. »

« S'il y avait lieu, on donnait ou on annonçait un congé ou demi-congé accueilli toujours par de sincères applaudissements.

« Cependant le vénéré Directeur poursuivait son inspection. Rien ne lui échappait : ordre et propreté, tenue des livres et des cahiers, soins de la sacristie et de la chapelle ; la revue était complète.

« Le soir arrivait, c'était l'heure de la lecture spirituelle, le grand moment, celui des notes, des avis, des avertissements, des réprimandes, comme aussi des encouragements nécessaires ou des félicitations méritées.

« Le Père Vandel excellait dans ces entretiens familiers. Sa parole toujours naturelle, toujours limpide, se mettait à la portée des plus petits. Tantôt, c'était un récit plein de charme dont tous les détails renfermaient une leçon morale ; tantôt, c'était un reproche énergiquement accentué ou bien un encouragement donné à la bonne volonté ; tantôt, un trait du saint Évangile exposé sous des couleurs vives et saisissantes. Cette parole était écoutée avec attention, recueillie avec une sainte avidité et toujours elle arrivait à d'excellents résultats. « Nous respirions tout à la fois, écrit l'un des « anciens, et le parfum de ses enseignements et l'arome « de ses vertus. » Les bons devenaient meilleurs, et les enfants plus légers ou moins courageux prenaient de bonnes résolutions. Après le départ, chacun rivalisait de zèle pour prouver au Père qu'il avait été compris (1). »

Le Père Vandel était difficile pour l'admission des enfants ; il voulait qu'ils fussent vraiment choisis entre mille. Il exigeait qu'ils fussent des élèves plus qu'ordinaires sous le rapport de la piété, de l'intelligence et du travail. Aussi les enfants de la Petite Œuvre se faisaient-ils remarquer par une application soutenue. Ils suivaient, nous l'avons dit, les classes du collège et ils participaient par là même aux récompenses de fin d'année qui étaient données aux étudiants. Mais bientôt, constatant que les couronnes allaient le plus sou-

____

(1) *Ann. de Notre-Dame du Sacré-Cœur*, juillet 1897.

vent sur le front des enfants du Père Vandel, le petit amour-propre des élèves de l'Institution se formalisa de ces succès trop visibles et il fallut faire la séparation. N'était-ce pas un hommage éloquent rendu à l'application des enfants de la Petite Œuvre ?...

Ceux-ci n'oubliaient pas que plus tard la Providence les enverrait peut-être aux pays de missions. Aussi s'adonnaient-ils à l'étude des langues étrangères : Anglais, Espagnol, Italien, Allemand. Cette étude leur était facilitée par la présence au milieu d'eux de condisciples dont ces langues étaient la langue maternelle.

Mais si le Père Vandel voulait voir ses enfants s'adonner avec ardeur à la connaissance de tout ce qui pouvait être directement utile à leur vocation, ce qu'il voulait voir briller en eux d'un éclat particulier, c'était la piété : « La piété, disait-il, est la condition essentielle : c'est elle qui fortifie la vertu et en répare les défaillances ordinaires ; elle attire la grâce et donne à l'enfant les joies et la force dont il a besoin. Aux élèves de la Petite Œuvre il faut du cœur pour les choses de Dieu. »

Pour leur inculquer le devoir de la reconnaissance, le Père Vandel avait fait afficher sur la porte d'une armoire qui renfermait les archives et contenait quelques reliques, ces paroles : *Un Ave Maria pour les bienfaiteurs et une invocation aux Saints dont les reliques sont ici, chaque fois qu'on ouvrira cette porte.*

Outre les exercices de piété ordinaires : prières, examen, fréquentation des sacrements, qui étaient réglés à la Petite Œuvre comme dans les établissements religieux les plus fervents, le vénéré Père Directeur avait introduit à la Petite Œuvre la fête de la *Moisson apostolique,* qui revenait tous les trois mois. Voici en quoi elle consistait :

Chaque jour, les élèves, au moment de l'examen, notaient sur un cahier spécial les actes de vertu de la journée. A la fin de chaque trimestre, un dimanche, on faisait une récollection spirituelle avec exposition du Saint Sacrement pendant toute la journée. Les élèves venaient à tour de rôle faire une demi-heure d'adoration. Avant de se retirer, ils allaient déposer, aux pieds de Notre-Dame, le cahier d'examen pour le lui offrir comme une moisson de mérites qu'ils avaient récoltée. La cérémonie se terminait par une bénédiction solennelle ; elle laissait d'heureuses impressions dans les cœurs et inspirait de salutaires résolutions.

On comprend la peine que devait se donner le Père Vandel, et le travail qu'il devait s'imposer non seulement pour entretenir ses chers enfants mais encore pour développer son œuvre. Que de pas à faire, que de voyages à entreprendre par tous les temps et malgré les ménagements que réclamait sa délicate santé !... Mais il ne reculait pas devant le labeur et il était trop heureux si, au prix de son travail, il arrivait à pourvoir aux besoins du moment et dans une certaine mesure à assurer l'avenir. Partout, heureusement, on lui réservait le meilleur accueil, et ce bon accueil, il l'attribuait à la sympathie que suscitait, non sa personne, mais l'Œuvre elle-même.

« Partout, écrivait-il, la Petite Œuvre reçoit l'accueil

le plus aimable et le plus sympathique dans mon humble personne. Les portes s'ouvrent devant moi, dans les collèges, les pensionnats, les écoles que je rencontre sur mon chemin. » Il savait si bien intéresser les enfants en parlant de ses Apostoliques, en leur racontant des traits édifiants, que personne ne refusait la modeste cotisation du *sou par an*.

Quoi qu'en dise le fervent religieux, il serait bien étrange que Dieu ne lui eût parfois ménagé quelques humiliations, mais la charité les lui faisait taire, et il profitait avec bonheur de ces occasions pour offrir un sacrifice à Notre-Seigneur plutôt que de récriminer contre ceux qui l'auraient peut-être rebuté. Là où il ne pouvait se rendre lui-même, il établissait des zélatrices qui recueillaient en son nom les plus modestes offrandes.

Le Père Vandel ne se contentait pas, bien entendu, de quêter des ressources matérielles, il quêtait aussi... des vocations ; et il était particulièrement reconnaissant aux curés, aux pieux laïques qui, sachant discerner dans les enfants les signes de l'appel de Dieu, lui facilitaient le recrutement de son école. Ceux-là aussi il les tenait pour des bienfaiteurs insignes et il leur gardait toujours une vive et sincère gratitude. Mais ce qu'il quêtait par-dessus tout, c'était des prières. Il savait que si, pour croître, la plante doit recevoir la rosée du ciel, les œuvres, pour prospérer, ont besoin des bénédictions de la grâce. Aux yeux de cet homme si plein de foi, la prière était la garantie la plus sûre du succès. Ces prières, il les demandait à ses amis, aux âmes pieuses, aux enfants, aux communautés reli-

gieuses, mais surtout aux personnes qui se recomman-
daient par leur grande vertu.

Ce fut dans l'intention de s'en assurer de plus précieuses que passant un jour par Nevers, il voulut faire une
halte au couvent des Sœurs de la Charité. Au nombre
des religieuses, se trouvait Bernadette, la voyante pri-
vilégiée de Lourdes. Le Père Vandel demanda la
permission d'entretenir quelques instants la jeune
sœur. Cette faveur s'accordait très rarement et avec
de grandes difficultés : on ne voulait pas produire la
religieuse à la curiosité des nombreux visiteurs qui
n'auraient pas manqué de se présenter. La Supérieure
se préparait déjà sans doute à opposer son refus ; mais
lorsqu'elle se vit en face de cet homme si simple, si
modeste, si humble, elle comprit que la curiosité n'était
pas le mobile de cette démarche, et convaincue que
l'entretien serait pour la Sœur autant que pour le Père
Vandel un sujet d'édification, elle donna son consentement. Le visiteur fut très touché de la simplicité presque enfantine et de la douce modestie de l'heureuse
servante de la Vierge Immaculée ; il se recommanda à
ses ferventes prières, lui et ses œuvres.

Il y avait trois ans que la Petite Œuvre grandissait
en paix sous le regard de l'Enfant Jésus ; le nombre
des élèves s'était augmenté dans la proportion où aug-
mentaient les ressources. Déjà, on voyait poindre des
fleurs sur cet arbre nouvellement planté dans le jardin
de l'Eglise, et les fruits s'annonçaient, savoureux,
quand vinrent fondre sur la France les épreuves de
l'année terrible.

Le Père Vandel se trouvait au milieu de ses Apostoliques, le 24 juillet 1870, lorsque la guerre, comme un coup de foudre, éclata entre la France et l'Allemagne. Depuis quelque temps déjà il prévoyait des épreuves, car il sollicitait de ses enfants de plus nombreuses et de plus ferventes prières : « Les vingt-sept élèves présents, écrivait-il, m'ont promis chacun une communion par mois, selon mes intentions. Cette promesse aura son exécution durant un an. »

Dès les premiers jours du mois d'août, les armées allemandes avaient envahi les frontières et déjà ils marchaient sur la capitale. Dans son Bulletin de la Petite Œuvre, le pieux Directeur insinuait les craintes les plus sérieuses : « Dans les graves circonstances qui, depuis quelques jours, attirent l'attention sur les frontières de l'Est, tout cœur catholique, tout cœur Français doit donner sa part de ferventes prières pour la cause de l'Église et de la France. Nos enfants ne l'oublient pas, et ils prient. »

Au commencement de septembre, les ennemis s'avancent rapidement sur Paris dont ils se disposent à faire le siège, tandis que d'autres corps d'armées se dirigent vers l'Ouest portant avec eux l'épouvante et accumulant nos désastres.

Le Père Vandel est assiégé par les plus graves préoccupations : doit-il garder ses enfants, quoi qu'il advienne ? Doit-il les congédier pour un temps ? Il hésita longuement et longuement aussi il pria ; puis enfin, au mois de septembre, il prit la détermination la plus sage, qui hélas ! était aussi la plus cruelle pour son cœur : il rendit les enfants à leurs familles en attendant des jours moins sombres. Il l'annonçait, l'âme accablée de tristesse, dans son Bulletin de décembre : « Quelque graves que fussent nos craintes dès le commencement de septembre, nous avons eu de la peine à nous résoudre au sacrifice du renvoi momentané de la majorité de nos enfants. Et même, par instants, nous nous sommes demandé si nous n'avions pas été trop prompts à céder à nos appréhensions et aux supplications des parents. Mais en ce moment, après cinq mois des plus épouvantables épreuves sur notre pays, nous comprenons que nous avons bien fait de rendre à leurs familles les précieux dépôts qu'elles nous avaient confiés. A la vue des mouvements des grands corps de troupes ennemies qui nous enveloppent, nos alarmes auraient été continuelles : les pères, les mères, les bienfaiteurs nous auraient peut-être accusé d'une coupable témérité. C'est bien assez pour notre responsabilité de conserver la charge de six enfants appartenant à des provinces envahies. »

Le Père Vandel ressentit vivement cette cruelle épreuve. En se séparant de ses chers Apostoliques, il leur donna, les larmes aux yeux, les avis les plus touchants, leur recommandant la soumission à la volonté de Dieu, la persévérance dans leur noble vocation et la confiance d'un prochain retour à la faveur de la paix rendue à notre pauvre pays.

« Nous subissons une grande épreuve, écrivait-il ; les œuvres de charité, les œuvres de zèle se ressentent des malheurs publics. En face de ces maux, le cœur attristé sent le besoin de s'humilier sous la main de Dieu. Le mal des âmes était grand, puisqu'il a mérité tant de douleurs. Mais le mal le plus grand serait de désespérer de la miséricorde de Dieu. »

Puis, parlant de ses enfants bien-aimés : « Quel douloureux sacrifice, dit-il, de les voir se disperser au moment où ils réalisaient déjà quelques-unes de nos meilleures espérances ! Mais, nous aussi, ne devons-nous pas avoir notre part aux désolations qui affligent l'Église et la France ?... Cette part, nous l'acceptons avec humiliation devant Dieu, en adorant sa justice et en nous reposant sur sa miséricorde infinie !... »

Le Père toutefois n'était pas sans recevoir quelques consolations. Ces consolations, il les trouvait dans les sympathies qui lui venaient de toute part et les encouragements qui lui étaient donnés. On augurait que l'épreuve ne serait pas longue et que ses chers protégés pourraient rentrer bientôt dans leur douce et paisible retraite.

Ceux-ci, à leur tour, écrivaient fréquemment à leur vénéré Directeur, l'assurant de leur bonne volonté et du désir ardent qu'ils avaient de se retrouver réunis avec leurs frères, dans un avenir prochain, aux pieds de Notre-Dame du Sacré-Cœur.

Le Père Vandel donnait aux bienfaiteurs des nouvelles de leurs protégés :

« Des six que nous avons conservés, les deux plus grands ont été retenus d'abord à Issoudun pour aider et soigner les blessés en qualité d'infirmiers. Ils sont ensuite venus rejoindre les quatre autres restés au collège de Chezal-Benoît où ils continuent leurs études, conservant tous les exercices, toutes les traditions de la Petite Œuvre. Il y a échange fréquent de lettres entre eux et leurs condisciples dispersés.

« Nous sommes allés déjà plusieurs fois visiter quelques-uns de ces chers exilés pour les encourager, et, ces jours-ci encore, nous en avons vu un dans le bon et religieux pays de la Vendée. Nous apprenons que ces pauvres absents sont pleins des meilleurs sentiments et que zélateurs et zélatrices continuent d'autre part à leur donner tout leur dévouement. S'ils ne peuvent envoyer leurs cotisations à cause de la difficulté des communications, ils les mettent en réserve. Tout cela inspire grande confiance pour l'avenir de cette chère Petite Œuvre. »

Quand le Père Vandel, à cause de ses nombreuses occupations, ne pouvait écrire à tous, il leur envoyait une circulaire où on trouvait les meilleurs conseils, la direction la plus sage pour les exercices de piété, les études, les rapports avec la famille et avec les personnes de l'extérieur. Ces relations avec ses enfants lui imposaient un gros travail, mais il conservait ainsi et consolidait les vocations ; c'était assez pour lui rendre ce travail léger.

Pour rappeler à Chezal-Benoît les enfants, impatients de retrouver leur Père et leurs condisciples, il ne suffisait pas, hélas ! que la paix fût signée entre la France et l'Allemagne, il fallait encore attendre que la Commune fût réduite à l'impuissance. Le rappel ne fut donc décidé qu'au mois de juillet 1871.

Si au départ le Père et les enfants versaient des larmes de tristesse, au retour ce furent des larmes de joie : « Enfin, écrivait aux bienfaiteurs le vénéré Directeur, nous avons pu rappeler nos jeunes Apostoliques. La joie est grande et pour ceux qui nous avaient quittés, et pour ceux qui nous étaient restés...

Et maintenant la Petite Œuvre se complète : les élèves reprennent leurs études et leurs traditions avec ardeur et avec joie. Ils apprécient toujours davantage le dévouement des zélateurs et des zélatrices. »

Quelques jours plus tard, quelques vides se produisaient. Les aînés partaient pour le noviciat : « Trois de nos enfants viennent d'entrer au noviciat. C'est un autre genre de vie, non moins heureux, mais plus sérieux. C'est le travail de la pensée et du cœur, non pas tant dans les livres que sur soi-même en face de Dieu, sous la prudente et forte direction du Père Maître. »

Ce premier et modeste résultat dédommageait déjà le Père Vandel du travail et du dévouement de six années, mais des espérances fondées annonçaient, pour un avenir prochain, des consolations encore plus grandes. A partir de cette époque, chaque année vit arriver à Montluçon où se trouvait alors le noviciat, un nombre plus ou moins considérable de jeunes gens sortis de Chezal-Benoît, qui venaient se former à la vie religieuse et préparer, de plus près, et d'une façon plus directe, leur futur apostolat.

Quelque temps après, le R. Père Chevalier, le fondateur de l'humble Société des Missionnaires du Sacré-Cœur, se rendait à Rome pour solliciter du Saint-Siège l'approbation de sa Congrégation naissante.

Dans l'audience que le R. Père eut l'honneur de recevoir de Sa Sainteté, il lui parla de l'Œuvre du *Sou par an*. Pie IX loua beaucoup cette œuvre et daigna l'approuver dans les termes les plus élogieux. Il voulut même lui donner une marque particulière de sa précieuse sympathie en offrant le « *sou du Pape* » qui était un sou d'or. Le Père Vandel, voyant dans cette aumône du prisonnier du Vatican, un gage des générosités de la Providence, voulut le conserver précieusement comme une sorte de relique : c'était du reste une des dernières pièces d'or frappées à l'effigie du Pontife. Il l'emportait sur lui, et dans ses visites aux zélateurs et zélatrices il le montrait avec joie ; dans les réunions, il le faisait circuler de main en main ; et plusieurs fois le Père Vandel, dont la piété était simple mais en même temps très éclairée, nous a raconté des traits de faveurs obtenues par l'attouchement de cette pièce sortie des mains du vénérable Pontife Pie IX (1). C'est que le Père Vandel savait si bien communiquer ses sentiments de foi à ceux qui l'écoutaient !...

(1) Un jour, racontait le vénérable Directeur de la Petite Œuvre, une personne infirme, M⁽ˡˡᵉ⁾ Laurence — à Paris — pleine de confiance en la vertu de cette relique, en frotta sa main paralysée depuis longtemps et fut guérie instantanément. — Une religieuse de Saint-Joseph d'Annecy, sœur Simplicienne, qui avait à la jambe une mauvaise plaie, encouragée par l'exemple, frotta le sou d'or avec un peu de coton qu'elle appliqua, le soir, sur la partie malade. Le lendemain, après un bon sommeil, elle se levait entièrement, parfaitement et définitivement guérie. Ces faits sont attestés par des lettres venues de la communauté. Nous les citons à simple titre d'édification, car, naturellement, il ne nous convient pas de les juger. (*Bulletin de la Petite Œuvre*, 1875.)

XIV

La Petite Œuvre du Sacré-Cœur : Fruits de bénédiction.

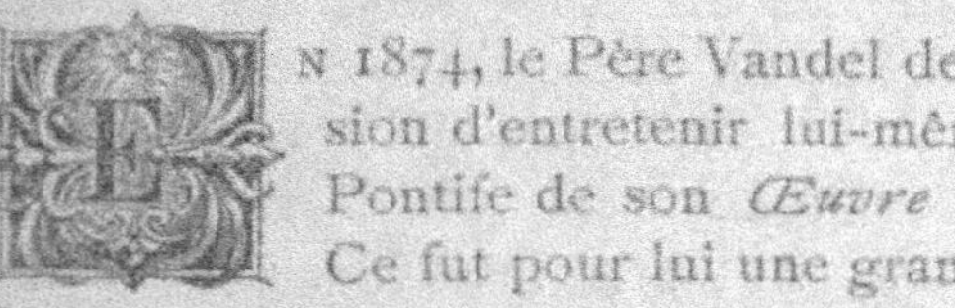N 1874, le Père Vandel devait avoir l'occasion d'entretenir lui-même le Souverain Pontife de son *Œuvre du Sou par an.* Ce fut pour lui une grande joie quand le R. Père Chevalier devant de nouveau se rendre à Rome pour l'approbation des Constitutions de sa petite Société, lui annonça qu'il le choisissait pour son

compagnon de voyage. Il allait revivre les émotions qu'il avait éprouvées, une première fois, dans la Ville Éternelle. Peu de jours après, en effet, le 3 juin, le bon Père se trouvait, en compagnie de son Supérieur et du Procureur général de la Congrégation, aux pieds de Pie IX. Cette audience demeura profondément gravée dans son souvenir.

Après avoir reçu, du saint vieillard, la promesse de hâter l'affaire qui l'avait amené à Rome, le R. Père Chevalier voulut présenter au Saint-Père la supplique suivante inspirée par une pieuse hardiesse :

« Le Père Jules Chevalier... humblement prosterné aux pieds de Votre Sainteté, demande humblement la faveur suivante :

« Que Votre Sainteté, qui a daigné bénir, encourager et approuver notre petite Société religieuse, née à Issoudun, le jour même de la proclamation du dogme de l'Immaculée Conception, en 1854, daigne aussi agréer la donation pleine et entière que cette humble Congrégation lui fait d'elle-même, de tous ses membres et de toutes ses œuvres comme d'un bien qui est à Elle, et se regarde comme son Fondateur et son Supérieur personnel ; et qu'à ce titre qui nous impose la douce obligation d'être tous les jours plus dévoués à la cause de Votre Sainteté qui est la cause même de Jésus-Christ, nous acquérions le droit de participer à tous ses mérites et à toutes ses prières, tant pour nous que pour tous ceux qui viendront après nous dans la même Congrégation.

« — C'est très bien, répondit le Saint-Père, je puis faire ce que vous désirez, » et prenant la supplique, il y apposa ces mots avec sa signature : *Benedicat vos Deus, dirigat et illuminet.* — Pius PP. IX (1).

Enhardi par tant de condescendance paternelle, le R. Père Chevalier ajouta : « Puisque nous avons le privilège d'être ses enfants et ses missionnaires, que Votre Sainteté nous permette, en renouvelant nos vœux de religieux entre ses mains, d'en ajouter un quatrième : celui d'aller partout où Votre Sainteté ou le Supérieur de la Congrégation voudrait nous envoyer. »

Cette nouvelle demande fut accueillie avec la même bonté et chacun lut alors, non sans émotion, la formule des vœux. En souvenir de cet acte, le Souverain Pontife écrivit, au bas d'une image que lui présentait le R. Père Chevalier : *« Benedicat vos et dirigat corda vestra et consilia vestra, in nomine Patris et Filii et Spiritus Sancti (2). »*

Le Père Vandel conserva précieusement la formule des vœux, signée de sa main :

« Moi, Jean-Marie Vandel, Missionnaire du Sacré-Cœur, je renouvelle, entre les mains du Saint-Père, mes vœux d'obéissance, de pauvreté et de chasteté, et j'y ajoute le vœu de stabilité. » Au bas, il ajouta cette note : *« Prononcé aux pieds de Pie IX, au Vatican, à midi, le 3 juin 1874. »*

L'occasion était trop favorable au Père Vandel pour ne pas demander au Pape une bénédiction particulière pour sa chère Petite Œuvre ; le Pontife la lui accorda de

_____

(1) « Que Dieu répande sur vous ses bénédictions, qu'Il vous dirige et vous éclaire. Pie IX, Pape. »

(2) « Dieu vous bénisse et dirige vos cœurs et vos desseins, au nom du Père, etc. »

tout cœur. Un de ses premiers soins, au sortir de l'audience, fut de communiquer ces douces impressions à ses enfants de Chezal-Benoît et de leur dire, dans une longue et touchante lettre, combien Pie IX les aimait et avec quelle tendresse il les bénissait tous et chacun en particulier. Il leur racontait les diverses péripéties de son long voyage pendant lequel leur souvenir ne l'avait jamais quitté. Il voyait pour eux, leur disait-il, il parlait et il agissait pour eux ; il leur dira tout en détail non seulement pour les intéresser, mais encore pour leur faire aimer la Ville Sainte, cette Rome qu'il vénère lui-même si profondément comme étant le centre de la religion et la Cité de Dieu.

Le bon Père resta à Rome plusieurs semaines encore, s'édifiant de tout ce qu'il voyait et travaillant toujours pour la Petite Œuvre. Quand il regagna la France, il eut le bonheur de rapporter avec lui une chasuble blanche dont s'était servi le Saint-Père et qu'il réservait, pour leur première messe, à ses Apostoliques.

Le voilà donc de retour au milieu de sa jeune famille exubérante de vie, curieuse de tout savoir, l'interrogeant du regard, de la voix, et écoutant dans un silence respectueux et ému tout ce que leur racontait leur Père, ce qu'il avait vu, entendu, senti. Et lui, le sourire sur les lèvres — sourire un peu mélancolique et grave comme celui d'un aïeul, — la joie au cœur, ouvrait le trésor des reliques et des pieux souvenirs qu'il avait avec lui. Il montrait complaisamment chaque objet, en expliquait la valeur, l'histoire, les avantages ; il en contait l'origine avec des saillies charmantes, versant à profusion dans l'âme de ses jeunes auditeurs les parfums de Rome dont il revenait tout embaumé.

Cette foi naïve mais admirable du Père Vandel lui valut, de la part de certain journal, une attaque qu'il partagea avec la Petite Œuvre ; contentons-nous de la signaler, comme à titre de parenthèse. Elle nous montrera du reste le calme et la sérénité constante de l'âme du pieux fondateur.

Un correspondant du *XIX° Siècle,* journal alors dirigé par Francisque Sarcey, le critique bien connu, eut l'idée de consacrer à la Petite Œuvre un article de fantaisie en demandant si « le fait de recruter des enfants de 9, 10 et 12 ans (1), pour les préparer à la vocation religieuse, ne constituait pas un détourment de mineurs dont la société aurait le droit de se préoccuper !... » M. Sarcey ne fut pas de cet avis, mais il estima que « le père en livrant son enfant à des hommes qui le *détournent de la voie ordinaire du bonheur,* se charge d'une lourde responsabilité. Toutefois, c'est son affaire, et s'il a le courage d'affronter ce terrible *peut-être,* nous n'avons pas à nous mêler d'une chose qui ne regarde que lui et sa conscience. »

Puis notre journaliste raille la bonhomie du Directeur qui attribue une vertu miraculeuse à la bénédiction et aux reliques du Saint-Père.

Le Père Vandel ne s'émut pas de cette attaque à laquelle, du reste, avait immédiatement répondu le journal *l'Univers,* défenseur habituel de toutes les bonnes et nobles causes ; il se contenta d'écrire dans le Bulletin de la Petite Œuvre :

(1) Les règlements de l'École exigent au moins 12 ans.

« La Petite Œuvre est déjà, dès son berceau, *un signe de contradiction !* N'y a-t-il par là une ressemblance avec l'Enfant de la Crèche, glorifié par les Mages et poursuivi par Hérode ? C'est un genre de bénédiction que nous ne connaissions pas encore... Et pour comble de bonne fortune, cette œuvre catholique, la plus petite de toutes, partage l'insulte avec Pie IX !... Chers enfants, soyez reconnaissants, et, comme le Saint-Père qui prie pour ses ennemis, vous aurez une prière pour votre premier persécuteur... On voit que M. Sarcey connaît le chemin du bonheur, tant mieux pour lui ! Mais si cet homme compatissant connaissait nos enfants, il verrait qu'ils sont heureux, très heureux, gais, aimables, bien portants. Leurs pères et leurs mères s'applaudissent d'avoir « affronté le terrible *peut-être !* »

« Ce bon Monsieur ne croit pas au miracle ; il se scandalise de la crédulité aux récits de la Bible et de l'Évangile. Dire que la verge de Moïse opérait des prodiges... qu'une vertu sortait des vêtements de Notre-Seigneur et guérissait les malades, et ce qui est plus fort, que l'ombre même de saint Pierre opérait des guérisons... et cette superstition, la faire revivre en plein xix° siècle en disant que les bénédictions de Pie IX ont rendu la santé à des malades... Mais c'est affreux ! Et cependant la chose est ainsi, et nous le croyons en dépit des incroyants et des critiques... en dépit des sarcasmes de M. Sarcey. »

La Petite Œuvre continuait à prospérer et chaque année elle envoyait un bon nombre de novices à Saint-Gérand-le-Puy, au diocèse de Moulins, où la maison d'épreuve avait été transférée. Le Père Vandel allait de temps en temps leur rendre visite. Il aimait ce vieux manoir et cette solitude si recueillie et si bien faite pour former des jeunes gens à la vie religieuse ; il les encourageait par les discours les plus paternels et leur faisait entrevoir, pour un avenir toujours plus rapproché, le terme de leurs aspirations : la vie religieuse d'abord, puis bientôt après, le sacerdoce.

Ce fut le 31 mai 1875 que le premier enfant de la Petite Œuvre fut appelé à l'honneur de recevoir l'onction sacerdotale.

Quelle joie devait, ce jour-là, inonder le cœur du Père, et quel empressement ne mit-il pas à faire partager son bonheur aux bienfaiteurs et aux bienfaitrices !

« Le 31 mai, écrivait-il dans son Bulletin, aura lieu l'ordination sacerdotale du premier prêtre de la Petite Œuvre, et le 4 juin, fête du Sacré-Cœur, ce cher élu montera au saint Autel pour la première fois... Il était berger dans son pays. Après huit ans d'études littéraires et théologiques, il arrive au terme de ses désirs (1)... Grand jour et grande joie pour le petit troupeau, jour où chacun se dira : Mon tour viendra... Mon Dieu, bénissez-le, bénissez-nous tous !

« Grande joie aussi pour les bienfaiteurs et les bienfaitrices. Enfin, en voilà un !... Voilà le premier,

---

(1) Ce premier missionnaire sorti de la Petite Œuvre, devait partir plus tard pour les îles d'Océanie, en Nouvelle Guinée où il se dévoua durant de longues années. Épuisé par les rudes travaux et les pénibles privations qu'entraîne la vie des missions, dans les fondations surtout, il mourut d'épuisement sur mer, avant de revoir son pays où, sur l'ordre des supérieurs, il venait chercher un peu de repos et de santé.

diront-ils ! Nous n'avons pas travaillé en vain, nos sous ont profité… nous avons fait un prêtre, un missionnaire ; nous aurons à jamais une part à la première messe et à toutes les messes de nos protégés !

« Oui, chers bienfaiteurs, c'est promis et vous pouvez y compter. Aussi êtes-vous conviés à ce divin sacrifice. Votre présence à Issoudun serait un bonheur, mais si vous ne pouvez occuper votre place, près de l'autel, vous y serez du moins par l'esprit et par le cœur, pendant qu'autour de vous, vous quêterez des prières, des communions aux intentions du nouveau prêtre,… pour la réalisation de notre devise : *Aimé soit partout le Sacré-Cœur de Jésus…* »

Une autre joie, qui devait, cette fois, être mélangée de quelque tristesse, était réservée au bon Père Vandel. Son œuvre allait essaimer à l'étranger.

Au mois d'avril 1876, deux jeunes religieux, sortis de Chezal-Benoît, partaient vers l'Amérique du Nord pour fonder une maison à Watertown, dans l'État de New-York. Les adieux se firent aux pieds de Notre-Dame du Sacré-Cœur, dans la Basilique d'Issoudun. Le Père Vandel voyait encore là une bénédiction du Ciel, une promesse d'extension pour son œuvre et, par là même, l'espérance d'un plus grand nombre d'apôtres pour remuer le champ de l'Église, le féconder, et gagner plus d'âmes à Jésus-Christ. Dans un mot du cœur adressé à ses chers partants, devant tous les Apostoliques réunis, il leur dit sa joie de constater qu'ils étaient déjà mûrs pour l'apostolat, mais en même temps il ne cacha pas la peine qu'il éprouvait de les voir s'éloigner, pour toujours peut-être, de l'asile béni dans lequel ils avaient grandi. Il veut du moins que, par la pensée et par le cœur, ils demeurent unis à leurs frères d'Europe.

« Vous resterez unis, mes enfants, comme les perles de votre chapelet, comme les grains de l'épi et ceux de la grappe de raisin, unis comme les cinq doigts de la main, et cette union durera toujours dans le Sacré-Cœur de Jésus. »

Il veut aussi qu'ils se pénètrent toujours plus des sentiments de la plus juste reconnaissance pour tous ceux qui leur ont fait du bien. « Il y a cinq choses, leur dit-il, qui doivent se trouver dans toutes vos prières, à la sainte messe et dans vos communions : *Vos parents* bien-aimés, père, mère, frères et sœurs ; la *Petite Œuvre* du Sacré-Cœur devenue pour vous une seconde famille ; la *Société des Missionnaires du Sacré-Cœur* ; vos *bienfaiteurs, zélateurs, zélatrices* et associés de la Petite Œuvre ; enfin *l'Église et son chef* visible, le Pontife de Rome. »

Ces paroles furent la recommandation suprême du Père aux enfants qui allaient le quitter et qui ne devaient plus le revoir ici-bas ; ce fut, pour eux, comme son testament. Ces paroles, ils les gravèrent profondément dans leur cœur ; et il faut croire, à en juger par l'œuvre qui naquit de leur activité et de leur zèle, qu'elles portèrent avec elles, grâce sans doute aux prières du Père Vandel, les plus abondantes bénédictions du Ciel.

A cette même époque, une épreuve particulièrement sensible devait atteindre le cœur du Père Vandel dans ses affections les plus profondes et les plus vives.

Nous savons quelle vénération l'homme de Dieu professait pour l'abbé Favre, ce prêtre d'une vertu remarquable qui avait été d'abord l'ange gardien du jeune Vandel, lui avait facilité les études ecclésiastiques, l'avait eu pour collaborateur à son *Académie* de Nernier, et si souvent lui avait prodigué, avec une tendresse vraiment paternelle, ses encouragements, ses conseils, ses lumières. Jamais, depuis de longues années, ils ne s'étaient perdus de vue, et leur correspondance toujours fidèle portait les marques les plus sûres d'une forte et impérissable amitié.

M. Favre avait joui d'une bonne santé jusqu'à un âge avancé : « Je pourrais, disait-il, faire le tour du monde à pied, pourvu que je ne sois pas pressé. » Mais dans les sept ou huit dernières années de sa vie, une infirmité, latente depuis un certain temps, prit un caractère de gravité qui inspira des craintes sérieuses à son entourage.

« Dieu seul, écrivit plus tard le Père Vandel, connaît tout ce que ce vénérable ami a enduré de vives douleurs et de pénibles humiliations ! Que de fois n'a-t-on pas vu couler de ses yeux les larmes involontaires que lui arrachait la souffrance ! Nous avons été nous-même le témoin désolé de ses inexprimables tortures pendant sa présence de quelques jours dans la maison des Missionnaires du Sacré-Cœur à Issoudun. »

Le pauvre malade fut placé à l'hôpital catholique de Plain-Palais, près Genève, tenu par les Sœurs de Charité. Là, il aurait les soins que réclamait sa santé. Aux épreuves corporelles, déjà si cruelles, vinrent s'ajouter encore les peines qui agitaient fréquemment sa conscience, et lui faisaient par moments endurer les plus pénibles tourments. Mais sous l'étreinte des souffrances physiques comme des souffrances morales, le saint abbé conservait sa douceur et sa gaieté. « Toutes les vertus, raconte son ami : l'humilité, l'obéissance, le détachement, la patience, la compassion pour ceux qui souffrent... se perfectionnaient par un exercice incessant et par un repos forcé. Tout lui devenait pénitence et tout lui était mérite. »

La persécution qui désola le canton de Genève expulsa bientôt les Sœurs de Charité dont le crime était d'user leur vie au service des malades, tant protestants que catholiques. Le curé de la paroisse s'offrit à recevoir chez lui le pauvre prêtre et à lui continuer les soins et les consolations dont il était entouré à l'hôpital. C'est là que l'abbé Favre rendit sa sainte âme à Dieu dans les sentiments de la piété la plus admirable et de la résignation la plus complète. Le Père Vandel lui avait écrit une lettre d'adieu. Lorsqu'elle arriva, le malade n'était plus. Voyons en quels termes un témoin de la dernière agonie raconta au Père Vandel la mort de leur ami commun.

« Je reçois seulement aujourd'hui votre lettre d'adieu à notre vénéré et cher défunt. Si du moins elle était arrivée lundi, elle aurait pu être mise dans son cercueil ; il eût été consolé de vos sentiments si pleins d'amitié et de religion.

« Oui, il est saint, et sa mort a été celle d'un saint. Son agonie bien prononcée a commencé à la première heure du 5 mars, premier vendredi du mois. Elle s'est prolongée jusqu'à huit heures précises du soir. Jusqu'à huit heures du matin, il avait un peu d'agitation ; de trois heures à huit heures il a été immobile, sa tête un peu penchée à gauche. Sa respiration d'abord un peu grasse s'éclaircit peu à peu. Sa bouche ouverte s'est graduellement fermée. Ç'a été son dernier soupir ! En fermant la bouche, un léger frémissement s'est produit aux lèvres ; ce fut tout. Nous étions à ce moment tous réunis autour de son lit ; nous venions de réciter le chapelet et les Litanies de la Sainte Vierge. Un de mes vicaires lut les prières de la recommandation de l'âme, ce que nous avions fait bien des fois depuis minuit, à chaque changement dans l'état du malade. Quand il eut terminé, nous dîmes : *Amen*, et M. Favre s'éteignit. En même temps, l'horloge sonna huit heures. Voilà le jour de l'agonie et le soir de la mort de votre bon Père.

« Toute la journée, un prêtre, tantôt l'un, tantôt l'autre, avait été auprès de lui avec la garde-malade. La journée se passa en prières. Quand nous lui inspirions de bénir ses amis, ses parents, ses connaissances, il le faisait avec une grande effusion de cœur. Il ne pouvait pas parler distinctement. Nous lui faisions faire des actes de religion qui le consolaient visiblement.

« Je crus avec amertume qu'il ne pourrait pas communier. Cependant la Sainte Vierge vint à mon secours. Je mis le quart d'une sainte hostie dans une cuillerée d'eau de La Salette et tout alla bien. Je lui donnai l'extrême-onction et l'indulgence plénière. Enfin je lui présentai le saint Ciboire pour qu'il pût adorer encore une fois. Il tressaillit ; que se passa-t-il ? Notre-

Seigneur et sa Mère lui auraient-ils apparu ? Il a dit cela à la garde et il aurait même ajouté qu'il voulait garder son secret pour lui. Il a aussi bien des fois réclamé le crucifix *qu'il avait vu au pied de son lit, et il n'y en avait pas.* »

Tous les habitants de Nernier et un grand nombre de fidèles des paroisses voisines vinrent s'agenouiller devant les dépouilles du saint prêtre. Loin d'éprouver un sentiment de frayeur comme il arrive d'ordinaire auprès des morts, on se sentait attiré par une intime et douce consolation. Chacun s'empressait de faire toucher les objets de piété : médailles, livres, chapelets... Le matin du jour de la sépulture, les personnes venues de loin demandaient à faire rouvrir le cercueil et lorsqu'on leur disait qu'il était plombé, on demandait au moins la faveur de baiser l'étole.

Aujourd'hui, le corps de l'abbé Favre repose dans sa chapelle de Notre-Dame du Lac, au milieu de ces chers habitants de Nernier qu'il avait tant édifiés, tant aimés, et auxquels il avait consacré avec ses prières incessantes, son plus inlassable dévouement.

Cette mort frappa vivement le Père Vandel qui, en perdant l'abbé Favre, perdait son ami le plus vénéré et le plus aimé. Il ne se contenta pas de lui donner ses larmes ; il voulut payer une partie de la dette de reconnaissance qu'il avait contractée envers lui en retraçant, dans une notice qu'il disait trop brève et qui l'était en effet, la vie et les vertus de l'homme de Dieu. A cet hommage de vénération, il ajouta ses plus ferventes prières en célébrant la sainte Messe, de temps en temps, à l'intention de son vieil ami, et en recommandant fréquemment son souvenir à ses enfants de la Petite Œuvre, qui mesuraient à la douleur de leur Père, la blessure que la mort ce saint prêtre avait faite à son cœur !...

Bien que ses journées fussent presque entièrement absorbées par les soins et les démarches que réclamait de lui la direction de la Petite Œuvre, le Père Vandel n'oubliait pas pour cela l'Œuvre aînée, l'Œuvre des Campagnes qu'il était si heureux de voir en pleine prospérité. Non seulement il donnait régulièrement, pour chaque Bulletin, un article de fond, mais souvent aussi il voyageait pour en procurer la diffusion. Volontiers encore il acceptait d'évangéliser les campagnes dans la mesure du moins que lui permettaient ses occupations et ses forces. On se souvient encore aux Rousses, dans le Jura, paroisse natale de son père, de la mission qu'il y donna en collaboration de deux de ses confrères comme lui Missionnaires du Sacré-Cœur. Le prédicateur ne disait que la vérité lorsqu'il écrivait : « Toute la population a profité de la grande grâce du Jubilé ; tous, *sans exception remarquée :* hommes, femmes, jeunes gens, petits enfants, ont suivi les exercices de la Mission et ont gagné leur Jubilé(1). »

A la fin de décembre 1876, nous voyons encore le Père Vandel assister à une grande réunion de l'Œuvre des Campagnes tenue dans l'église des Pères Jésuites, à Poitiers. Mgr Pie la présidait et le vénéré fondateur devait y porter la parole. Malgré les excuses que lui suggérait son humilité, on voulait l'entendre et on se

(1) *Bulletin de l'Œuvre des Campagnes,* mars 1876.

pressait à son discours qu'on écouta avec une religieuse attention et un intérêt des plus vifs. De nouveau il exposa le but de l'Œuvre, son opportunité, sa prospérité, ses moyens d'action.

Aux moyens ordinaires qui sont le curé, le prêtre auxiliaire, le missionnaire, les pieux laïques, il ajouta un moyen extraordinaire : la confiance dans le salut de notre pays, et cette confiance il l'appuyait sur la protection de Marie.

« Depuis quarante ans, s'écria-t-il, un Missionnaire que l'on voit, que l'on entend, parcourt la France, les campagnes surtout, du Nord au Sud, de l'Est à l'Ouest. Dans sa mission, nous admirons *l'unité*, un *plan suivi* et ce plan regarde toujours la France, *une méthode* que l'on veut faire prévaloir.

« Dans cette mission, vous voyez le genre propre à l'Œuvre des Campagnes : une *simplicité* étrange, une *force* incomparable, une *suavité* qui ravit tous les cœurs.

« Ce missionnaire, c'est la Très Sainte Vierge. C'est la Mère de Dieu !

« Autrefois, dans les grandes épreuves, des Anges furent envoyés du Ciel ; après l'Incarnation, ce furent des hommes investis d'une autorité divine. Maintenant le mal est si grand qu'il semble au-dessus du pouvoir conféré aux anges et aux hommes.

« Dans cette extrémité, la Très Sainte Mère de Dieu prend en main, elle-même, la cause de la France, la cause de l'Église.

« A l'exemple de son Fils, elle s'adresse surtout aux petits et aux humbles.

« En 1830, elle va au plus pressé. Paris est désolé par le choléra qui tue les corps tandis que le rationalisme le plus effréné tue les âmes. Elle révèle, par l'organe d'une jeune postulante des Sœurs de Saint-Vincent de Paul, le mystère de son Immaculée Conception qui confond le rationalisme, et laisse la *Médaille miraculeuse* qui écartera le fléau mortel.

« En 1846, sur la montagne de La Salette, elle apparaît à deux petits enfants, un berger et une bergère, auxquels elle confie la mission de dire à son peuple, à la France, de se convertir, sous peine de voir éclater les châtiments qui la menacent. Elle pleure en annonçant ces malheurs ; sur sa poitrine elle porte les insignes de la Passion, et comme preuve de la vérité elle fait jaillir une eau miraculeuse.

« En 1858, dans la grotte de Massabielle, près de Lourdes, la Vierge bénie se montre dix-huit fois à une humble enfant, lui fait réciter le chapelet, de nouveau prêche la pénitence et demande qu'une église soit bâtie à cet endroit même où les foules accourront en pèlerinage : elle se nomme l'*Immaculée Conception* : et comme marque authentique de sa venue, elle laisse comme à La Salette, *la source du miracle*.

« En 1870, pendant la guerre franco-allemande, c'est à Pontmain, au diocèse de Laval, que la divine Mère se montre, dans les airs, à de jeunes enfants, dans l'appareil de sa dignité royale. Elle n'articule plus des paroles, mais elle fait lire sur une large bande et en grosses lettres d'or ces paroles consolatrices : « *Mais priez, mes enfants ; Dieu vous exaucera en peu de temps : mon Fils se laisse toucher !* » Le lendemain, contre toute espérance, l'armistice était signé.

« Cette intervention réitérée de la Vierge, ajoutait le Père Vandel, est un fait unique dans l'histoire ; un fait qui ne s'est produit qu'en France et toujours pour la France. »

La conclusion s'imposait et l'orateur était heureux de la tirer : il faut avoir la confiance la plus absolue que Dieu veut sauver la France, et, par la France, les nations catholiques. Il voit le gage d'un triomphe plus ou moins prochain dans l'action modeste, oui, mais puissante de l'Œuvre des Campagnes.

XV

Derniers jours. — La mort.

Tristes pressentiments. — Redoublement de ferveur et de prières. — Un scandale affligeant. — Impressions du Père Vandel. — Quatre heures d'adoration et d'agonie morale. — Le matin du 26 avril !... Spectacle navrant. — Mort attendue et préparée. — L'angoisse des enfants de la Petite Œuvre. — La consternation en ville. — La visite aux dépouilles du mort. — Témoignages de regret. — Éloges du vénéré défunt.

ALGRÉ ses nombreux travaux et en dépit d'une santé qui avait semblé toujours précaire, le Père Vandel se soutenait par la force de sa volonté. On espérait donc que Dieu lui accorderait encore quelques années pour le bien de ses œuvres et dans l'intérêt des âmes.

L'excellente trésorière de l'Œuvre des Campagnes, Mᵐᵉ Casenave, lui écrivait en septembre 1876 : « J'es-

18

père que, malgré les fatigues que vous imposent des travaux continuels, Notre-Seigneur conservera encore longtemps *votre petite santé* pour travailler à lui ramener toujours des âmes. » Cette espérance, hélas ! ne devait pas se réaliser.

Lui-même avait vu, dans la mort de son saint ami, comme un avertissement du Ciel, un avis d'avoir à se tenir prêt pour un jour qui ne lui paraissait plus éloigné ; et si sa vie entière n'avait été qu'une longue préparation à paraître devant Dieu, à partir de ce moment son esprit s'en occupa plus que jamais.

Comme il éprouvait des difficultés à tenir la plume, un frère lui avait été donné pour remplir auprès de lui l'office de secrétaire, et cet office permettait au jeune religieux d'entrer plus fréquemment et plus librement dans la chambre du vénéré Père.

« Or, dans les derniers temps, racontait celui-ci, je m'apercevais qu'il était plus absorbé en Dieu, plus recueilli encore qu'à son ordinaire. Un jour, au mois de mars, j'entrai un peu précipitamment dans sa chambre, c'est-à-dire immédiatement après avoir frappé... Je vis alors le bon Père à genoux au milieu de sa cellule, sur le plancher, les bras croisés sur la poitrine, tellement abîmé dans sa contemplation que je me suis demandé, bien souvent, s'il n'était pas sous l'action de quelque phénomène surnaturel. Sans faire trop attention tout d'abord, je lui exposai l'objet de ma demande — un renseignement sur la Petite Œuvre. — Le Père n'entendit rien quoique je fusse à côté de lui et que ma voix fût assez haute. Un moment après, comme revenant à lui-même, il parut tout étonné de me voir et me demanda ce que je voulais, mais d'une voix quelque peu altérée et le visage très coloré. C'est la seule fois que j'aie remarqué chez lui une apparence d'humeur. Je lui réitérai ma demande à laquelle il répondit sans difficulté et avec calme. Je sortis bien triste, en pensant que j'avais pu lui causer de la peine. »

« Le Père Vandel, écrivait un de ses confrères qui le connaissait d'une façon plus particulière, n'avait aucun effort à faire pour se disposer à paraître devant son juge, puisque ses désirs, ses pensées, ses affections, sa *conversation*, pour employer la parole de saint Paul (1), n'étaient pas de la terre, mais du ciel. »

« Avec Jésus et selon les dispositions de son Cœur Sacré, il vivait *caché en Dieu* (2), tout investi de sa divine présence. Aussi cultivait-il avec un soin jaloux la pureté de son cœur. La moindre imperfection gênait sa conscience délicate comme le moindre atome de poussière gêne les yeux les meilleurs. Dès qu'il découvrait, en son âme, l'ombre même d'une souillure, il s'en purifiait à l'instant par un acte de repentir et un regard suppliant vers Dieu, en attendant qu'il pût recourir au bain sacré de la Pénitence.

« Comme il l'aimait cette piscine salutaire où l'âme repentante recouvre sa blancheur immaculée !

« Ce digne prêtre pensait qu'un cœur sacerdotal devait être d'une netteté irréprochable, comme la blanche hostie dont il se nourrit chaque matin. Il n'ignorait pas que celui qui aime la pureté du cœur a le Roi du

(1) Philip., III, 20.
(2) Coloss., III, 3.

Ciel pour ami (1). Il eût voulu que rien en lui ne blessât le regard si saint et si pur de son Dieu. Ah ! qu'il avait donc un grand et noble cœur !

« Voilà pourquoi il se présentait si fréquemment au tribunal de la pénitence ; voilà pourquoi il exerçait une si exacte vigilance sur tous les mouvements de son âme, pourquoi il priait sans cesse, se tenant toujours uni à Dieu dans un recueillement parfait, pourquoi encore il vivait dans une complète abnégation, un oubli entier de lui-même, consumant ses forces au service de Dieu et des âmes. Dans ces dispositions, le vénéré Père était toujours prêt à rendre ses comptes au Souverain Juge (2). »

Le mercredi 25 avril, le Père Vandel suivit, comme à l'ordinaire, les exercices de la communauté. Rien, certes, ne faisait prévoir alors une prochaine catastrophe ; et cependant quelque chose qui, à tous, avait paru insolite s'était passé dans la soirée.

Les jours précédents, un scandale qui était de nature à soulever contre la religion les passions des méchants, venait d'affliger profondément les âmes pieuses de la ville d'Issoudun. Les mauvais journaux n'avaient rien eu de plus pressé que d'en tirer parti contre les bons, en grossissant les faits déjà trop regrettables dans leur simple vérité.

Ce malheur affligea plus que tout autre le saint prêtre qu'était le Père Vandel. « A cette nouvelle,

(1) Prov., xxii, 11.

(2) R. P. Pigeon, *Annales de Notre-Dame du Sacré-Cœur*, 1898.

raconte un confrère qui se trouvait auprès de lui, il eut un moment de silence et se montra à ce point navré que jamais de ma vie je ne saurais oublier l'impression que j'en reçus. » C'était à l'heure de la récréation de midi.

A deux heures, on le vit aller à la chapelle de Notre-Dame du Sacré-Cœur avec des traits décomposés et une physionomie qui trahissait l'agonie de son cœur. C'était comme une vision lointaine de Notre-Seigneur, au jardin de Gethsémani, et on aurait cru l'entendre disant, lui aussi, dans l'angoisse d'une amère tristesse : « *Mon âme est triste jusqu'à la mort.* » Comment donc n'eût-il pas ressenti pareille offense, lui que la crainte de la moindre faute tenait toujours si intimement uni à Dieu !...

Il se prosterna donc à genoux aux pieds de la Vierge, devant son autel dont le tabernacle renfermait le Saint Sacrement, puis il resta là, le buste droit, immobile comme une statue, les paupières à demi closes, les mains jointes sans être appuyées sur le prie-Dieu. Rien ne semblait le distraire du recueillement inaltérable dans lequel il était absorbé. Il resta là, dans cette attitude d'ardente prière, et il y resta longuement. A six heures il y était encore.

Que se passa-t-il dans ce colloque intime de Notre-Seigneur avec son humble serviteur ? C'est le secret de Dieu. N'aurait-il pas deviné juste, ce confrère qui écrivit plus tard au souvenir de cette scène : « Ma conviction la plus intime a toujours été que le vénéré Père avait, en ce moment, offert sa vie au Cœur de Jésus en expiation du scandale et pour arrêter les justes vengeances que la faute pouvait attirer sur le coupable ? »

Déjà au début de sa vie sacerdotale, dans une consécration écrite de sa main et signée de son sang, le Père Vandel s'était donné pleinement, sans réserve aucune, au Cœur de Jésus, acceptant à l'avance de *mourir seul, entièrement abandonné,* si tel était le plaisir de Dieu. Cette consécration, il l'avait enfermée dans un grand médaillon contenant des reliques et qu'il portait constamment sur sa poitrine avec le nom des personnes pour lesquelles il priait d'une façon plus spéciale. Après trente et un ans, le vœu du vénérable religieux allait-il se réaliser ?

Assez tard, sur le soir, après six heures, on vit sortir le Père de sa longue prière, et son secrétaire le suivit dans sa chambre, en le priant de vouloir bien entendre sa confession. « Sa petite exhortation, racontait le bon frère, eut un tel accent de piété et de suave charité, que j'en faillis pleurer tellement je fus touché ! C'était une âme prête à prendre son essor et qui faisait ses derniers adieux. Je crois bien que c'est à moi que le Père a adressé sa dernière parole. » Jusqu'à l'heure du coucher il suivit exactement les exercices de la communauté.

Le lendemain, 26 avril, à l'heure même où le R. Père Chevalier allait commencer sa messe à l'autel de Notre-Dame, un frère scolastique accourait tout éploré à la sacristie ; la voix tremblante d'émotion et les larmes aux yeux, il disait au R. Père : « Mon Père, mon Père, je viens de voir le Père Vandel étendu dans sa chambre, et baignant dans son sang ; je crois qu'il est mort !... »

Sans même prendre le temps de quitter l'aube dont il était déjà revêtu, le R. Père se précipite dans la cellule du religieux. Quel triste spectacle !... Le Père Vandel est là, en effet, étendu de son long, sur le seuil de la porte, couché sur le côté droit, les bras croisés sur la poitrine. Son corps est dans la chambre tandis que la tête donne sur le corridor. Il a tous ses vêtements, sauf le camail et le cordon ; sa soutane couvre modestement tout son corps jusqu'à la pointe des pieds, tandis qu'elle est déboutonnée du cou jusqu'à la poitrine d'où sort le grand reliquaire dont nous parlions plus haut ; sa joue droite et son bras droit portent une égratignure qu'il a dû se faire en tombant contre la serrure de la porte.

Devant ce spectacle, le R. Père Chevalier ne peut retenir ses sanglots. Mais surmontant sa douleur, il peut, avec l'aide du frère, placer le corps sur le lit qui n'a pas été défait, puis, il se contente de dire : « Allez chercher le médecin tandis que je vais dire la messe pour lui. » Devant quelques Pères qui étaient aussitôt accourus et qu'un tel spectacle plongeait dans une profonde consternation, le médecin déclare que la mort remonte à une heure ou deux tout au plus et qu'elle est due à une lésion intérieure.

La chambre du défunt est dans un ordre parfait ; ses lettres et autres objets sont rangés à leur place. La bougie allumée pour le coucher, a brûlé jusqu'à extinction.

On devine aisément ce qu'a pu être cette scène lamentable qui n'a eu que Dieu pour témoin. Le Père a été frappé le soir vers neuf heures, c'est-à-dire à l'heure réglementaire du coucher, alors qu'il commençait à se déshabiller. Se sentant frappé subitement, il avait eu sans doute la pensée de sortir pour appeler à son aide, lorsqu'il sera tombé terrassé par la violence du mal. S'il n'a rendu le dernier soupir que vers cinq heures du matin, il aura donc passé une longue et terrible nuit d'agonie, privé de toute consolation et de tout secours humains !

Et cela, il l'avait prévu ; il l'avait voulu et demandé au Cœur de Jésus afin de participer aux délaissements de l'adorable Sauveur au Jardin des Oliviers.

Nous savons que sa vertu était à la hauteur d'un tel acte d'héroïsme. Par une disposition mystérieuse de la divine Providence, le cher agonisant était seul dans la partie de la maison qu'il habitait, le confrère qui occupait ordinairement la chambre voisine et qui eût pu lui porter secours étant accidentellement en voyage.

Mais qui pouvait prévoir que cette nuit serait la dernière pour ce bien-aimé Père ?... Nous pensons, nous, que le Cœur de Jésus a réglé toutes choses afin que son serviteur eût l'occasion de se purifier davantage avant de l'appeler à lui. Et s'il a été privé des consolations et des secours de la dernière heure, le bon Maître l'aura amplement dédommagé par l'amoureuse visite de ces grâces de choix que son Cœur tient en réserve, au moment suprême, pour ses amis de prédilection.

Sur sa table de travail se trouvait une page inachevée, dernières lignes écrites, le soir même, de sa main défaillante. Cette page contenait quelques pensées sur la mort du prêtre : c'était le sujet de sa méditation pour

le lendemain, preuve que « si sa mort a été subite, elle
n'a cependant pas été imprévue (1). » Le saint religieux savait bien que la mort est la visiteuse qui ne
s'annonce jamais.

Quand la triste nouvelle se répandit dans la ville où
le Père Vandel était connu et admiré de tous, ce fut
comme un deuil général, et durant tout le temps que
son corps fut exposé dans la chapelle ardente, la foule
ne cessa d'accourir, pour le contempler une dernière
fois, auprès de son lit funèbre où il paraissait dormir
avec ce calme ineffable et cette sérénité surnaturelle
que la vertu ajoutait aux traits, déjà si doux, du vénéré
défunt.

L'empressement des visiteurs fut tel qu'il fallut
prendre des mesures pour éviter les accidents : « C'est
un saint, nous voulons le voir et emporter de lui quelque souvenir. » On n'entendait autour de soi que de
semblables réflexions, et on voyait les fidèles approcher respectueusement de ces chères dépouilles et présenter des chapelets, des médailles, des images afin
qu'on les leur fit toucher. Des religieux furent constamment occupés, deux jours durant, à satisfaire les pieux
désirs des visiteurs : « Nous ne venons pas pour prier,
disait-on, nous venons pour le prier et lui demander
sa bénédiction. »

Que de larmes, que de prières, que de marques de
religieuse vénération prodiguées devant la couche
funèbre. La mort elle-même semblait respecter ces
précieuses dépouilles. Après cinquante heures, cette

(1) *Annales de N.-D. du S.-C.*, 1898.

figure qu'on eût dit transparente, conservait encore
toute sa sévère beauté.

Au moment où on se disposait à le mettre dans son
cercueil, un de ses confrères ne pouvait croire que
ce corps fût inanimé. Il ne se montra rassuré que lorsque le médecin, de nouveau appelé, eut affirmé que,
malgré une certaine flexibilité des membres, c'était
bien la mort !

Les obsèques montrèrent quelle sympathie le Père
Vandel avait conquise sur tous ceux qui l'avaient
connu. Quand le bourdon du Sacré-Cœur, jetant dans
les airs ses notes graves et pleines d'une religieuse
tristesse, eut annoncé la cérémonie, une foule nombreuse accourut pour assister à l'office présidé par un
délégué de Mgr de la Tour d'Auvergne, archevêque
de Bourges. Le R. Père Chevalier voulut célébrer lui-
même, en se faisant assister pour remplir les fonctions
de diacre et de sous-diacre, de deux religieux, anciens
élèves de la Petite Œuvre. La multitude de prêtres
présents attestait aussi éloquemment les regrets du
clergé. Le corps du Père Vandel fut déposé provisoirement dans le cimetière de la ville, mais plus
tard, grâce à une municipalité moins hostile, on put le
ramener dans la propriété des religieux. Longtemps il reposa tout près de cette maison qui fut
le témoin de ses vertus, à l'ombre de cette chère
Basilique où si souvent, dans la ferveur d'une âme
tout éprise de Dieu, avait prié le vénéré défunt, et
maintenant, grâce à une attention aussi précieuse
qu'inespérée de la Providence, le Père Vandel dort son
dernier sommeil dans la Basilique même, sous les pieds

de la virginale statue de Notre-Dame du Sacré-Cœur, à côté du vénéré Père Chevalier. Ne dirait-on pas que le Fondateur de la Petite Œuvre ait voulu attendre la mort du Fondateur de la Congrégation pour aller partager avec lui, dans cette royale demeure par lui élevée à Marie, le lieu de son suprême repos !...

Notons en passant que la mort du Père Vandel fut comme le signal, pour les mauvais journaux, d'un silence unanime et absolu sur les scandales qui avaient précédemment alimenté leurs colonnes.

Ceux qui avaient plus particulièrement connu le Père Vandel furent naturellement plus vivement affectés de sa mort. Plusieurs archevêques et évêques, parmi lesquels Mgr Mermillod, un ami du Père Vandel, écrivirent toute la douleur que leur faisait éprouver la disparition du saint religieux.

Dirons-nous la désolation des enfants de la Petite Œuvre ? On la devine facilement.

« Nous sommes orphelins, écrivait l'un d'entre eux à ses condisciples ; votre cœur comme le nôtre a saigné douloureusement à la triste nouvelle. Élevons maintenant nos regards vers le ciel : c'est là, dans le Cœur de Jésus, qu'il nous faut chercher notre consolation. Nous la chercherons aussi auprès de celui qui, après avoir été, ici-bas, le meilleur des pères et le premier de nos bienfaiteurs, continuera de prier pour nous, ses enfants. Le cœur navré et les yeux pleins de larmes, je vais essayer de vous donner quelques détails. »

Et après avoir fait le récit du triste événement, il ajoutait :

« La classe suivait son cours ordinaire, quand le Père
Supérieur vint nous inviter à nous réunir immédiatement à la chapelle. Le son de sa voix, la consternation
de son visage nous avaient fait deviner un malheur et
nous attendions avec angoisse. Quand de ses lèvres
tomba la nouvelle fatale, quel coup de poignard dans
tous les cœurs, que de larmes dans tous les yeux !...
Vous qui connaissiez la bonté, la sainteté de notre
dévoué Père, jugez de notre douleur par celle que
vous avez éprouvée vous-même. Nous récitâmes à
l'instant même le *De profundis,* puis le chapelet ; et
le reste de la journée se passa en visites au Saint Sacrement, chemins de Croix ou autres exercices de piété...
On décida que quelques-uns de nous iraient passer la
nuit auprès de la dépouille mortelle de notre bien-
aimé Père. Je ne sais ce qu'éprouvèrent mes frères,
durant cette nuit de garde ; quant à moi, je ne crains
pas de l'avouer, mes émotions furent plutôt douces
que tristes et les sentiments qu'éprouva mon cœur me
portèrent à l'espérance plus encore qu'à la désolation
et à la douleur. Il était si beau et si doux, le visage de
notre Père ! »

Au loin aussi on pleura le Père Vandel. Nous ne
parlons pas seulement de sa pieuse famille — elle lui
était attachée par l'admiration que lui inspirait sa haute
vertu autant que par les liens du sang, — nous parlons aussi des Œuvres dont il était l'âme après en avoir
été l'inspirateur : l'Œuvre de Notre-Dame du Lac,
l'Œuvre des Campagnes, des Curés-Missionnaires, des
Institutrices à la campagne, etc.

Un des curés missionnaires qui devait plus tard

mourir Supérieur du grand Séminaire de Blois, écrivait : « Pour moi, pendant longtemps, je ne pouvais me faire à la pensée de ce départ : le souvenir du bon Père revenait sans cesse à ma mémoire. Sa présence au milieu de nous me causait toujours la plus douce impression et sa vue me portait à la ferveur et au zèle. »

M. de Lambel, président de l'Œuvre des Campagnes, envoya, l'un des premiers, l'expression de sa douleur : « Ai-je besoin de dire combien le Conseil de l'Œuvre s'associe à votre juste désolation. Votre compagnie et nous tous faisons une perte irréparable !... »

M. Termier, cet homme d'œuvres incomparable, si populaire dans la ville de Lyon :

« Je suis profondément affligé de la mort du vénéré Père Vandel. J'unis mes sincères regrets aux vôtres. Je ne l'ai vu que quelques heures, mais ces moments si courts m'ont laissé une impression si profonde, une vénération si grande pour lui, que je ne pourrai jamais les oublier. »

Bien des communautés religieuses que les intérêts de la Petite Œuvre avaient mises en relations avec le fervent religieux, voulurent témoigner leurs regrets : « Nous sommes bien affectées de la perte du Père Vandel, écrivait le Carmel de Limoges, et notre R. Mère Prieure veut que sans tarder nous vous disions la part qu'elle prend à votre si légitime douleur. Le départ du Père Vandel doit faire un vide immense dans vos rangs, dans vos œuvres et dans vos cœurs. Il paraissait bien le Père des enfants de sa chère Petite Œuvre. Tout ce qu'il écrivait d'elle et pour elle porte le cachet de sa sainteté : nous le révérons comme un véritable apôtre du Sacré-Cœur. »

Les grandes et chrétiennes familles qui avaient eu le bonheur de lui donner l'hospitalité et de le posséder, ne se montraient pas moins inconsolables de sa mort.

« J'apprends la mort de notre excellent Père Vandel, écrivait Mme la marquise de Villeneuve-Bargemont. J'en suis profondément affligée ; cette nouvelle inattendue m'a toute bouleversée. »

Du château de Courcelles : « Combien nous regrettons ici le Père Vandel ! son séjour parmi nous a été marqué par tant de bontés et il nous a tant édifiés qu'en apprenant sa mort, les larmes ont coulé de tous les yeux. »

« Pauvre Père, écrivait Mme Jurien, sa foi et son détachement des choses de ce monde n'étaient pas au-dessous du sacrifice qu'il a dû faire dans le silence de la nuit et l'isolement du cœur ; mais on ne peut s'empêcher de gémir au souvenir de cette nuit douloureuse et sans secours ! »

Pour nous borner, nous nous contenterons de citer encore la lettre d'une personne qui fut sa grande coopératrice dans l'Œuvre des Campagnes et la directrice de l'Œuvre annexe des Institutrices :

« Je crois comprendre votre peine mieux que tout autre, connaissant ce vénéré Père depuis vingt-quatre ans ; et pendant douze ans, ayant été au courant de ses travaux. Je l'ai vu de près dans ses missions, attirant les âmes par un attrait si doux, si miséricordieux que les plus revêches se soumettaient. Sa simplicité, son humilité, son tact si délicat, le mettaient à la hauteur de tout, chez les grands qui sentaient sa sainteté, chez les petits qui étaient dominés par sa charité. Tout ce dont je m'occupe, c'est lui qu'il l'avait fait et me l'avait mis en main. Depuis qu'il était avec vous, je respectais son temps si précieux, ayant d'ailleurs l'assistance du Père Leblanc ; mais il était le grand conseiller. En apprenant qu'il n'était plus, la vue de tous ses mérites, le souvenir de tant de services rendus, m'est apparue avec une telle évidence, que j'en suis restée abîmée de douleur ; et j'ai fortement usé de la permission des larmes que le divin Maître nous a donnée par son exemple. »

Le Père Vandel n'est plus, mais ses œuvres restent, faisant le bien et prolongeant, autour d'elles, l'action du fervent missionnaire.

A l'annonce de sa mort, Mgr de la Tour d'Auvergne, archevêque de Bourges, en exprimant toute sa douleur de cette perte, ajoutait : « Puisse le vénéré défunt vous protéger du haut du ciel ! » Sûrement ce vœu s'est réalisé jusqu'ici, car nous ne pouvons attribuer qu'à l'intercession du Père Vandel auprès de Dieu le développement que ses Œuvres ont pris malgré les tristesses et les calamités des temps. L'Œuvre des Campagnes continue son apostolat plus fécond que jamais, et la Petite Œuvre du Sacré-Cœur, réduite sans doute, mais toujours bien vivante sur la terre d'exil, donne encore des religieux à la Congrégation dont le Père Vandel fut l'honneur, et de vaillants apôtres aux îles de l'Océanie. Lorsqu'aura passé le souffle de la persécution, l'une et l'autre retrouveront toutes leurs forces pour travailler plus que jamais à la régénération de

l'Église de France et à la conversion des pauvres infidèles qui souffrent, eux aussi, quoique indirectement,
de la malice de nos persécuteurs. En attendant, du
haut du ciel, le Père Vandel veillera sur elles afin que
la grâce de Dieu leur fasse trouver, dans le feu de
l'épreuve, une trempe encore plus forte et une ardeur
renouvelée (1).

(1) Depuis sa fondation jusqu'à ce jour sont sortis de la
Petite Œuvre : 2 évêques, 1 préfet apostolique, 1 administrateur apostolique, 1 supérieur apostolique, environ 400 prêtres.
77 sont actuellement missionnaires du Sacré-Cœur dans les
pays étrangers : Nouvelle-Guinée anglaise, Nouvelle-Pomé-
ranie, îles Gilbert, îles Marshal, Victoria et Palmerston. 26 sont
déjà morts, dont 12 dans les Missions. En ce moment, la
Petite Œuvre comprend, dans divers pays d'Europe, environ
250 élèves.

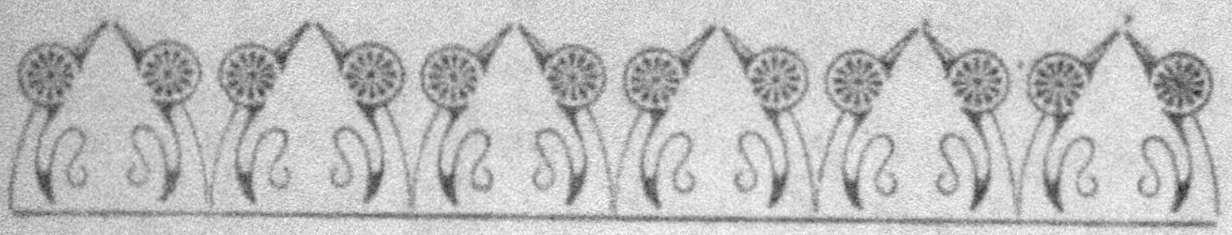

XVI

L'homme intérieur.

Qui voudrait juger le Père Vandel sur les actions extérieures de sa vie, n'en aurait assurément qu'une idée bien imparfaite. Ce qui décourage parfois, dans le récit des œuvres d'un homme, c'est que ces œuvres, vues à distance, perdent une part considérable de leur beauté morale ; et cela, parce que le narrateur ne peut pas montrer, avec autant de clarté qu'il le voudrait, le principe intérieur qui les animait et leur donnait toute leur valeur. Ne voir que le dehors, c'est ne voir que l'écorce, c'est se soustraire au rayonnement de cette lumière vivifiante que la foi et l'amour de

Dieu projettent sur les actions les plus humbles en apparence, mais en réalité les plus méritoires et les plus admirables. Cela est vrai pour la vie de tous les hommes de grande vertu ; cela est vrai tout particulièrement pour celui dont nous venons d'esquisser rapidement l'existence. Ce que nous en avons dit nous montre sans doute un prêtre fervent, un apôtre tout dévoué aux âmes, un religieux modèle, mais il reste dans cette physionomie si attrayante des caractères et des traits qu'il faut entrevoir à travers le voile de la simplicité extérieure et de l'humilité qui cherche à cacher ses mérites.

Le Père de Chazournes écrivait au sujet du Père de Foresta: « Un écrivain contemporain, ayant à composer la vie d'un homme de ce genre, s'écriait un jour, comme rebuté par la difficulté du travail : « C'est une beauté qui est dans tous ses actes et dont je ne trouve les traits nulle part. » En recueillant sur les lèvres des témoins que nous avons consultés leurs impressions et leurs souvenirs, afin de compléter les nôtres, nous avons fait l'expérience de cette difficulté. Chacun d'eux s'écriait : Qu'il était parfait ! C'était un saint ! Mais en quoi ? disions-nous. En tout ! C'était tout à la fois son éloge et notre embarras (1). »

Nous n'aurions pu à coup sûr mieux décrire nous-même l'embarras dans lequel nous nous sommes trouvé souvent en écrivant ces modestes pages sur le Père Vandel.

Malgré la multiplicité de ses œuvres extérieures, le

(1) *Vie du Père de Foresta*; Introduction, p. 13.

Père Vandel fut avant tout un homme *intérieur*. Les vertus qui le manifestaient furent le plus souvent obscures, mais aussi par là même imitables à tous. Le foyer qui animait ces vertus demeure cent fois plus beau que ce qui paraît au dehors. L'acte passe, le principe demeure, établissant l'âme, non plus dans un état passager, mais dans un état permanent, dans l'habitude du bien.

« On connaît l'homme sage à son visage, » dit la sainte Écriture (1) ; la sainteté du Père Vandel se lisait sur ses traits et dans tout l'ensemble de sa personne.

D'une taille élancée, il se tenait avec dignité, la tête légèrement inclinée et les paupières toujours modestement baissées. Une figure longue et amaigrie, d'habitude peu colorée, ses joues déprimées avec des pommettes légèrement saillantes, son regard doux et bienveillant, son front grave et sérieux attiraient aussitôt le respect. Il marchait posément, observant sans trace d'affectation, mais avec une perfection frappante, les règles de la modestie tracées par saint Ignace. Il savait dominer ses impressions, et se montrait toujours égal à lui-même ; les considérations humaines n'étaient jamais le mobile de ses actions et jamais non plus celles-ci ne trahissaient le moindre retour d'amour-propre. Son maintien reflétait visiblement l'esprit surnaturel dont il était animé.

« Type du bon ton, le Père Vandel ne se permettait, en aucune occasion, de plaisanterie légère, et toute

(1) *Eccli.*, XIX, 26.

parole de mauvais aloi était sévèrement écartée de ses lèvres ; comme aussi on ne le voyait jamais ni se croiser les jambes ni s'asseoir avec un abandon dénotant la nonchalance. Il savait cependant, lorsqu'il le fallait, prendre sa part à la conversation, donner des réparties pleines de finesse et même entretenir la gaieté par d'intéressantes anecdotes ou des traits amusants. »

Tel le décrit, tel l'avait déjà connu à Chambéry, le chanoine Arminjon, ancien élève du collège des Jésuites à l'époque où le Père Vandel exerçait chez les Pères les fonctions de surveillant. Tel aussi il est resté toute sa vie ; sauf toutefois que, dans ses dernières années, les traces de la fatigue, des souffrances, de l'épuisement s'accentuaient davantage et mettaient sur toute sa personne les marques visibles d'une vieillesse prématurée.

Un de ses confrères, le R. Père Piperon, particulièrement bien placé pour le connaître d'une façon plus intime, écrivait de lui : « Nous aimions à le considérer, ce grand et saint vieillard, toujours calme et mesuré dans ses mouvements, toujours uni à Dieu avec lequel il semblait s'entretenir constamment par la prière. Ce recueillement habituel donnait à son visage amaigri, presque décharné par la souffrance, un cachet spécial : c'était comme le reflet d'une céleste résignation. Oh ! qu'il était admirable le *bon Père*, comme nous nous plaisions à le nommer !... qu'il était aimable avec son gracieux et mélancolique sourire, tout imprégné de bienveillance et de surnaturelle affection !... Qu'il était attrayant avec son grand air de distinction

et de douce condescendance !... Ses lèvres sancti-
fiées, comme celles de saint François de Sales dont il
avait fait son modèle, distillaient le lait et le miel.
Combien suaves, combien réconfortantes ses moindres
paroles (1) ! »

« C'est un saint, écrivait Mgr Mermillod, après la
mort du vénéré religieux ; il est au Ciel où il prie pour
vous et pour l'Église de Genève. »

Un des aumôniers de l'hospice de Niort, l'abbé Bon-
temps, qui plus tard devait entrer, lui aussi, dans la
Société des Missionnaires du Sacré-Cœur et mourir,
trop prématurément, hélas ! aux Iles Gilbert, en
Océanie, après avoir travaillé avec une intelligente
ardeur à l'évangélisation des sauvages, écrivait : « Il
y a six mois, nous avons eu le bonheur de posséder
deux jours le cher Père Vandel dans notre maison. Il
avait dit la sainte messe dans la chapelle de l'hospice,
et tous nous avions admiré en lui le vrai fils du Sacré-
Cœur. Sa vue et sa parole avaient produit un grand
bien. Nous comprenions quel cœur d'apôtre était ren-
fermé dans cette poitrine. Notre-Dame du Sacré-Cœur
a dû réserver une belle place à son enfant si dévoué. »

Un doyen curé-missionnaire du diocèse de Blois
faisait part, dans les termes suivants, de ses impressions sur le Père Vandel : « S'il était permis de s'affliger
de la mort des saints, je m'affligerais de celle de notre
bien-aimé Père. Mais, vraiment, comme chrétiens et
comme prêtres, ne devons-nous pas au contraire nous
réjouir ?... Pourquoi le plaindre et nous plaindre ?...

(1) *Annales de N.-D. du S.-C.*, 1898.

Le plaindre ?... Mais il est arrivé au terme de toutes ses espérances. Il possède le Dieu qu'il a tant aimé, le Dieu qu'il a tant désiré !... Nous plaindre ?... Mais, du ciel où il se trouve, n'est-il pas plus présent à ses amis de Blois qu'il ne l'était d'Issoudun ?... Nous ne le reverrons plus qu'au ciel, sans doute, mais chaque jour ne nous en rapproche-t-il pas ?... »

A ces témoignages qui concordaient admirablement avec le témoignage de tous ceux qui avaient connu le Père Vandel, on nous permettra d'ajouter celui du Père Leblanc, de la Compagnie de Jésus, qui, pendant bien des années, fut son clairvoyant directeur de conscience et qui, par ses vertus, avait mérité à ce point sa confiance, qu'il lui avait manifesté les secrets les plus intimes de son cœur.

« Ce prêtre vénérable était doué de qualités très rares et son âme était ornée des vertus qui font le saint et l'homme de Dieu.

« Le fond de son caractère était la bonté et la douceur. Plein de foi et d'un profond respect pour Dieu, il s'appliquait à ses prières avec un grand soin et il craignait toujours de ne pas les faire assez bien. Il eût été porté au scrupule et à des inquiétudes dangereuses pour la conscience, s'il n'eût pas montré une soumission et une fidélité absolues à son directeur. Il fallait sans doute quelquefois ranimer sa confiance, mais il obéissait alors sans réserve et il recouvrait un calme parfait.

« Son humilité était *extraordinaire* et il se croyait très sincèrement le dernier de tous. De là, cette componction habituelle et cette vigilance sur lui-même ;

de là encore cette modestie singulière et cette réserve dans ses relations avec le monde. Aussi était-il toujours accueilli avec respect et bienveillance par des familles chrétiennes et respectables, heureuses de l'entendre parler des choses de Dieu et de l'aider dans ses œuvres. Elles savaient d'ailleurs combien il était désintéressé et discret dans ses demandes. »

De là aussi, aurait pu ajouter le prudent directeur, cette forte inclination qui le portait vers les petits, les enfants, les pauvres, les vieillards, les déshérités des biens de ce monde, inclination qu'il ressentit dès son jeune âge et qu'il conserva jusqu'à sa mort.

La grande préoccupation du Père Vandel, depuis ses premières années, avait été de se sanctifier, et c'est à cette pensée directrice de toute sa vie, qu'il avait subordonné tout le reste. Ce que nous savons de sa jeunesse, ce que nous savons surtout de sa vie sacerdotale et apostolique nous le prouve suffisamment ; mais ce désir de sanctification l'envahit plus fortement encore lorsque, sur le tard, il voulut s'attacher plus intimement à Dieu par les liens de la vie religieuse.

Pendant son temps de noviciat il étudia, avec tout le sérieux que la chose comportait, la nature des obligations que l'âme contracte par son entrée en religion, et il fut à ce point pénétré de leur gravité que, dans son humilité, il se jugea presque incapable d'en assumer sur lui toute la responsabilité.

Les Constitutions des Missionnaires du Sacré-Cœur n'étant pas encore, à cette époque, définitivement approuvées par le Saint-Siège et donnant par là même une certaine latitude aux novices, le Père Vandel crut ne pas pouvoir tout d'abord s'engager par des vœux : « J'espère y arriver plus tard, écrivait-il dans ses notes intimes, et j'en ai le désir ; mais la faiblesse de ma vertu et une tendance au scrupule me portent à croire, pour le moment, qu'un simple engagement est préférable à des vœux proprement dits. Toutefois, je considère cet engagement comme un acte très sérieux de ma volonté, un lien de conscience qui m'oblige à travailler à ma perfection. Ce lien d'ailleurs n'est, pour moi, que la continuation d'un attrait datant de mon enfance. Cet attrait s'est produit par un goût prononcé pour la prière, à l'âge de six ou huit ans, par un travail de conversion à l'âge de quinze ou seize ans, par une dévotion sensible envers le Très Saint Sacrement et envers la Sainte Vierge, surtout de dix-sept à trente ans, enfin par des essais de zèle dans mes dix ans de surveillance chez les Pères Jésuites, dans mon ministère de curé à Nyon et dans la fondation et la direction de l'Œuvre des Campagnes. Cet attrait me portait vers le Cœur de Jésus par Marie. C'est sous cette impression que j'ai célébré ma première messe. Si j'avais été fidèle à la grâce, j'aurais peut-être fait du bien. Une grande faiblesse de volonté a paralysé les intentions de Dieu. »

Nous lisons encore dans ses notes intimes : « Mon entrée dans la Société des Missionnaires du Sacré-Cœur m'oblige à travailler à ma perfection, surtout par les moyens suivants : « Par une obéissance *vraie* au Supérieur et à la Règle. Cette obéissance doit être pratiquée par un motif de foi, c'est-à-dire par une sincère volonté de me sanctifier dans ma vocation.

« Pour que cet engagement facilite l'action de la grâce, je dois le prendre avec largeur et confiance. Ce qui en fera le mérite sera la bonne intention plus que la scrupuleuse observance.

« Tâcher de me tenir toujours uni à Notre-Seigneur, d'être agréable à mes Pères et à mes Frères pour nous porter mutuellement à Dieu, semble être la disposition habituelle à laquelle il me faut tendre.

« J'ai surtout besoin de confiance, de simplicité, de paix, de détachement de moi-même.

« Me confiant dans le Cœur de Jésus par Marie et Joseph, je me sens la volonté de travailler à affaiblir les mauvaises dispositions et à fortifier les bonnes. »

Et notre fervent religieux résumait ainsi l'esprit et la forme de son engagement : « Ayant confiance en l'Esprit de Dieu sur la Société des Missionnaires du Sacré-Cœur ; trouvant dans cette Société une convenance spéciale à mes goûts spirituels ; ayant un vrai désir de la servir selon les intérêts et la gloire du Cœur de Jésus par Notre-Dame du Sacré-Cœur et par saint Joseph ; après une année d'expérience :

« Je demande, non encore par vœu, mais par un engagement annuel de bonne volonté, la grâce d'obéir au R. Père Supérieur, d'observer la Règle et de faire partie de la communauté. »

Le Père Vandel se sentit bientôt le besoin d'aller plus avant et de se consacrer à Dieu, d'une façon ferme et définitive, par les vœux de religion ; car il avait pu acquérir la conviction que ces vœux ne seraient pour lui aucune cause de troubles ni de scrupules et que sa

santé ne s'opposerait pas à l'observance de la Règle.
D'autre part l'étude approfondie des engagements
religieux dans les ouvrages du Père S. Jure ne faisait que confirmer son désir que ses directeurs eux-
mêmes, et en particulier M. Favre et le Père Leblanc,
l'encourageaient fortement à réaliser. Ce fut en 1868,
le 23 septembre, à Chezal-Benoît, après une retraite faite
au milieu de ses enfants de la Petite Œuvre, qu'il
prononça ses vœux perpétuels. Quelques jours après,
il en témoignait sa joie et sa reconnaissance dans une
note du 27 septembre :

« Je suis Missionnaire du Sacré-Cœur *in æternum*,
comme je suis chrétien *in æternum*, comme je suis
prêtre *in æternum*. Je suis Missionnaire du Sacré-
Cœur *en tout* : en mon corps, en mon âme, en mon
cœur, en mes pensées, en mes paroles, en mes actions,
en mes souffrances, en ma tenue, en mes relations.
Que Dieu en soit béni ! »

Si le Père Vandel avait éprouvé de telles hésitations
avant de prendre des engagements définitifs, c'est précisément parce qu'il était fermement résolu à les tenir
avec toute la perfection qui est possible à l'humaine
fragilité.

Et en effet on le vit, à partir du jour de sa profession, s'appliquer plus que jamais à se détacher des
créatures et de tout ce qui n'est pas Dieu, pour s'attacher uniquement au Cœur adorable de Jésus : « Tout
faire, tout souffrir, écrivait-il, pour aimer et faire aimer
le Sacré-Cœur ! »

Mgr de Charbonnel, ancien évêque de Toronto, et
religieux de saint François d'Assise, étant, à cette

époque, venu à Issoudun, le Père Vandel lui demanda la faveur d'être revêtu par lui de l'habit des confrères de son Ordre, ce que le vénéré prélat lui accorda de grand cœur. Dans la *neuvaine de grâces* qu'il fit en l'honneur de saint François-Xavier, il demanda la faveur de se sanctifier de plus en plus pour la gloire du Cœur de Jésus et afin de travailler plus efficacement à la sanctification des âmes qui lui étaient confiées, en particulier de ses chers enfants de la Petite Œuvre.

Ce désir de sanctification et cette énergie de volonté qu'il mettait chaque jour à le réaliser en toute occasion, le Père Vandel le puisait dans son esprit de foi et dans son amour de Dieu.

« J'ai fait profession de foi, écrivait-il au lendemain de son sacerdoce, malheur à moi si jamais je venais à douter, à hésiter dans ma croyance ! » Il n'hésita jamais, jamais il ne douta ; toujours au contraire il se montra l'homme de foi ; d'une foi simple mais profonde qui éclairait chacune de ses actions, même les plus ordinaires, et les dirigeait vers Dieu. Il n'avait pas besoin de longs raisonnements. Les vérités de la religion, les mystères du Christ et de ses divins Sacrements, l'Évangile, la doctrine de l'Église et les enseignements de la Tradition s'imposaient à lui par la seule force de leur autorité. Il croyait tout d'abord, ce n'est qu'ensuite qu'il cherchait à éclairer sa foi pour pouvoir la communiquer aux âmes et la faire accepter.

XVII

L'homme intérieur : Esprit de foi ;
Amour de Dieu.

'esprit de foi du Père Vandel était prover-
bial parmi ses confrères : « Onze années
durant, écrit le R. Père Piperon, nous
avons vécu sous le même toit, suivant
les mêmes exercices, partageant la même
table, et souvent les mêmes travaux ; or, jamais, non
jamais, je n'ai découvert dans ce saint religieux, quelqu'une de ces infidélités caractérisées qui peuvent
échapper même aux âmes généreuses. On le nommait
couramment dans la communauté et au dehors le
saint Père Vandel. Le supérieur exprimait-il un

désir ? Pour lui c'était un ordre ; sans retard il se mettait à l'œuvre avec l'ardeur d'un jeune homme et la simplicité d'un enfant. »

Il voyait en tout la sainte volonté de Dieu et il portait les autres à s'y soumettre, comme il s'y soumettait lui-même. Qu'on nous permette de citer à ce propos une lettre délicieuse qu'il adressait, un jour, à sa sœur :

« MA CHÈRE SŒUR,

« Tu me demandes un mot d'avis. Il ne me vient qu'une seule chose en pensée, mais cette chose en vaut mille. Notre-Seigneur n'est venu faire qu'une seule chose sur la terre ; les anges et les saints ne font qu'une seule chose au ciel : la volonté de Dieu !... Notre-Seigneur n'a fait que cela pendant toute sa vie ; en restant dans le sein et sur les bras de sa mère ; dans son travail, pour gagner son pain ; dans ses courses par le mauvais temps et les mauvais chemins ; en partageant son pain d'orge, assis sur le bord des chemins, avec ses pauvres apôtres ; en s'asseyant tout fatigué sur la margelle du puits de la Samaritaine ; en allant dîner et coucher dans la maison de Lazare ; en suant le sang et l'eau ; en baisant affectueusement Judas ; en recevant les coups de verge, les crachats, la cruelle et douloureuse couronne ; en offrant ses épaules à la croix ; en présentant ses mains et ses pieds ; en ressuscitant, en montant au ciel, en restant silencieux et solitaire au tabernacle ; en entrant dans notre bouche et dans notre poitrine ; en tout et toujours il ne veut, il ne cherche qu'une chose, la volonté de Dieu. Et c'est pour cela que toutes ses paroles, toutes ses respirations, tous ses pas, ont eu un mérite infini. Il paraît donc que la vraie et solide vertu consiste à chercher, à faire la volonté de Dieu en tout. La plus grande grâce de la Sainte Vierge a été la récompense d'un acte de sonmission à cette volonté ; c'est en disant : *Qu'il me soit fait selon votre parole,* qu'elle est devenue la Mère du Sauveur. Les plus grands saints sont ceux qui se sont montrés les plus dociles à la volonté divine. Abraham lève son bras sur Isaac par obéissance. Job en nettoyant sa pourriture sur son fumier, bénissait la volonté de Dieu en disant : « Si nous avons reçu les biens, pourquoi ne recevrions-nous pas les maux envoyés par la Providence ? » Saint Joseph ne dit pas un mot de mécontentement contre Hérode qui est cause de sa fuite en Egypte, au milieu de la nuit, parce qu'il reconnaît la volonté de Dieu. Les anges gardiens ne s'ennuient pas de rester jour et nuit auprès d'un païen, d'un juif, d'un impie, d'un blasphémateur parce qu'ils obéissent à la volonté de Dieu. De même le principe de notre paix, de notre contentement, de notre confiance, de notre salut, doit être de faire la volonté de Dieu et de souffrir ce qu'elle permet. Or, la volonté de Dieu se montre dans tous les petits détails de la vie. Elle est dans le vent, dans la pluie, dans le froid, dans les indispositions, les maladies, les souffrances ; elle est dans les accidents, les chutes, les morts subites, les pertes, les fléaux ; elle est dans les peines, contrariétés, fatigues, dérangements, troubles, désolations que l'on trouve pour remplir ses devoirs de piété ; elle est dans les cris, la malice, les querelles, les

désobéissances des enfants ; elle est dans la mauvaise
humeur, dans la conduite déraisonnable de ceux avec
qui l'on vit ; elle est dans la chute d'une feuille comme
elle est dans la mort. Par conséquent, toute la paix de
l'âme et toute la sainteté consistent à aimer Dieu dans sa
volonté et à aimer cette volonté pour l'amour de Dieu.
Cette disposition renferme la contrition parfaite, et, en
cas de mort, elle suffit pour effacer les péchés mortels,
sans confession, si on ne peut avoir un prêtre. On
ne peut donc rien faire de plus agréable à Dieu, de
plus propre à obtenir ses grâces pour soi et les autres,
que d'avoir au fond du cœur la disposition d'aimer la
volonté de Dieu, *en tout*, de bénir la volonté de Dieu
en tout. Cette pratique est à la portée de tout le
monde ; on peut la garder au milieu des affaires et
dans un lit ; elle s'étend à tout et il n'y pas une minute
où l'on ne rencontre l'occasion de trouver et d'aimer
la volonté de Dieu. Avec cette disposition, rien
n'étonne, rien n'épouvante, rien ne brise le cœur.
Demandons cette disposition à Notre-Seigneur qui
fait ses délices de rester dans le tabernacle par amour
pour la volonté de son Père et par amour pour nous.
Demandons-la à Marie debout pendant trois heures
au pied de la croix... »

Cette foi, toujours en action chez le Père Vandel,
était la base de son amour, et en toute circonstance
cet amour se trahissait. C'est lui qui a inspiré ses vertus, ses œuvres extérieures, son zèle pour le salut des
âmes ; c'est lui qui l'a soutenu au milieu de ses
épreuves et de ses souffrances physiques et lui a fait
surmonter les obstacles qu'elles semblaient devoir

opposer à son apostolat dans les paroisses abandonnées.

Mme de Fresne, sa coopératrice infatigable dans l'établissement de l'Œuvre des Campagnes, avait conservé précieusement un nombre considérable de lettres que le vénérable religieux lui avait adressées. Voici comment elle les résumait et les appréciait : « On y admire, écrit-elle, la continuité, l'égalité de ton, de mesure, qui indiquent une nature dominée et toujours unie à Dieu, arrivée à la pleine possession du gouvernail. On y trouve la douceur, la simplicité, l'amabilité de saint François de Sales. Rien de recherché ; tout y est spontané, naturel, plein d'un tact exquis. Quel amour de Dieu caché sous son humilité profonde ! Quel cœur sensible à toutes les offenses faites à la divine Majesté, en même temps que compatissant à toutes les misères et faiblesses de l'humanité ! Quel amour pour ses chères mauvaises campagnes ! Quel oubli de soi-même ! Quelle confiance en Dieu ! Quel abandon à la Providence ! Quel détachement de toute chose ! Comment oublier après les avoir entendues, ces paroles prononcées avec l'accent d'un amour inexprimable : « Oh ! quel bonheur de ne pas savoir aujourd'hui où l'on sera demain et de ne compter que sur l'aimable Providence de Dieu ! »

Celui qui parlait ainsi avait, en effet, dans un élan d'amoureuse générosité, refusé des positions avantageuses, faciles, désirables pour une santé détruite. Il les avait refusées pour vivre pauvre et consacrer sa vie à la gloire de Dieu.

La charité dont brûlait son cœur avait fait naître

chez le Père Vandel la dévotion la plus tendre envers le Cœur adorable de Jésus. Il attribuait du reste à cette dévotion son entrée dans la Société des Missionnaires qui ont l'honneur de porter son nom. Non seulement il a voulu la pratiquer pour lui-même, mais encore la faire connaître et engager les âmes à s'y livrer comme à un moyen sûr et rapide d'arriver à la perfection chrétienne.

« La dévotion au Cœur de Jésus-Christ, écrivait-il, est une des ressources précieuses données à l'Église catholique pour les derniers temps et pour les grands maux. C'est dans un but d'assistance extrême que Jésus a découvert les trésors cachés dans son Cœur. Les invitations et les promesses qu'il nous adresse sont prodigieuses d'amour et de générosité !

« Le Cœur de Jésus est le foyer d'un feu divin apporté du ciel en terre. Une étincelle de ce feu peut allumer un incendie. »

Cette étincelle, le cœur du Père Vandel l'avait reçue et sentie et c'est pourquoi il était tout embrasé de l'amour de Dieu et de son Christ. « Tout, écrivait-il, tout dans le ministère des missionnaires doit converger sur la personne de Notre-Seigneur présent dans l'église de la paroisse. » C'est pourquoi aussi sa parole et ses exemples portaient efficacement cet amour dans les cœurs qui se trouvaient en contact avec le sien.

Cette dévotion au Cœur du divin Maître trouvait son aliment dans la dévotion extraordinaire que professait le Père Vandel pour la sainte Eucharistie, et qui était particulièrement remarquée partout où il passait. « C'est là surtout, près du tabernacle, que se manifestait l'ardeur de sa foi ; à son attitude pleine de recueillement, d'humilité, on eût dit un ange plongé dans la contemplation de Dieu (1). »

Transcrivons ici, à ce sujet, ce qu'écrivait la Sœur Angélique Battle, d'Amélie-les-Bains, dont nous avons déjà cité le témoignage : « Pendant les sept semaines qu'il passa dans cette ville, le Père Vandel avait choisi de préférence notre modeste chapelle pour les visites au Saint Sacrement. Tous les jours, par n'importe quel temps, dès cinq heures du soir, il remplaçait avantageusement la communauté aux pieds de Jésus-Hostie. Sa prière se prolongeait habituellement jusqu'à sept heures, et on pouvait voir, deux heures durant, ce digne prêtre à genoux, immobile sur son prie-Dieu comme une statue ; mais c'était une statue qui parlait à l'âme ; sa ferveur et sa tenue étaient une prédication muette, et il suffisait de passer quelques minutes près de lui pour se pénétrer plus profondément de la présence de Notre-Seigneur dans le Très Saint Sacrement et pour devenir plus fervent dans la prière. »

Les sentiments du Père Vandel pour la sainte Eucharistie étaient ceux d'une foi ardente et d'un respect profond. S'il rencontrait une église sur son chemin, il se faisait un devoir très doux d'y entrer, de s'agenouiller devant le tabernacle et d'y passer un moment d'adoration. Quand il voyait l'église fermée ou qu'il la constatait déserte en dehors de l'heure des messes, il en éprouvait un chagrin sensible et sentait le besoin de mettre fin à ce triste abandon du tabernacle.

(1) Témoignage de la R. Mère Gaillard, Supérieure des Sœurs et de l'Orphelinat de Saint-Vincent de Paul, à Issoudun.

Aussi avait-il à cœur, chaque fois qu'il donnait une mission, d'établir l'adoration quotidienne dans les paroisses qu'il évangélisait. Là où Notre-Seigneur était précédemment abandonné, on comptait tous les jours devant le Saint Sacrement un groupe de personnes plus ou moins considérable, suivant l'importance de la paroisse. Il associait non seulement les personnes adultes mais encore les enfants. Après la classe, raconte le Père Leblanc, on voyait ceux-ci se rendre à l'église malgré la difficulté des chemins et les mauvais temps, y prier ensemble de tout leur cœur et se retirer très contents de leur visite. »

Et même, pour faire estimer davantage ces visites à Notre-Seigneur, le Père Vandel voulait qu'elles fussent une récompense, et les enfants dont la conduite n'était pas satisfaisante en étaient quelquefois privés.

Les enfants des asiles eux-mêmes n'étaient pas exclus de cette touchante pratique ; il les faisait conduire devant Notre-Seigneur et à ceux qui objectaient le jeune âge de ces enfants et l'ennui qui pourrait en résulter pour eux, le pieux religieux citait ce trait touchant qu'il avait lu dans les *Annales de la Sainte Enfance* :

« On nous a amené, dit une Sœur, quatre petites filles marchant à peine. Or, l'une d'elles, ayant vu le Saint Sacrement exposé et des adoratrices aux pieds du divin Maître, quitte l'école jusqu'à trois fois par jour, et court furtivement à l'église pour ne revenir que lorsqu'on la fait chercher. « Mais que fais-tu là, lui demanda-t-on un jour ? — Je regarde le bon Dieu et je le prie. — Quelle prière lui fais-tu ? — Je lui demande d'aller au Ciel. — Que feras-tu au Ciel ? — Je verrai le bon Dieu et la Sainte Vierge ! »

« L'Adoration quotidienne du Saint Sacrement, écrivait le Père Vandel, est un vrai secret de régénération. C'est par la cohabitation sous le même toit pendant trente ans, par sa présence à la même table, que Notre-Seigneur enrichit Marie et Joseph de tous les trésors de la sainteté ; c'est par sa présence corporelle qu'il répand ses grâces sur saint Jean-Baptiste, sur les bergers, sur les mages, sur Siméon, sur les époux de Cana ; c'est par sa présence corporelle, par sa parole ou par son regard, par l'attouchement de ses habits ou l'imposition de ses mains qu'il ressuscite Lazare et le fils de la veuve de Naïm, qu'il guérit les malades, qu'il bénit les enfants, qu'il convertit saint Pierre. C'est en permettant à Madeleine d'arroser ses pieds de ses larmes qu'il l'attire à une vie incomparable de pénitence et d'amour. On dirait que la puissance de la grâce était en raison de l'intimité du rapprochement ; comme une mère qui ne peut témoigner son amour d'une manière plus ardente qu'en étreignant son enfant sur son cœur. Voilà la nature de l'homme ; voilà aussi la nature de Dieu : Il veut qu'on s'approche de lui ; Il veut presser, s'unir, s'identifier. Tel était Jésus dans sa vie, tel est-il encore dans le Sacrement de nos autels ; c'est lui qui nous l'assure. »

Aussi le Père Vandel voyait-il dans la visite au Saint Sacrement une source abondante de grâces pour toutes les situations par lesquelles peut passer une âme.

« Grâces pour les petits enfants. Leur foi simple et pure découvre facilement le bon Dieu présent qui les appelle, les écoute et les bénit. La comtesse de Sales ne s'y est pas prise autrement pour commencer l'éducation chrétienne de son fils François.

« Grâces pour la jeunesse. Il y a là un Ami qui sait gagner les cœurs, parce qu'il est uniquement bon, beau, riche et puissant. C'est lui qui inspire les pensées généreuses, excite les sentiments vertueux, détourne ou dégoûte du vice, relève la confiance. C'est lui qui a le don de captiver tant de cœurs qui l'aiment avec passion et le suivent jusqu'à la mort, jusqu'au martyre.

« Grâces pour les âmes affligées, désolées, éprouvées. Dans le monde, souvent, la douleur n'est pas comprise. Là, il y a un Cœur qui la comprend. Lui seul a le secret des larmes, le don des consolations ; lui seul peut dire : « Venez à moi, vous qui souffrez, et je vous consolerai. »

« Grâces pour les pécheurs. Ils ont ses préférences, parce que c'est pour eux qu'il est venu, pour eux surtout qu'il veille qu'il prie, qu'il renouvelle chaque jour le sacrifice du Calvaire. Aucune visite ne lui est agréable comme celle de l'enfant prodigue, touché par un faible et lointain désir de retourner vers son Père.

« Grâces pour les âmes converties et pénitentes, mais que le souvenir de leurs fautes tient dans la défiance et dans la crainte. Pendant leur visite, une voix sort du tabernacle qui leur dit : « Ayez confiance ! Ne craignez pas, c'est moi, moi qui vous aime, moi qui vous ai pardonné, moi qui ai donné mon paradis au larron pénitent. »

« Grâces pour les âmes faibles et chancelantes dans la foi. Celui qui est là, à quelques pas seulement de la personne qui le visite, c'est bien le même qui, sous la figure d'un voyageur, marchait sur la route avec les disciples d'Emmaüs, soutenant leur foi abattue et éclairant leur esprit par ses paroles. Là, dans ce tabernacle, se trouvent bien réellement les deux mêmes mains percées que Jésus faisait toucher à Thomas, le même côté ouvert dans lequel il l'invitait à placer sa main pour ranimer sa foi.

« Grâces pour les âmes pieuses, intérieures, attirées à une vie plus parfaite. Celui que leur piété adore dans le Sacrement n'est-il pas le même dont la présence sanctifia le fils d'Elisabeth ?... le même qui permit à Jean de prendre un mystérieux sommeil sur sa poitrine sacrée ?... le même qui se penchant vers Pierre assis à ses côtés, sur les bords du lac de Tibériade, lui adressa trois fois cette parole de l'amitié la plus tendre : « Pierre, m'aimez-vous ? » Le Cœur de Jésus ne s'est pas refroidi. La vie des saints nous le montre toujours plus dévoué et plus brûlant pour les cœurs qui savent le goûter. »

Et le bon Père disait cela avec tant de chaleur, tant de conviction, tant de piété que ceux qui l'écoutaient se prenaient à aimer avec lui la divine Eucharistie ; avec lui on voulait s'approcher de Dieu, s'unir à lui, s'identifier avec lui.

Est-il besoin de dire avec quelle onction et quel respect le Père Vandel célébrait tous les matins les saints mystères ? Si la modestie et le recueillement lui étaient déjà habituels, on devine aisément combien ils devaient redoubler, si possible, au saint Autel ! On sentait, à le voir, qu'il était tout entier sous l'impression visible de la grandeur de l'acte sublime qu'il accomplissait : « Son visage, raconte un témoin, portait l'empreinte d'une vertu surnaturelle. Lorsque je le voyais à l'autel, célébrant le saint Sacrifice, son extérieur était à ce point recueilli, il priait avec une telle ferveur, que je me disais : C'est ainsi que devait être saint François de Sales ! » Tel était son respect pour les divins mystères, que dans les dernières années de sa vie, il les accomplissait rarement, lui qui avait la conscience si délicate, sans se purifier auparavant au tribunal de la Pénitence.

La pratique de la Communion était, à ses yeux, le moyen le plus puissant pour régénérer les paroisses. Aussi la recommandait-il aussi fréquente que possible. Mais en cela comme en tout le reste, il voulait que l'on mît beaucoup de discernement.

« Il faut du temps et mille soins préparatoires, disait-il, pour rétablir une santé perdue. Ainsi en est-il de la santé d'une âme. Jamais, non jamais nous ne devons désespérer de personne ; mais il faut des années de persévérance pour ramener les pauvres pécheurs. Dans les affaires de ce monde, on est plus sage, plus patient ; on imite volontiers les cent ans de travail de Noé pour la construction de l'arche. On emploiera des milliers de bras, des millions d'argent, un quart, et s'il le faut la moitié d'un siècle, pour détruire l'isthme de Suez, pour percer le Mont Cenis ; et pour détruire de longues habitudes d'indifférence, combler les abîmes de ténèbres qui menacent de séparer les âmes de Dieu, nous voudrions que cela se fît tout de suite et sans difficulté !... En général une conversion vaut ce qu'elle coûte. On peut quelquefois avec un certain entraînement de paroles, avec un prestige de sollicitations, déterminer quelques personnes à se confesser, à recevoir la sainte communion, mais lorsqu'il n'y a ni instruction ni conviction, ce premier feu s'éteint vite et on redevient plus négligent qu'auparavant. »

Il mettait cette réserve quand il s'agissait des personnes du monde jusque-là indifférentes. Mais lorsqu'il s'agissait des âmes pieuses, il les exhortait vivement à la communion fréquente comme au moyen le plus puissant, le plus efficace pour se sanctifier et remercier la charité divine du bienfait incompréhensible de la sainte Eucharistie.

XVIII

L'homme intérieur : Amour du prochain.

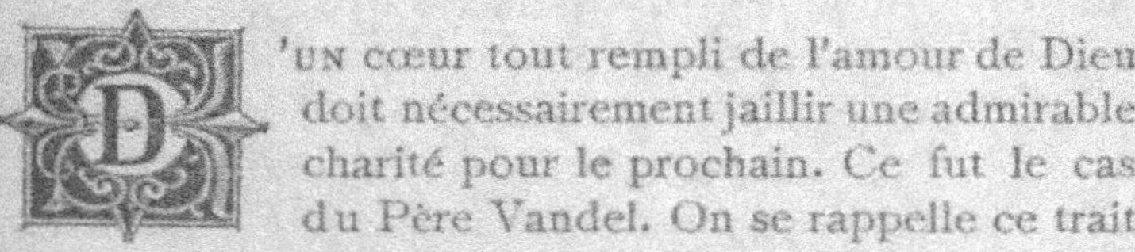

'un cœur tout rempli de l'amour de Dieu doit nécessairement jaillir une admirable charité pour le prochain. Ce fut le cas du Père Vandel. On se rappelle ce trait de son enfance : le jeune Vandel écrivant au bas d'un tableau, pour donner une leçon bien méritée : *Je déteste les médisants*. Le respect du prochain et son amour pour tous fut, en effet, un des caractères les plus saillants de sa vie, parce que sa foi vive lui faisait voir en tous des frères en Jésus-Christ. Compatissant à toutes les souffrances physiques ou morales, il essayait de les soulager, et toujours avec cette douceur et cette délicatesse que peut seule inspirer une pensée surnaturelle.

Comme les âmes droites, il pensait bien de tout le monde. Aussi, atteste le Père Leblanc, « quand il était obligé de faire connaître les défauts du prochain, c'était pour lui un tourment et presque toujours il craignait que ses reproches n'eussent dépassé sa pensée. »

Secourir les pauvres était sa plus douce consolation. Ses dons ne connaissaient d'autre mesure que la mesure de ses moyens, et souvent même il se fit mendiant pour venir efficacement au secours des indigents.

Lorsqu'il était curé de Nyon, si le temps était rigoureux, il avait l'œil attentif et envoyait se chauffer à la cure les personnes qui venaient de loin, à jeun, par la pluie, le froid et les mauvais chemins : comme sa paroisse avait plusieurs lieues d'étendue, il avait coutume de recommander à sa domestique de mettre de bonne heure son pot-au-feu, afin de faire prendre un bouillon aux personnes qui avaient dû faire un long trajet pour se confesser et communier le dimanche matin. Pour ne pas les faire attendre, il lui arrivait d'ouvrir jusqu'à six, sept, huit fois le Tabernacle dans la matinée, depuis cinq heures du matin jusqu'à une heure de l'après-midi, avant, pendant et après la Messe. Si les sacrements étaient fréquentés, les attentions du charitable curé y étaient bien pour quelque chose.

« Aux pauvres, disait Mme Swetchine, il ne suffit pas de donner le nécessaire, il faut y ajouter un peu de superflu. » C'était bien l'avis du Père Vandel. Aussi quand il allait visiter les indigents, surtout s'ils étaient malades, était-il chargé de ces petits riens qui attendrissent et ouvrent les cœurs : douceurs, confitures, quelques bouteilles de bon vin, quelques vêtements chauds, etc. ; et il était heureux du bonheur que procuraient ces petites attentions.

Les actes valent ce que vaut leur but ; les plus grands ne sont rien quand la recherche de soi est à leur racine ; les plus modestes ont un prix inestimable quand ils sont la marque d'un cœur qui se donne. Celui du Père Vandel se donnait tout entier ; et le motif qui le faisait agir était, tout en apportant un soulagement au corps, de gagner surtout les âmes.

Gagner les âmes, le zèle : voilà bien en effet ce à quoi tendait, avant tout, la charité surnaturelle de l'homme de Dieu ! Pour cela, rien ne lui coûtait, ni les fatigues, ni les veilles, ni les longs et pénibles entretiens.

« Nous avons, écrit-il, trouvé dans une paroisse de la campagne quatre-vingt-douze hommes, jeunes gens, ouvriers, pères de famille qui n'avaient pas fait leur première Communion. La plupart ne savaient pas lire, ne savaient aucune prière, ne connaissaient pas les premiers éléments de la doctrine chrétienne. Nous acceptâmes avec empressement d'enseigner le catéchisme, le soir, à un petit nombre qui osèrent venir. Il fallait leur apprendre à faire le signe de la croix, à répéter mot à mot le *Notre Père*, à comprendre le sens des principaux mystères. Lorsqu'ils virent que nous étions peu exigeant, que nous leurs faisions compliment sur leurs petits progrès, ils se montrèrent d'une parfaite bonne volonté. Leur contentement fut contagieux ; chaque jour le nombre augmentait et il arriva jusqu'au chiffre de quatre-vingt-douze. Il en est qui faisaient quatre lieues malgré le mauvais temps. La séance durait de sept à neuf heures du soir. Ces jeunes gens, ces hommes, ces soldats, — car quelques-uns avaient servi, — cinq semaines suffirent pour leur donner une instruction et une préparation suffisantes. Le jour de la première Communion fut mémorable ; il y avait grande joie dans les cœurs et dans les familles ! »

Afin d'attirer plus facilement les âmes, le Père Vandel se montrait toujours d'une bonté avenante et d'une exquise douceur.

Un jour, quand le Père était curé de Nyon, une bande de sauteurs arrive dans la paroisse. Une jeune actrice se présente à la cure : « Monsieur le curé, je n'ai pas fait ma première Communion, je voudrais m'y préparer et je viens me recommander à vous ! » Elle tira de sa poche un catéchisme qui ne la quittait pas et qu'elle étudiait dans ses moments libres. Le curé prend intérêt à cette pauvre enfant qui n'avait nulle idée de l'inconvenance de sa profession. Malheureusement le séjour fut court et les parents étaient mal disposés. Lorsque la bande quitta la paroisse, la sœur du chef de la bande resta malade dans une auberge. L'abbé Vandel se rendit auprès d'elle ; et il constata qu'il avait devant lui une âme d'élite qui empêchait tout le mal qu'elle pouvait. Sa vertu était si solide qu'un soir, après avoir résisté avec une vigueur extrême aux tentations d'un individu qui s'était caché, elle fut entraînée, par un escalier, jusque dans la cave, et dans son brutal désappointement, le misérable lança sur elle un gros chien qui laissa sur un bras l'empreinte de graves blessures. Profitant du séjour auquel la forçait son indisposition, elle s'approcha plusieurs fois des sacrements. Cette bonne fille rentra dans son pays. Tous les ans, une lettre pleine des meilleurs sentiments a prouvé la reconnaissance de la vertueuse Crescenza envers le Père Vandel.

Le bon cœur du Père Vandel lui suggérait des moyens excellents pour ramener au bien les plus revêches : « Ne luttez pas contre les préjugés, disait-il ; allez droit au cœur : rappelez l'enfance, la mère, les vieux souvenirs. Nous avons rencontré un vieux soldat de l'empire, aveugle et poitrinaire. « Mon brave, le bon Dieu vous donnera bientôt la retraite et la croix d'honneur dans son paradis. » Il nous répondit : « Quand on est mort, tout est mort ! — Ce n'est pas ce que votre mère vous a appris, quand vous étiez petit. » Il réfléchit un instant, poussa un soupir et répondit : « C'est vrai ! »

Quand il s'agissait du salut d'une âme, la charité de notre vénéré missionnaire ne s'arrêtait pas devant les difficultés ni devant les rebuts qu'elle éprouvait parfois de la part des personnes hostiles : « Un jour, raconte-t-il, tandis que nous faisions le catéchisme aux enfants, le médecin nous fait savoir qu'un homme se meurt dans un hameau voisin ; personne du reste n'avait demandé ni averti le curé. Nous partons sur-le-champ et nous arrivons dans la maison. Une nombreuse assistance de parents et d'amis remplissait la chambre du malade. Celui-ci était un homme d'une quarantaine d'années ; sa femme et sa grande fille étaient auprès du lit : « Mon ami, vous souffrez beaucoup ? » Un signe de tête fut sa réponse. Nous lui demandons à l'oreille s'il ne voudrait pas accepter les secours de la religion ; il répond qu'il veut bien. Nous priâmes tout le monde de nous laisser un moment seuls. Il y eut de leur part comme une sorte de protestation tacite en restant là sur leurs chaises. Nous insistons avec un ton d'autorité mêlé de prière. « Mes amis, ce brave homme va paraître devant Dieu, c'est un chrétien ; je ne veux pas lui faire de mal ; je vous en prie, laissez-moi un instant avec lui. » Une femme se lève et nous dit d'un ton sec : « On ne sait pas si le malade le veut ! » Enfin on se retira dans la cour. Le malade nous édifia. L'approche de la mort est une bonne conseillère, même après une vie passée loin de Dieu. Il expira peu d'heures après. »

Une autre fois, dans une paroisse voisine, un vieillard de quatre-vingts ans se trouvait à toute extrémité. Bien entendu, le curé n'avait pas été prévenu. Comme l'abbé Vandel passait par ce hameau, on lui indiqua la maison. A peine avait-il ouvert la porte qu'un des fils du vieillard s'avance brusquement, protestant du geste et de la voix qu'il ne lui permettrait pas d'approcher de son père. Quatre ou cinq hommes étaient là, semblant l'approuver par leur silence. Voyant que le prêtre ne se retirait pas, le fils tire le rideau et se place devant le lit pour en défendre l'approche. Le Père Vandel, impassible, laissa tomber cette première crise de colère. Le malade était déjà oppressé par le râle de l'agonie. Le prêtre adressa à l'un des hommes présents quelques paroles d'intérêt et de compassion sur les souffrances du vieillard. Le fils paraissait moins exalté. « Mon ami, laissez-moi donner un mot de consolation à votre bon père. » Et sans attendre la permission, il se glisse doucement auprès du lit. Le fils le laissa faire et se retira plus loin. Le vieillard avait toute sa connaissance ; il baisa le crucifix et la médaille de la Sainte Vierge ; il mourait un quart d'heure après...

Le Père Vandel avait passé le carême dans une grande paroisse. Un jour, traversant une rue, il vit, à la porte d'une maison, un vieillard appuyé sur une béquille. Un sentiment de commisération le fit approcher ; il causa un instant avec ce vieillard ; et en le quittant il donna une médaille à lui, à sa fille et à sa petite-fille âgée d'environ dix-sept ans. Deux mois plus tard, une circonstance fortuite le fit passer dans cette même paroisse et un détour imprévu de la voiture publique le força d'y passer la nuit. Il apprit alors qu'une jeune personne était presque agonisante depuis neuf jours. Les parents avaient fermé la porte au curé qui s'était présenté plusieurs fois. Vers les neuf heures du soir, le Père Vandel entra comme par surprise dans cette maison qui était précisément celle où il avait fait la visite au vieillard, deux mois auparavant. La malade était sa petite-fille à qui lui-même avait donné une médaille. Les douleurs de l'enfant étaient atroces, elle perdait tout son sang par les narines. Elle accepta avec empressement de se confesser à l'homme de Dieu et insista de plus pour que le saint viatique lui fût administré sans retard. Au retour du prêtre de l'église, rien n'était préparé dans la chambre ; une planche sur deux chaises servit de table. Il était dix heures du soir. Le lendemain matin, dès cinq heures, le Père Vandel revenait et trouvait la malade dans un état extraordinaire d'exaspération, occasionnée par ses douleurs, mais quelques paroles du saint missionnaire lui rendirent la confiance et la soumission. L'absolution lui fut renouvelée et elle rendit peu après son dernier soupir, pendant la messe que le Père Vandel célébrait à son intention.

La charité du Père Vandel ne comprenait pas que le prêtre pût hésiter un seul instant quand le salut d'une âme était en jeu. Un jour, se trouvant chez un confrère, dans les environs de Blois, on vint annoncer qu'au fond d'une forêt voisine un pauvre bûcheron se mourait, dans sa hutte, située sur le territoire d'une paroisse limitrophe. Le curé, très éloigné d'ailleurs, n'avait pas été appelé. Que faire ? Il était déjà tard. Soit parce que le malade était hors des limites de sa paroisse, soit parce que le danger de mort n'était probablement pas imminent, le curé qui donnait l'hospitalité au Père Vandel ne paraissait pas décidé à se rendre auprès de lui. Devant cette indécision, le saint missionnaire dit : « Je ne pourrais pas dormir tranquille cette nuit, si je me couchais avec cette pensée que près d'ici un homme se meurt peut-être sans les secours de la religion ; veuillez m'indiquer la route et je vais visiter le malade. » Le curé comprit la leçon, partit immédiatement et, au retour, reçut les chaleureuses félicitations de son hôte.

Cette charité exquise qui enflammait son zèle, le Père Vandel l'apporta dans la communauté qui le reçut. Jamais ses confrères n'entendirent tomber de ses lèvres des paroles tant soit peu amères, des allusions tant soit peu indiscrètes qui eussent pu altérer la paix de leur cœur. Au contraire, il se multipliait pour être agréable et utile à chacun, parce que précisément en chacun il se plaisait à voir l'image de Notre-Seigneur Jésus-Christ. Cette même délicatesse, il la montra toujours, même avec ses chers enfants de la Petite Œuvre. Il avait pour eux de ces secrets que seul peut inspirer le cœur pour les encourager dans leurs peines, les consoler dans leurs tristesses ou dans les épreuves qui atteignaient leur famille, les relever dans leurs défaillances. Ils emportaient toujours de ses entretiens tendrement paternels un nouveau courage et une volonté toute renouvelée pour le bien. Il était si rayonnant de Dieu qu'il se faisait aimer de qui le connaissait et qu'à tous il inspirait la plus entière confiance.

Aux bienfaiteurs de son Œuvre, le pieux Directeur vouait une reconnaissance extraordinaire. « Son bon cœur, dit le Père Leblanc, lui inspirait, pour tous ceux qui lui avaient fait quelque bien, une reconnaissance qui ne s'effaçait pas, et l'on était touché jusqu'aux larmes d'un sentiment si visible et si vif de gratitude. » Il aimait à correspondre fréquemment avec les zélatrices plus dévouées à son Œuvre, et ses lettres sont toujours empreintes des sentiments de la plus profonde et de la plus délicate gratitude (1).

(1) Ces lettres n'ont pas été conservées, ou du moins nous ne les avons pas et nous le regrettons ; on a bien voulu cependant nous en communiquer un certain nombre qu'on avait gardées comme une relique précieuse. Elles étaient adressées à une sainte fille toute dévouée à la Petite Œuvre et morte déjà depuis quelques années : Mlle Hélène Murgue. Qu'on nous permette ici de rappeler son souvenir.

Mlle Hélène Murgue, correspondante assidue du Père Vandel et zélatrice fervente de son Œuvre apostolique, était institutrice au château de Sourcieux, près Saint-Etienne. Elle ne se

Il ne se lassait pas de recommander aux jeunes Apostoliques de prier pour leurs bienfaiteurs ; lorsqu'il était au milieu d'eux il priait avec eux. Il voulait qu'il fissent tous la sainte communion à leur intention le premier vendredi de chaque mois. Les bulletins de la Petite Œuvre qu'il composa lui-même jusqu'à sa mort et son petit livre sur la mort précieuse des zélatrices de la Petite Œuvre (1) trahissent les sentiments qu'il éprouvait au souvenir des bienfaits reçus, surtout quand ces bienfaits venaient des pauvres, des humbles, de tous ceux qui prenaient sur le prix de leur travail,

contenta pas, durant les longues années qu'elle y passa, de donner tout son dévouement à l'éducation des enfants de la famille Balay, mais elle se fit encore admirer par la pratique des plus hautes vertus. Par son exemple, elle portait à l'amour de Dieu tous ceux qui vivaient dans son entourage. Ame d'une extrême délicatesse, cœur généreux dans les nombreuses et rudes épreuves auxquelles il plut à Dieu de le soumettre, elle s'oublia toujours elle-même, conservant dans la souffrance une patience admirable et une héroïque résignation. L'humilité fut le cachet particulier de sa vie ; elle aima toujours à être ignorée et elle enveloppa ses hauts et nombreux mérites du voile de la plus touchante simplicité. Sans produire des actions d'éclat, sans rêver jamais rien d'extraordinaire, elle apporta une fidélité si exemplaire à l'accomplissement de ses devoirs quotidiens qu'elle a laissé le souvenir d'une perfection peu commune chez tous ceux qui eurent le bonheur de recevoir ses leçons et qui, aujourd'hui encore, après bien des années, aiment à l'invoquer comme une sainte. Plusieurs fois, les grâces obtenues par son entremise leur ont prouvé que ces prières n'étaient pas vaines. — On peut croire que les exemples et les conseils du Père Vandel ne furent pas étrangers aux vertus de cette belle âme.

(1) Les *Annales de Notre-Dame du Sacré-Cœur* annoncèrent en même temps ce petit opuscule et la mort inattendue de l'auteur.

qui, souvent peut-être, se privaient pour donner. Oh !
avec quelle gratitude le Père Vandel doit-il prier pour
eux au ciel !... Avec quelle ardeur doit-il supplier la
générosité divine de récompenser en grâces de choix
tous les sacrifices accomplis en faveur de ses petits
missionnaires !... Dieu, à coup sûr, aura exaucé déjà,
ou du moins exaucera, à son heure, ces supplications
sorties d'un cœur reconnaissant, et lui qui récompense
le verre d'eau froide donné en son nom, combien plus
largement encore ne récompensera-t-il pas quiconque
aura travaillé à lui donner des prêtres, quiconque se
sera privé pour lui enfanter des apôtres !...

XIX

L'homme intérieur :
Dévotion à Marie ; humilité.

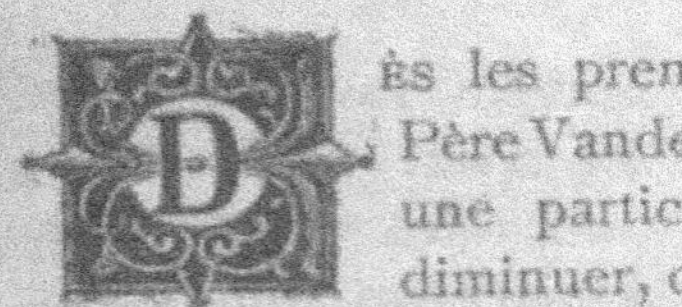

ès les premières années de sa vie, le Père Vandel voua à la Très Sainte Vierge une particulière dévotion, et loin de diminuer, cette dévotion prit en lui avec les années, un admirable développement. Les nombreux pèlerinages qu'il entreprit en son honneur dans les principaux sanctuaires que la foi lui a consacrés, n'étaient que la manifestation extérieure de cet amour intense et profond qu'il professait pour la glorieuse Vierge. Il associa son nom béni aux actes les plus importants de son existence et tout ce qu'il fit pour la gloire de Dieu, il voulut le faire sous le patronage de son auguste Mère.

Son noviciat dans la Société des Missionnaires du Sacré-Cœur expirait le 19 mars 1867. Le Père Vandel demanda et obtint la faveur de le prolonger jusqu'au 12 avril, fête de Notre-Dame des Sept Douleurs : « J'ai toujours eu, écrit-il, une dévotion particulière à saint Jean au pied de la Croix et à Marie l'adoptant pour son fils sur le Calvaire. J'ai toujours tâché de me faire l'application de ce mystère. Tous les jours, depuis vingt et un ans que je suis prêtre, je renouvelle cette intention au moment de la Consécration. »

Il écrivait encore : « Je regarde comme une grâce de terminer mon noviciat et de commencer mon engagement dans la Société des Missionnaires du Sacré-Cœur le jour de la fête de la Compassion ou des Douleurs de Marie. Mes péchés en font pour elle un enfantement dans la douleur, mais sa miséricorde unie aux mérites de son divin Fils, en fera un enfantement à la grâce. »

Le nom de Marie revenait souvent sous sa plume dans les réflexions intimes qu'il écrivait : « Par Marie Dieu a béni et réalisé quelques-unes de mes pensées, plusieurs de mes désirs, et cela malgré mes infirmités. Je ne puis douter que Marie m'ait accepté pour enfant, pour serviteur, pour esclave, pour apôtre. Après m'avoir converti, elle m'a toujours conduit par la main, malgré mes ingratitudes si nombreuses. Je dois donc tout lui confier et attendre d'elle le remède à tout. — Dieu le Père confie tout Jésus à Marie ; Jésus confie tout à sa Mère. Et moi aussi je dois tout lui confier. Quelle assurance ! Quelle liberté ! Quel repos !... »

Lorsqu'il était à Chambéry, on commençait à parler beaucoup de la Médaille miraculeuse révélée, en 1830, à la sœur Catherine Labouré avec la dévote invocation : « *O Marie conçue sans péché, priez pour nous qui avons recours à vous !* » En quelques années on avait obtenu, grâce à cette médaille et à cette invocation, un nombre extraordinaire de faveurs et de guérisons inespérées. L'abbé Vandel voulut se faire le propagateur de la nouvelle dévotion.

Il fut ainsi l'instrument d'une guérison surprenante. Cette guérison ne fit pas sans doute grand bruit, si ce n'est à Thonon qui en fut le théâtre, mais cependant elle n'en revêt pas moins, aux yeux de beaucoup, un caractère d'intervention surnaturelle. Voici le fait tel qui nous est raconté par M. Rollier :

« Charlotte Lolly, de Thonon, ma cousine, partit pour Naples à l'âge de vingt ans. Elle était Sœur de Charité de Saint-Vincent de Paul. Prise d'une maladie d'estomac, la religieuse ne pouvait digérer aucune nourriture, à peine un œuf dans tout le cours de la journée. Après deux ans, les médecins ne voyant point de remède jugèrent nécessaire de lui faire respirer l'air natal. Elle revint donc dans son pays et rentra dans sa famille où elle dut garder le lit pendant quinze ans. Plusieurs fois elle fut administrée comme étant en danger de mort. Une fois même on la crut morte et la bière qui devait recevoir son corps était déjà prête. On allait la déposer dans le cercueil lorsqu'elle donna un léger signe de vie. Elle passa encore quelques semaines dans ce triste état. J'allais la voir de temps et temps et ses parents et elle-même me racontaient les différentes péripéties de sa longue maladie.

« Un jour, M. Vandel étant venu me voir de Chambéry, je lui parlai de la malade. Il me témoigna le désir de la voir, et je le conduisis auprès d'elle. Après l'avoir encouragée et excitée à la confiance, il lui parla de la récente apparition de la Sainte Vierge et de la Médaille miraculeuse qu'on venait de frapper pour en perpétuer le souvenir. Il lui dit : « Je vais retourner à « Chambéry, et de là j'enverrai une de ces médailles « à votre cousin qui vous l'apportera. Vous ferez une « neuvaine en l'honneur de l'Immaculée Conception, et « la Sainte Vierge vous guérira si telle est la volonté « de Dieu, ou du moins il vous aidera à supporter vos « souffrances avec une sainte résignation. » Dans son humilité, la malade protestait qu'elle n'était pas digne d'un miracle en sa faveur.

« M. Vandel repartit donc et m'envoya aussitôt de Chambéry la médaille promise. Je m'empressai de l'apporter à la pauvre souffrante. M. l'abbé Curdy, son confesseur, l'engagea à faire la neuvaine par esprit d'obéissance. Sa mère et ses sœurs s'unirent à elle ; tous les matins elles allaient, à son intention, assister à la sainte messe, la laissant sous la garde d'une petite fille. Or, le troisième jour, pendant qu'elles assistaient au saint Sacrifice, la malade se sentit un vif désir de se lever, — ce qu'elle n'avait pas fait depuis plus de quinze ans. — Elle demanda ses habits, les revêtit elle-même sous les yeux étonnés de sa jeune garde, puis se levant toute seule, elle alla à la porte pour l'ouvrir à sa mère et à ses sœurs qui rentraient de l'église. Toute la maison en fut d'abord effrayée, on croyait voir un fantôme, mais bientôt la frayeur fit place aux larmes de joie ; tous criaient au miracle !... Le bruit de cet événement se répandit avec rapidité ; je courus à la maison voir de mes propres yeux et je trouvai la malade assise, souriante, auprès de sa mère, de ses sœurs et autres parents accourus au premier bruit de cette guérison subite et inattendue. Elle voulut me reconduire elle-même jusqu'à la porte lorsque je pris congé. Depuis lors elle a vécu encore dix ans, et n'a pas manqué jusqu'à sa dernière maladie d'aller, tous les matins, à la messe de cinq heures. »

Quelques jours après sa profession religieuse, le Père Vandel écrivait dans ses notes : « J'ai renouvelé l'offrande et l'acte de serviteur, d'esclave, de propriété de Marie. A l'âge de 17 ans, Marie m'a racheté, converti et attiré à elle avec une force délicieuse. La paraphrase du *Salve Regina* de saint Liguori fut l'instrument dont elle se servit ; cette lecture me transportait. » Il y eut alors, et depuis lors, un grand nombre d'actes d'offrande. Nous lisons un de ces actes dans ses cahiers intimes :

« Moi soussigné, Jean-Marie Vandel, prêtre, Missionnaire du Sacré-Cœur, je me donne et consacre à la Très Sainte Vierge Marie, Notre-Dame du Sacré-Cœur ; je lui donne et abandonne mon corps, mon âme, ma mort, mon éternité, mes mérites et mes misères. Je veux que cet acte de désappropriation de moi-même entre ses mains, soit irrévocable. »

« J'ai jeté, dit-il ailleurs, j'ai jeté un passé de trente-

six ans dans le Cœur de Marie, Mère de miséricorde ;
aujourd'hui j'y jette un passé de vingt-trois ans de
sacerdoce. »

« L'enfant, dit-il encore, est formé de sa mère, en
sa mère, par une force divine ; il a la substance, la respiration, les mouvements de la mère ; il a ses habitudes, sa manière, ses qualités. Ainsi en a-t-il été de
Jésus, en Marie, quant à son humanité. Or, ce qui est
par nature entre l'enfant et la mère, doit être aussi par
la grâce et la volonté libre, entre Marie et les élus. Et
puisque Marie a consenti, au Calvaire, à cette sorte
d'identification, nous devons aussi y consentir comme
saint Jean. »

Nous trouvons une image de la Sainte Vierge qui
porte la date de son ordination sacerdotale. Au sommet, une croix rouge tracée avec son sang par le Père
Vandel. Au-dessous, nous lisons : « Aujourd'hui, jour
de la fête de la Sainte Trinité, le lendemain de mon
ordination sacerdotale, j'ai pris la résolution de tendre
à la sainteté en esprit et en vérité, intérieure et extérieure, sincère et pratique ; et comme c'est par Marie
que tous les biens me sont venus, je viserai à cette
sainteté en cherchant toujours à lui plaire, comme son
prêtre, son serviteur et son enfant. Je jetterai dans son
Cœur de Mère le passé, le présent et l'avenir, avec leur
malice et leurs besoins. »

La vie du prêtre et de l'apôtre ne devait jamais
démentir cette généreuse promesse.

Lorsque le Père Vandel inaugura la nouvelle maison de la Petite Œuvre, il voulut installer lui-même
Notre-Seigneur dans son tabernacle. Dans cette ins-

tallation il voit « une prise de possession de son Œuvre apostolique par Jésus et Marie qui seront toujours ses Maîtres. Plus que jamais chacun de ses enfants dira : *Ego sum Dei ; sum Christi ; sum Mariæ :* Je suis à Dieu ; je suis au Christ ; je suis à Marie. »

Et comme le Père Vandel aimait à prêcher l'auguste Vierge, à méditer les mystères de sa vie ! Avec quel amour il en parlait à ses chers Apostoliques ! Ils s'en souviennent encore et ils ne l'oublieront jamais. Une des dernières paroles qu'il leur adressa fut celle-ci : « Mes enfants, aimez l'*Ave Maria* et récitez-le souvent ; celui qui le récite bien est un grand saint ; celui qui le comprend bien, un grand théologien ; celui qui le prêche bien, un grand orateur. » Tout ce qui touchait à l'honneur et à la gloire de Marie redoublait sa dévotion à la divine Mère. Il avait déjà tracé le plan d'un ouvrage sur Marie et la France. Lorsqu'en 1870, il entendit parler de Pontmain, il demanda aussitôt à s'y rendre. Il interrogea les petits voyants, voulut connaître tout le détail des apparitions et, le premier, il écrivit un opuscule sur ce touchant événement. Assurément la Vierge bénie dut recevoir avec tendresse, lorsqu'il entra dans le séjour de la récompense, le serviteur fidèle qui, durant sa vie, l'avait prise pour sa mère avec tant de confiance et tant d'amour, et qui avait travaillé de toute l'ardeur de ses forces à faire ressortir ses gloires incomparables.

En 1866, le Père Vandel traversant le Midi de la France eut le bonheur de passer à Lourdes et d'aller prier dans la sainte grotte de l'Apparition, mais il avait fait ce pèlerinage en simple particulier. En 1873, il fut désigné pour le faire officiellement au nom de l'immense Archiconfrérie de Notre-Dame du Sacré-Cœur qui, par ses mains, voulut offrir une riche bannière au sanctuaire miraculeux. Ce fut pour lui l'occasion, non seulement de prier pour tous ceux qui lui procuraient cet honneur, mais encore pour sa chère École apostolique, et tous ceux qui l'aidaient de leurs aumônes. Laissons-le nous raconter dans son style, parfumé de la plus suave piété, ce précieux pèlerinage qui fut si doux à son cœur.

« Très chers associés de Notre-Dame du Sacré-Cœur, pieuses zélatrices qui avez donné la bannière,... à vous les premières impressions de l'incomparable pèlerinage des 12, 13, 14 mai (1873) !

« Votre souvenir nous a partout accompagné ; le matin du 12, en offrant la messe du départ, durant le voyage d'Issoudun à Lourdes, dans le parcours, en procession, bannières déployées, avec chants sacrés et cantiques, sous la présidence de l'Archevêque de Bourges, de la gare à l'église du pèlerinage en traversant la ville de Lourdes,... partout, toujours vous étiez là, dans le souvenir, dans l'intention, vous étiez comme cachés dans les plis de votre riche bannière qui, à perpétuité, aura, avec tant d'autres, une place d'honneur dans le sanctuaire de Lourdes. Elle est très belle, elle est délicieuse, la bannière. D'un côté on y voit l'image de Notre-Dame du Sacré-Cœur. La figure de la Vierge et celle de l'Enfant Jésus se distinguent par leur grâce. Le vêtement est en points, avec variété de couleurs : c'est un travail remarquable. Au revers, on lit en grosses lettres d'or : « *Le sanctuaire de Notre-Dame du Sacré-*

Cœur au sanctuaire de Notre-Dame de Lourdes. »
Elle est l'œuvre de religieuses, de fidèles servantes
du Sacré-Cœur. Nous avons bien pensé à elles, ce
matin, enfermé seul dans la grotte.

« Nous avons profité de ce bon moment pour exécuter un petit et hardi dessein. Nous avions en main
un beau cœur renfermant les noms de tous les dona-
teurs et donatrices de la bannière. Ce cœur avait été
placé, deux jours de suite, sur l'autel de la crypte
pendant notre messe... Donc, ce matin, à genoux à
la place où était Bernadette lorsque la Vierge Immaculée lui dit : *Allez boire et vous laver à la source,...*
nous avons d'abord récité un chapelet aux intentions
de l'Association tout entière et plus particulièrement
pour les personnes dont les noms sont dans le cœur.
Puis, ne voulant pas suspendre notre précieux dépôt
aux parois humides du rocher, nous l'avons lancé à
l'endroit même où la Vierge de l'apparition a posé ses
pieds dix-huit fois. La tentative a été heureuse. Le
cœur et les noms sont à la place la plus sainte, la plus
inaccessible, la plus honorable et en même temps la
plus humble, *sous les pieds de Marie.* »

Que de grâces dut recevoir le pieux pèlerin durant
ces trop courtes journées de prières ! Il en exprime
sa reconnaissance dans ce cri du cœur, où il fait ses
adieux à la grotte : « Sainte grotte de Lourdes, sainte
grotte si aimée, si vénérée, pierres sacrées continuellement touchées, baisées avec respect et avec amour,...
terre arrosée par les larmes de la souffrance et de la
reconnaissance,... lieu choisi par Marie, vrai vestibule
du ciel,... je vous dis adieu, mais gardez le cœur et

les noms purifiés à Lourdes, ramenez-nous à Issoudun et placez-nous dans le divin Cœur dont vous êtes la trésorière incomparable. »

Le narrateur mentionnait ici un gracieux souvenir que sa piété si naïve et si simple lui rendait touchant : « Aux pieds de la grande statue de l'Apparition en beau marbre blanc, serpentent des touffes de verdure. Dans ce feuillage frais on apercevait un charmant petit oiseau, au corsage jaune d'or, se balançant légèrement et avec grâce. Ce petit oiseau paraît un habitué du lieu : souvent on le voit entrer dans un trou de la pierre ; là sans doute est son nid. Rien ne l'intimide, ni les eaux tumultueuses du Gave, ni les chants, ni les prières, ni les foules qui se succèdent, ni les acclamations de la piété, ni les milliers de flambeaux. Vous le voyez qui voltige avec complaisance, j'allais dire avec amour, devant la blanche statue, puis se repose à ses pieds, se montrant avec une joyeuse assurance à ses amis les pèlerins. Par instants il semble se cacher, comme en jouant, à l'ombre d'une feuille, puis vous le voyez qui s'élance vers les bords du Gave, d'où il revient comme d'un lointain pèlerinage. Aimable créature du bon Dieu, délicieux petit oiseau, vous chantez sans cesse les louanges de la Vierge Immaculée qui a visité ce lieu béni ! Chantez pour nous, restez en notre nom avec le cœur et les noms qui partagent votre gîte. »

Le Père Vandel, à Lourdes, avait beaucoup prié ; aussi en revenait-il pénétré de la confiance la plus entière : « Quand un vaisseau, disait-il, arrive d'un voyage au long cours, il est chargé de riches produits des contrées étrangères. Bien plus précieuses sont les richesses offertes à Lourdes à tous les pèlerins, car ces richesses viennent du ciel. Le pèlerin est venu péniblement aussi chargé de demandes pour soi, pour les siens, pour la France, pour l'Église. Ces demandes sont d'abord arrosées par les larmes de la souffrance, mais une fois déposées aux pieds, dans les mains, dans le Cœur de Marie, elles perdent tout ce qu'elles avaient d'amertume ; elles sont comme trempées dans la confiance. Marie a entendu, elle a compris ; elle exaucera de la meilleure manière. Donc, on revient le cœur content, la joie dans l'âme. Les prières et les chants du retour ont un caractère d'immense reconnaissance (1). »

Parlerons-nous de l'humilité du Père Vandel ? Elle est connue de tous ceux qui furent en rapport avec lui. Si avant d'être promu au sacerdoce, il voulut attendre si longtemps, ce fut uniquement par un sentiment profond de son indignité. Il ne pouvait croire que la bonté de Dieu l'appelât à une si haute dignité. Il fallut toute la force de persuasion et tous les encouragements de ses directeurs spirituels pour le déterminer à faire ce pas qu'il jugeait si redoutable pour lui, à cause de ce qu'il appelait ses infirmités morales. Il ne comprenait pas, sans une intervention particulière de la grâce, comment, dans son impuissance, il avait pu fonder ses œuvres et les faire prospérer.

A Nyon, malgré tout le respect et la confiance qu'on lui témoignait, il se jugeait au-dessous de sa tâche, et si sa conscience ne l'eût retenu, il eût volontiers, imitant en cela le saint Curé d'Ars, abandonné sa paroisse, où,

(1) *Annales* de juin 1873.

dans son humilité, il croyait être inutile. Que de fois ne dut-il pas recourir aux encouragements de ses amis pour le persuader qu'il était au contraire un instrument dont se servait la grâce de Dieu pour faire du bien aux âmes !...

Et pendant que son humilité cachait à ses yeux ses mérites et ses travaux, il s'accusait sévèrement lui-même, comme nous le voyons dans ses carnets intimes. Il se reprochait « des jugements absolus portés avec une rigueur de logique inflexible sans tenir compte des mille dispositions et ressources miséricordieuses de la Providence ». Il se reprochait ce qu'il appelait « son engouement pour Lamennais et son journal l'*Avenir* ». Il oubliait que cet engouement il l'avait partagé, dans sa jeunesse, avec des personnes aussi recommandables par leur vertu que par les dons de l'esprit ! Mgr de Salinis, Mgr Gousset, etc. Il se reprochait encore « sa piété trop faite de sentiment ». Et cependant nous savons si cette piété fut réelle et féconde : ses vertus et ses œuvres en témoignent. N'est-ce point l'humilité du bon Père qui l'a trompé en grossissant des ombres que Dieu seul pouvait apercevoir ?...

Aux deux œuvres principales qu'il a fondées, le Père Vandel aimait à donner le qualificatif de *Petites* ; cela convenait si bien à son humilité : la Petite Œuvre des Campagnes, la Petite Œuvre du Sacré-Cœur. Du reste, il ne s'en considérait pas comme le fondateur ; encore moins en tirait-il vanité. Mme de Fresne écrivait :

« La pensée de l'Œuvre des Campagnes venait de Dieu, il n'avait pas le moindre doute là-dessus, mais il doutait de lui-même pour la réaliser. Ayant excellemment cette grâce, cette délicatesse de la vraie charité qui charme, respectueux de la liberté d'autrui, n'obsédant jamais par ses demandes, cherchant à éviter ceux qu'il trouvait trop disposés à le croire *fondateur*, alors qu'il convenait lui-même de ce qui lui manquait pour cela ; toujours prêt à accepter la pensée des autres, quand elle semblait préférable ; toujours encourageant et attentif à faire éclore le moindre germe de bien qu'il croyait apercevoir ; tenant compte des difficultés et des situations ; toujours condescendant sans jamais être servile ; toujours souple sans cesser d'être ferme, il se gardait bien de s'imposer témérairement, comme aussi de reculer avec pusillanimité. »

C'est son humilité et sa simplicité qui attiraient le Père Vandel vers les enfants. Cet attrait pour les petits, il l'a manifesté durant sa vie entière. Dans sa paroisse de Nyon, comme plus tard dans ses missions, il donnait tous ses soins à cette portion si intéressante du troupeau de Jésus-Christ. On peut bien lui appliquer ce qu'on disait de saint François de Sales : « C'était un contentement non pareil d'ouïr combien familièrement il leur exposait les rudiments de notre foi ; à chaque propos, les plus riches comparaisons lui naissaient en la bouche ; il regardait son petit monde, et son petit monde le regardait : il se faisait enfant avec eux. »

A ceux qui s'occupaient des petits enfants, il recommandait d'avoir « un bon cœur, de la douceur, de la patience, de l'autorité, de la bonne humeur, un jugement droit, une piété simple sans grimaces ni exagération ; par-dessus tout une grande foi qui voit Dieu dans l'enfant et qui comprend le résultat de ces premiers soins pour toute la vie et pour le salut. » Sans le savoir, le Père Vandel peignait ici les dispositions de son âme. « Voyez, écrivait-il, les soins persévérants, les précautions multiples du jardinier pour cultiver ses jeunes plantes, ses fleurs, et pour leur donner un parfait développement : température convenable, abri contre le vent, vase proportionné, arrosement fréquent, guerre aux insectes, taille du superflu... Quelles leçons pour nous, prêtres et jardiniers du Seigneur, qui devons envoyer au Ciel les plantes, c'est-à-dire les âmes que nous aurons cultivées sur la terre ! »

La douceur, la patience, le calme de l'esprit et du cœur, il les voulait et les demandait en tout. Il disait un jour, aux institutrices auxquelles il prêchait la retraite : « Le poisson le plus vigoureux, l'oiseau le plus agile perdent leurs forces quand ils sont serrés dans un filet. Ainsi en est-il de nous lorsque nous nous laissons enlacer par plusieurs choses à la fois. Tout souffre de cette inquiétude agitée : les exercices de piété, la classe, la santé ; rien n'est bien fait. Soyons moins pressés, possédons-nous. La Providence pense à tout avec paix. Dieu ne se presse jamais, si nous allons trop vite, il nous laisse seuls. »

Le Père Vandel raconte lui-même comment il s'appliquait à former les enfants à ce qu'il appelait : *les petites vertus*.

« Nous avions fréquemment l'occasion de visiter des écoles de petites filles dont les plus jeunes avaient quatre ans. Nous leurs faisions raconter tout ce qu'elles avaient accompli de bien pendant la semaine. Voici, mot pour mot, quelques-uns des aveux qu'elles nous faisaient avec une ingénuité charmante : « J'ai pensé au bon Dieu en me réveillant et j'ai fait le signe de la croix. — Je ne suis pas sortie avant d'avoir fait ma prière devant mon image. — Sur le chemin, dans les champs, j'ai dit : mon Dieu, je vous aime de tout mon cœur. — J'avais envie de causer à l'église ; j'ai gardé le silence. — J'ai entendu jurer le nom du bon Dieu et j'ai dit : Que le saint nom de Dieu soit béni ! — J'ai mangé mon pain mouillé et je n'ai rien dit. — On m'a punie ; j'avais bien envie de bouder et je ne l'ai pas fait pour l'amour de Dieu. — J'ai prêté à ma compagne une aiguille et du fil. — J'ai bien obéi à ma mère et à ma grande sœur. — J'ai donné du pain à un pauvre ; il avait froid, je l'ai fait approcher du feu. — J'ai fait prier mon petit frère ; etc. »

Le missionnaire accordait un éloge à ces actes si simplement et si naïvement accomplis : « Mes enfants, leur disait-il, tout ce que vous faites de bien et de bon depuis le matin jusqu'au soir pour l'amour de Dieu, pour l'amour de vos parents, pour rendre service à quelqu'un, pour corriger vos défauts, tout cela s'appelle les *victoires du Paradis*. Ces victoires sont comptées par vos anges. C'est avec ces bonnes petites choses qu'on achète le Ciel. Faites provision cette semaine et dans huit jours nous compterons vos victoires. »

« On se donne tant de peine, disait-il, pour apprendre à un enfant à marcher, à parler, à lire et à écrire ; pourquoi ne donnerions-nous pas du temps, de l'attention, de la patience à former son esprit, son cœur, son caractère ! Dans la petite enfance, on peut tout obtenir, tout semer dans cette terre encore engraissée par les dons du baptême. C'est le printemps de la vie, il faut en profiter ; bientôt ce sera trop tard ! »

Son inclination portait le Père Vandel à travailler de préférence au salut des pécheurs et des âmes abandonnées ; cependant son zèle ne se refusait jamais à diriger dans les voies de la perfection les âmes de choix qui recouraient à ses lumières, et qui ont toujours admiré, depuis, la prudence et la sagesse de ses conseils. Ses confrères allaient souvent lui confier leurs épreuves intérieures et ils sortaient toujours d'auprès de lui, encouragés, éclairés, réconfortés.

La sœur Battle dont nous avons déjà plusieurs fois cité le témoignage, était jeune supérieure à Amélie-les-Bains quand le Père Vandel vint faire une saison thermale en cette ville. Profondément touchée de la piété que manifestait l'homme de Dieu, elle eut la bonne pensée d'aller demander ses lumières. Dix-sept ans après cette entrevue, elle écrivait : « Je conserve toujours en mon esprit et en mon cœur ses conseils pleins de prudence et de sagesse qui m'ont tant aidée, dans la suite, pour la direction de ma communauté et de la maison d'éducation qui m'était confiée déjà en 1866. »

La nièce de notre vénéré Père, fille de son frère aîné, qui sera plus tard Sœur Léontine, Supérieure Générale des Sœurs de la Charité, à Rome, lui ayant fait part de son entrée au noviciat, il lui adressa cette délicieuse lettre et ces pressants conseils que saint François de Sales n'aurait pas désavoués :

« Te voilà donc, essayant le noviciat du noviciat, comme les oiseaux qui n'ont que le poil follet et qui voudraient voler comme père et mère. Je sens le besoin de causer un moment avec toi comme avec un enfant qui se dresse sur ses deux pieds pour paraître plus grande. D'un côté je vois en toi un enfant ; et d'un autre côté je te considère comme une personne raisonnable à cause des bons désirs que Dieu a semés dans ton cœur. Ces bons désirs sont les premières fleurs du printemps ; elles sont belles, éclatantes, de bonne odeur et de bonne apparence, mais ce ne sont que des fleurs. Or, il n'y a rien de plus trompeur que les fleurs du printemps. J'avais, dans le jardin de la cure, de petits arbres ravissants de belles espérances par les fleurs qui les couronnaient il y a quatre mois. Aujourd'hui j'ai beau chercher, je ne trouve pas un fruit : les gelées tardives, les feux de l'été, les vents, les fourmis, les chenilles ont tout détruit. Oh ! mon enfant, ressemblerais-tu à ces arbres stériles qui ne paient que de mine ? Les fleurs de ton printemps seront-elles trompeuses ? Les feux de l'été, c'est-à-dire les tentations mauvaises qui font regretter le vilain monde où l'on ne trouve que peines et ennuis ; puis le vent de l'amour-propre qui nous fait regimber contre l'obéissance et les humiliations ; puis les fourmis de la distraction et de la légèreté qui détruisent le recueillement et l'amour de la prière ; puis les chenilles des amitiés particulières, de l'attachement démesuré pour celle-ci, de l'aversion pour celle-là... Est-ce que toutes ces vilaines bêtes ne vont pas faire couler les fleurs de ces bons désirs, ou au moins les flétrir ?... C'est arrivé à d'autres, cela peut t'arriver aussi ; surtout si tu te crois bien sage, bien forte, bien pieuse, c'est-à-dire si tu n'es pas humble. Pour t'aider à préserver ces fleurs naissantes qui promettent de bons fruits, je vais te répéter quelques-uns des avis que je t'ai donnés précédemment.

« 1° Estime-toi très indigne d'une vocation que Dieu ne donne pas à une personne sur dix mille et que les anges envieraient.

« 2° Attends-toi à trouver des peines et accepte-les de tout ton cœur : peines à nous soumettre promptement à un commandement, à une humiliation ; peines à supporter des compagnes qui auront comme nous leurs défauts ; peines à supporter, pour l'amour de Dieu, des enfants indociles, mal élevés ; des malades repoussants, difficiles, ingrats ; peines à suivre la règle avec exactitude, malgré la fatigue, malgré des indispositions, des infirmités ; peines à ne sentir aucune dévotion, aucune consolation dans la prière et même dans la Communion.

« 3° Le grand secours, le grand remède, la grande récompense d'une religieuse, c'est l'amour de Jésus-Christ qu'elle a choisi pour ami, pour époux, qu'elle trouve et qu'elle aime au tabernacle, à la Communion, dans les malades, dans les enfants, dans les supérieures, dans les compagnes, dans la fatigue, dans les infirmités.

« Si tu te sens un commencement d'amour pour Jésus-Christ et pour lui seul, en se moquant de tout le reste, tu feras une passablement bonne religieuse.

« 4° Mais souviens-toi que cet amour, qui doit être la vie, la respiration d'une religieuse, c'est la Sainte Vierge qui le donne. C'est donc à elle à te donner la véritable vocation qui vient du Ciel. Si tu sais la mettre dans tes intérêts, tu as trouvé le secret et tu as tout gagné.

« 5° Prends un caractère gai et résolu, qui fait tout par plaisir et pour l'amour de Dieu, rien par contrainte ou pour l'amour de soi. Ce caractère est celui qui convient à une Sœur de charité. Rien n'édifie tant les gens du monde que cette bonne humeur et ce contentement d'une religieuse. »

On voit que le Père Vandel ne se laisse pas guider par l'engoûment lorsqu'il s'agit de conseiller à une âme l'entrée dans les voies de la perfection religieuse. Il ne veut pas, en effet, qu'on s'engage à la légère parce qu'il sait tout ce qu'il faut d'énergie et de vertu pour répondre généreusement à l'appel de Dieu. Il exige de celui qui se détermine à cette vie plus parfaite une connaissance entière des obligations qu'il assume, il veut qu'il ait entrevu les obstacles qu'il rencontrera dans l'état religieux, et que d'avance il les ait pesés et acceptés.

Cette prudence, fondée sur un jugement droit, mais surtout sur son esprit de foi, le Père Vandel en pénétra profondément chacune de ses œuvres et c'est pourquoi elles furent toujours suivies du succès désiré. Aussi pouvons-nous appliquer à sa vie entière ce que son successeur à la cure de Nyon écrivait si justement de lui : « Sa prudence, sa réserve et l'évidence de sa vie toute sacerdotale comme de son dévouement constant et absolu lui concilièrent le respect, l'estime de tout ce qu'il y avait de personnes capables de l'apprécier dans la paroisse. »

Du haut du ciel, le Père Vandel a continué d'inspirer les âmes qui, par la prière, ont recouru à son secours. Qu'il nous soit permis d'en donner une preuve assez frappante rapportée par le Père Piperon, témoin sûr puisqu'il fut lui-même le bénéficiaire de cette lumière inattendue :

En 1882, le R. Père Chevalier n'était pas sans inquiétude sur le sort réservé à son école apostolique d'Issoudun. Il craignait, à bon droit, de la voir inopinément expulsée du refuge que sa prévoyance avait su lui ménager. La tempête soulevée en France contre les Congrégations religieuses, loin de s'apaiser, devenait de jour en jour plus menaçante. Sous l'empire de ces appréhensions, le R. Père écrivit donc au Supérieur du noviciat (1) : « La Petite Œuvre n'est plus en sûreté à Issoudun ; d'un moment à l'autre, nous pouvons recevoir l'ordre de rendre à leurs familles nos enfants ; cherchez une maison où vous puissiez les recevoir avec les novices et les scolastiques. Hâtez-vous, vous n'avez pas de temps à perdre. »

Cet ordre troubla singulièrement le supérieur qui voyait surgir de toutes parts des difficultés insurmontables. Il voulait obéir, mais le pourrait-il ?

Sur ces entrefaites, il reçut une lettre d'une de ses anciennes pénitentes, âme d'élite, qui lui demandait quelques conseils. En terminant sa réponse, il ajoutait : « Priez beaucoup pour une affaire intéressant le bien des âmes, et qui me donne de vives inquiétudes. Priez *le Père Vandel* de m'obtenir les lumières qui me

(1) Le R. Père Piperon.

font défaut. » — Cette personne avait grande confiance en l'intercession du Père Vandel, mort en odeur de sainteté depuis cinq ans, et auquel elle se croyait redevable de plusieurs faveurs. D'autre part, elle ignorait complètement les projets recommandés à ses prières ; elle se trouvait même dans l'impossibilité matérielle de les connaître ; elle habitait loin d'Issoudun. Une nouvelle lettre arriva peu après avec ces paroles : « Le vénéré Père Vandel m'a chargée de vous écrire que vous deviez éloigner toute inquiétude : *la Petite Œuvre réussira.* »

Nous sommes loin d'avoir tout dit. L'âme du Père Vandel était de celles qui, sous le voile de la simplicité, dans la voie ordinaire, savent cacher les plus hautes vertus. Mais les personnes autorisées qui ont pu lire dans cette âme nous affirment qu'elle monta très haut dans l'amour de Dieu, et par conséquent qu'elle monta aussi très haut dans la pratique des vertus chrétiennes et religieuses.

Une génération a passé depuis que Dieu a rappelé à lui le fervent Missionnaire, et cependant son souvenir reste bien vivant : vivant dans l'Œuvre des Campagnes qui a gardé tout son esprit et hérité de tout son zèle ; vivant à son école apostolique, à la Petite Œuvre du Sacré-Cœur à laquelle il donna ses dernières forces, les années de sa vie religieuse et où se conservent avec une sainte jalousie les traditions qu'il avait établies ; vivant dans sa chère Congrégation des Missionnaires du Sacré-Cœur qu'il édifia si profondément et dont il demeure le type le plus parfait ; vivant dans les âmes qui l'ont connu et qui ont si largement profité de ses encouragements, de ses lumières et de ses leçons ; vivant aussi dans les membres de sa famille où tous le vénèrent comme un saint, cherchent à imiter ses exemples, et se placent avec confiance sous son aimable protection.

Dans les faits que racontent ces pages, les uns et les autres reconnaîtront facilement leur Père ; quand ils les reliront, ils reverront, dans leur esprit, cet homme de devoir, ce religieux humble et doux, ce missionnaire passionné pour les âmes et dont toute l'ambition fut de se donner pour elles. Plusieurs déjà ont obtenu des grâces, même temporelles, en recourant à son intercession ; d'autres, nous en sommes persuadés, en obtiendront encore.

Que cet homme de Dieu continue à dormir en paix, là-bas, à l'ombre de la basilique de Notre-Dame du Sacré-Cœur. Qui sait si, un jour, sa dépouille mortelle ne sera pas une barrière contre de nouveaux projets sacrilèges, comme elle l'a été jusqu'ici contre la haine des persécuteurs !

Et maintenant, nous ne saurions mieux conclure ces pages qu'en formulant de nouveau le vœu que faisait le Père Leblanc : « Daigne le Seigneur susciter dans son Église beaucoup de prêtres humbles, modestes, prudents et zélés comme le fut le Père Vandel ; leur vie sera grandement utile et leur mémoire restera en bénédiction jusqu'à la fin des siècles ! »

FIN

Table des matières.

III

Le Sacerdoce ; ses prémices.

IV

Ministère paroissial.

V

Epreuves et Persécution.

VI

L'Œuvre des Campagnes ; sa fondation.

VII

L'Œuvre des Campagnes ; ses moyens d'action.

VIII

L'abbé Vandel missionnaire des Campagnes.

IX

Les auxiliaires du Missionnaire des Campagnes.

X

Consolations et épreuves.

XI

Le Père Vandel, Missionnaire du Sacré-Cœur.

XII

La Petite Œuvre du Sacré-Cœur. Sa fondation.

XIII

La Petite Œuvre du Sacré-Cœur ; ses premiers développements. Arrêt momentané.

557-08. — Imprimerie des Orphelins-Apprentis, F. BLÉTIT,
40, rue La Fontaine, Paris-Auteuil.

479

PUBLICATIONS DIVERSES

NOTRE-DAME DU SACRÉ-CŒUR, *d'après l'Écriture Sainte et la Tradition*, par le R. P. CHEVALIER, fondateur de l'Archiconfrérie (5e édition). Grand in-8° de 643 pages. Prix. **5. »**

LE POUVOIR DE N.-D. DU SACRÉ-CŒUR, prouvé par des faits. — In-16 de 222 pages. Prix **0.75**

NOTRE-DAME DU SACRÉ-CŒUR, espérance des désespérés — Gracieuse brochure de propagande. Prix. **0 50**

VIE DE Mgr VERJUS, *Évêque titulaire de Limyre, premier Apôtre de la Nouvelle-Guinée*, par le R. P. Jean VAUDON. — Prix. . . . . **6. »**

LA PIÉTÉ CHRÉTIENNE, *Conférences aux Dames du Monde*, par le R. P. Paul CARRIÈRE, M. S. C. — Prix **0.60**

L'APOCALYPSE ET LES TEMPS PRÉSENTS, par M. le Chanoine J. CHEVALIER, Curé Archiprêtre d'Issoudun (2e édition). — Prix *franco*. **1.75**

SIMON-PIERRE DEVERNOIS, *Notice de la Congrégation des Missionnaires du S.-C.* — In-16 de 184 pages. Prix. **0.75**

OCTAVE DE BRINON, *Missionnaire du Sacré-Cœur*, par le P. CARRIÈRE. — In 8° orné de gravures. Prix . . . . **2. »**

Ces ouvrages se trouvent chez M. le Directeur du Pèlerinage de Notre-Dame du Sacré-Cœur, à Issoudun (Indre).